Angelika Kirchmaier

Xund backen!

> Hinweis für Diabetiker <

Alle Rezepte können in der Diabetikervariante zubereitet werden. Ersetzen Sie dafür jeweils das Lebensmittel VOR dem pinkfarbenen Pfeil durch das pink gedruckte Lebensmittel nach dem Pfeil. Zum Beispiel 90 g Zucker oder Honig ➤ für Diabetiker 9 g Süßstoff, d. h. anstatt 90 g Zucker verwenden Sie für dieses Rezept 9 g flüssigen Süßstoff.

Hinweis zu den Nährwertangaben: Bei den pinkfarben unterlegten Nährwertangaben handelt es sich um die Nährwerte für die Diabetikervariante. Beispiel Sandtorte mit Couscous-Creme:

	kJ	kcal	Eiweiß (g)	Fett (g)	KH (g)	BE
	1119.96	268.01	6.84	12.90	30.75	2.56
➤ Diabetikervariante	960.73	230.01	6.84	12.90	20.77	1.73

Angelika Kirchmaier

Xund backen!

Süße Ideen – gesunde Rezepte fürs ganze Jahr

Alle Rezepte auch für Diabetiker geeignet

Tyrolia-Verlag · Innsbruck-Wien

Alle Angaben in diesem Buch wurden sorgfältig recherchiert und erfolgen nach bestem Wissen und Gewissen der Autorin. Sollten Sie trotzdem Unstimmigkeiten entdecken, nehmen Autorin und Verlag gerne Verbesserungsvorschläge und Korrekturhinweise entgegen. Die Benutzung dieses Buches geschieht auf eigenes Risiko. Eine Haftung für etwaige Unfälle und Schäden wird aus keinem Rechtsgrund übernommen.

Bibliografische Information Der Deutschen Nationalbibliothek
Die Deutsche Nationalbibliothek verzeichnet diese Publikation in der
Deutschen Nationalbibliografie; detaillierte bibliografische Daten sind im Internet
über http://dnb.d-nb.de abrufbar.

Umschlaggestaltung, Layout und digitale Gestaltung: Tyrolia-Verlag, Innsbruck
Bildnachweis: Speisenfotos von tnt Fotodesign, Hopfgarten: Umschlagbild links oben und rechts unten, Seite 19, 22, 38, 40, 46, 47 Bild oben, 58, 67 Bild oben, 91, 97, 119, 126, 205, 206, 213, 225. Alle weiteren Fotos Foto Karg, Kufstein; Foto Seite 6: Echo Verlag, Innsbruck
Lithografie: digiservice, Innsbruck
Druck und Bindung: Athesia-Tyrolia Druck, Innsbruck
ISBN 978-3-7022-3081-4
E-Mail: buchverlag@tyrolia.at
Internet: www.tyrolia-verlag.at

Kann denn Süßes Sünde sein ...?

Die Vorliebe für Süßes ist uns in die Wiege gelegt. Jedes Baby genießt bei jeder Muttermilchmahlzeit genüsslich die ersten Tropfen Muttermilch, die zuckersüß schmecken. Der schokoladenverschmierte Mund der Kinder zaubert so manchem Erwachsenen ein Lächeln auf die Lippen, und wenn wir an einen gemütlichen Sonntagnachmittag im Familien- oder Freundeskreis denken, dann darf ein Stück herrlich duftender Kuchen nicht fehlen.
Was wäre die Welt ohne die süßen Leckereien?
Wenn das Süße dann auch noch mit Gesundheit besetzt ist, steht der Gaumenfreude rein gar nichts mehr im Wege. Und genau diese Kriterien erfüllen die Rezepte in diesem Buch: süße Leckereien, die Ihrer Gesundheit schmeicheln. Packen Sie also das gute Gewissen aus und genießen Sie! Egal ob im Büro, zu Hause oder für Ihre Kinder als Schuljause.

Es würde mich freuen, wenn Ihnen das Nachbacken und Verkosten meiner Rezepte genauso viel Freude und kulinarische Genüsse bereiten wie mir die Kreation der süßen Verführungen. In diesem Sinne wünsche ich Ihnen gutes Gelingen und eine schöne Zeit beim Genießen!

Angelika Kirchmaier

Zu diesem Buch

Kuchen, Torten und Kekse gelten gewöhnlich als Kalorienbomben. Rund sechs normale Vanillekipferl entsprechen einer Tafel Schokolade, eine Linzerschnitte vom Bäcker ist nicht weit von der 1000-Kalorien-Grenze entfernt (was dem halben Tagesbedarf eines Erwachsenen entspricht) und um ein Tortenstück abzuarbeiten, heißt es, länger als eine Stunde zu joggen oder knapp vier Stunden flott spazieren zu gehen.

Wer trotzdem ein Stück Kuchen und zu Weihnachten Kekse ohne Reue essen will, dem empfehle ich von ganzem Herzen Angelika Kirchmaiers „Xund backen". Und das, weil ich von ihren Weihnachtskeksen schlichtweg begeistert bin und weil ich weiß, mit welch einer Hingabe Angelika Kirchmaier traditionelle Rezepte zu entschärfen versteht. Ihr Ehrgeiz ist es, mit deutlich weniger Zucker und mit deutlich weniger Fett auszukommen – und das ist keine einfache Vorgabe. Es ist ein langwieriges Experimentieren, bis das gewünschte Ergebnis erreicht ist. Da ist es dann natürlich von Vorteil, dass Angelika Kirchmaier nicht nur gelernte Diaetologin, sondern auch eine hervorragende Köchin ist. Nur wer das Backen und Kochen von der Pieke auf gelernt hat, weiß auch neue Techniken zu entwickeln.

Ja, das Besondere an diesem Buch ist, dass es tatsächlich eine Sammlung neuer Rezepte ist. Auch wenn manche Kuchen oder Torten bekannt erscheinen, sie sind es nicht in ihrer Rezeptur. Und das Wesentliche für jeden Genießer: sie schmecken. Zum einen, weil hochwertige Zutaten teilweise den Geschmacksträger Fett ersetzen, und zum anderen, weil die Süßkraft von Zucker oder Honig auch bei kleinen Mengen gegeben ist – wenn man´s richtig macht. Echte Genießer wissen es ohnehin schon längst zu schätzen, wenn Süßspeisen nicht wie Zuckerwatte schmecken.

In diesem Sinne wünsche ich dem Buch nicht nur viele Nachahmer – ich würde mir wünschen, dass künftig auch Bäcker, Konditoren und die Nahrungsmittelindustrie die Zeichen der Zeit erkennen und süße Köstlichkeiten nach Angelika Kirchmaiers „xunden" Überlegungen herstellen.

Christoph Rohrbacher, Programmchef ORF Radio Tirol

Inhaltsverzeichnis

So wird aus einem herkömmlichen Kuchen ein gesunder Kuchen – Basiswissen

Basiswissen gesundes Backen

Mithilfe von ein paar einfachen Grundregeln können Sie fast jeden herkömmlichen Kuchen in einen Gesundheitskuchen umwandeln. Alle Kuchen in diesem Buch sind nach dem folgenden Muster aufgebaut.

1. Viele Ballaststoffe
2. Wenig Fett, und wenn, dann ein gesundes Fett
3. Wenig Zucker
4. Wenig Chemie
5. Viele Wirkstoffe, also Vitamine, Mineralstoffe und bioaktive Substanzen

1. Viele Ballaststoffe

Damit Ihr Körper gut funktionieren kann, sind Ballaststoffe nötig. In einer gesunden Backstube finden sich Ballaststoffquellen in großer Zahl. Zum Beispiel Vollkorn in Form von Vollkornmehl, Vollkornbröseln und Vollkorngrieß, Gemüse wie beispielsweise Kürbis, Karotten und Zucchini, Kartoffeln und alle Sorten von Obst.

Grundregeln

- Ersetzen Sie Weißmehl durch Vollkornmehl. Reduzieren Sie die Weißmehlmenge um 10–20 %, sonst wird der Teig zu trocken. Zum Beispiel anstatt 100 g Weißmehl 80–90 g Vollkornmehl verwenden.
- Reiben Sie bei Sandmassen und Rührteigen einen Apfel mit Schale oder ¼ Quitte in den Teig, sonst schmeckt der Kuchen trocken. Das Pektin aus dem Apfel bzw. der Quitte bindet Flüssigkeit, sodass der Kuchen lange saftig bleibt. Ohne Apfel oder Quitte trocknen Vollkornkuchen innerhalb weniger Stunden aus. Selbst bei Zugabe von Gemüse, z. B. Karotten oder Zucchini, trocknen Vollkornkuchen, da Gemüse zu wenig Pektin enthält.

2. Wenig Fett, und wenn, dann ein gesundes Fett

Nicht nur die Fettmenge, sondern auch die Fettzusammensetzung ist dafür entscheidend, ob das Fett in Ihrem Körper positiv oder negativ wirkt.

Grundregeln

- Feste Fette, also Margarine und Butter, wenn möglich durch Öle wie Rapsöl oder andere Alternativen, z. B. Sauerrahm oder Naturjoghurt, ersetzen. Feste Fette enthalten reichlich ungünstige gesättigte Fettsäuren, Öle gesunde ungesättigte.
- Wenn Sie für einen Teig feste Fette benötigen, z. B. Butter für einen Mürbteig, dann wählen Sie gesunde Fette wie beispielsweise hochwertige Almbutter und nicht billige Mastfutterbutter oder Billigmargarine.

> Gesunde Butter <

Sie erkennen den Gesundheitsgrad der Butter an der Konsistenz und der Farbe. Beides wird durch das Futter beeinflusst. Je höher der Grasanteil, allem voran der Anteil an Almgras, desto gesünder die Butter. Gesunde Butter ist von Natur aus gelb und immer streichfähig, auch frisch aus dem Kühlschrank.

✗ **Achtung!** Es gibt gefärbte (erkennbar an der Zutatenliste) und „künstlich" weich gerührte Butter (leider nicht erkennbar) im Handel.

Grundregeln für Sandmasse oder Rührteig

Ziehen Sie von der Fettmenge im Standardrezept 20 % ab. Zum Beispiel anstatt 200 g Margarine 160 g. Mischen Sie nun Öl und eine weitere Zutat im Verhältnis von 50 zu 50. Das heißt, 50 % Öl und 50 % von einer anderen Zutat, z. B. Joghurt, Sauerrahm, Ricotta oder Fruchtsaft, ergeben bei diesem Beispiel 80 g Öl und z. B. 80 g Joghurt. Da es sich bei Öl und Joghurt um flüssige Produkte handelt, müssen Sie noch den Flüssigkeitszusatz im Originalrezept reduzieren, und zwar um etwas weniger, als Sie an Öl und Joghurt dazugegeben haben.

Enthält das Rezept keine Flüssigkeit, die Sie reduzieren können, so füllen Sie den halbflüssigen Teig maximal 3 cm hoch in eine Form, anderenfalls wird er speckig. Zusätzlich benötigen fettreduzierte Teige Backpulver! Mischen Sie also pro Kuchen eine Packung Backpulver unter das Mehl. Ist im Standardrezept bereits eine Packung Backpulver enthalten, müssen Sie nichts mehr hinzufügen.

✗ **Achtung!** Stellen Sie fettreduzierte Teige innerhalb von 3 Minuten in das vorgeheizte Backrohr, sonst verliert das Backpulver die Wirkung, der Kuchen geht nicht auf und wird speckig. Die Zeitrechnung beginnt ab dem Zeitpunkt, ab dem das Backpulver-Mehl-Gemisch mit den feuchten Zutaten vermengt wird.

Fazit: Anstatt 200 g Margarine verwenden Sie für dieses Rezept 80 g Öl und z. B. 80 g Joghurt. Reduzieren Sie die Flüssigkeitsmenge im Teig um etwas weniger als

160 g oder, wenn keine Flüssigkeit im Teig vorhanden ist, füllen Sie den halbflüssigen Teig maximal 3 cm hoch in die Form. Mischen Sie Backpulver zum Mehl und stellen Sie den Kuchen innerhalb von 3 Minuten in das vorgeheizte Backrohr.
Kalorien- und Fettersparnis bei diesem Beispiel: ca. 50 %. Die reduzierte Flüssigkeit noch nicht abgezogen, d. h., die Kalorienersparnis kann noch höher ausfallen.
Margarinevariante: 1418 kcal und 160 g Fett
Öl-Joghurt-Variante: 748 kcal und 82 g Fett

> So sparen Sie Fett <

Rösten Sie Nüsse und Samen ohne Fett im Backrohr bei 180 °C so lange, bis sie zu duften beginnen. Dadurch wird der Geschmack intensiver und Sie können bis zu ¼ der fettreichen Nüsse durch Brösel oder fein gemahlenes, zuckerfreies Müsli ersetzen, ohne dass der Geschmack darunter leidet.
Fetten Sie Backformen nicht aus, sondern verwenden Sie Silikonbackformen, die nur sehr selten ausgefettet werden müssen. Herkömmliche Backformen mit Backpapier auskleiden. Am besten dann Dauerbackfolie verwenden, dies schont die Umwelt. Versuche haben gezeigt, dass für das Ausfetten bis zu 500 kcal, also der Energiegehalt einer Tafel Schokolade, in der Kuchenform verschwinden und vom Teig aufgesogen werden. Das heißt, dass der Kuchen letztlich bis zu 500 kcal mehr enthält, und das allein durch das Ausfetten der Form.

Grundregeln für Germteig und Plunderteig

Ziehen Sie von der im Rezept angegebenen Fettmenge 20 % ab. Ersetzen Sie die festen Fette ausschließlich durch Öl oder noch besser durch eine Mischung aus Öl und Milch oder einem Milchprodukt, z. B. Joghurt. Reduzieren Sie die Flüssigkeitsmenge im Teig knapp um die Menge, die Sie an Öl und Milchprodukt dazugegeben haben. Zum Beispiel anstatt 100 g Margarine 40 g Öl und 40 g Naturjoghurt. Von der im Rezept angegebenen Flüssigkeit, z. B. Milch, verwenden Sie um ca. 60 g weniger.

Grundregeln für Mürbteig und alle übrigen Teige

Mindestens 50 % des verwendeten Fettes müssen fest sein, die restlichen 50 % halbfest, sonst bröselt der Mürbteig. Daher kann für Mürbteige kein Öl verwendet werden. Tauschen Sie Billigbutter durch hochwertige Butter, am besten Almbutter, aus. Für die restlichen 50 % verwenden Sie Sauerrahm, Ricotta oder Schmand.
Meistens ersparen Sie sich durch den Einsatz von Ricotta, Schmand und Sauerrahm das Ei, da der Teig von Haus aus schon weich genug ist.
Für alle übrigen Teige, die feste Fette enthalten, gilt: Verwenden Sie hochwertige Fette und probieren Sie eine Fettreduktion auf Basis eines der genannten Muster aus.

3. Wenig Zucker

> So sparen Sie Zucker <

Fruchtzucker verliert beim Erhitzen einen Teil der Süßkraft, nicht aber die Kalorien. Fruchtzucker ist zu 50 % Bestandteil von Haushaltszucker und zu mindestens 50 % von Honig und diversen Dicksäften, z. B. Apfeldicksaft, Agavensirup oder Birnendicksaft. Süßen Sie Speisen, die erhitzt werden müssen, erst nach dem Erhitzen, d. h., erst nachdem Sie die Speise von der Herdplatte genommen und leicht haben abkühlen lassen. Zum Beispiel Füllen wie Nuss- oder Mohnfülle, Kompott und Pudding. Übrigens: Dass Fruchtzucker beim Erhitzen Süßkraft einbüßt, kennen Sie aus der Praxis. Die süße Marille im Knödel schmeckt nach dem Kochen sauer, die süßen Himbeeren für die Sauce ebenfalls und der mit Honig gesüßte heiße Tee kann fast unendlich Honig schlucken, ohne zu süß zu schmecken.

In die gesunden Kuchen darf natürlich auch etwas Zucker hineinrutschen, allerdings in vergleichsweise geringer Menge – die Kuchen schmecken trotzdem. Der Grund liegt in den Gewürzen und im Vollkornmehl, das von Haus aus einen intensiven Geschmack aufweist. Falls Sie zu den Süßtigern gehören und Ihnen nichts süß genug sein kann, versuchen Sie eine schrittweise Reduktion des Zuckerkonsums. Sie werden bald feststellen, schon nach kurzer Zeit gewöhnt sich Ihr Gaumen an das weniger Süße.

Grundregel

- In Kuchen und Gebäck reicht ein Zuckeranteil von 20–25 % meistens aus. Wie ermitteln Sie diesen Wert? Summieren Sie einfach alle zuckerfreien Zutaten des Rezeptes und rechnen Sie davon 20–25 % aus. Das ergibt die benötigte

> Alternativen zum Zucker <

- **Umsteigen auf Honig?** Honig besteht wie herkömmlicher Haushaltszucker aus Trauben- und Fruchtzucker. Je nach Anbaugebiet, Sorte und Schleudertechnik können mehr oder weniger Wirkstoffe enthalten sein. Für kalte Speisen empfiehlt sich der Einsatz von Honig, vorausgesetzt, Sie mögen den Geschmack und die Honigkonsistenz erlaubt ein Untermischen. Bei Speisen, die erhitzt werden müssen, macht Honig wenig Sinn, da die wertvollen Inhaltsstoffe des Honigs durch das Erhitzen verloren gehen können und auch die Süßkraft abnimmt. Also: Für Kaltes kann Honig eine Alternative sein, für Heißes nicht. Besser die Zuckermenge insgesamt wie oben beschrieben auf 20–25 % reduzieren.
- **Alternative Süßstoff?** Nein! Ein Umstieg auf Süßstoff oder andere Ersatzzucker bringt für Gesunde keinen Vorteil. Im Fokus steht die allgemeine Zuckerreduktion, weniger der Austausch. Für Diabetiker stellt Süßstoff zurzeit die beste Alternative zu Zucker dar. ABER! Die Dosis macht das Gift! Das heißt, nur wenig Süßstoff verwenden. Auch bei Diabetikern steht die Reduktion des süßen Geschmacks im Vordergrund.

Zuckermenge. Beispiel: Bei einem Rezept aus 3 Eiern à 50 g, 150 g Mehl und 150 g Butter ergibt sich eine Zuckermenge von 90 bis 113 g. (450 g Gesamtmenge, davon 20 bis 25 % = 90 bis ca. 113 g). Im Vergleich dazu schlägt das Originalrezept eine Zuckermenge von 150 g vor!

4. Wenig Chemie

Die Chemiepalette im Backsegment ist fast unendlich. Geschwefelte Trockenfrüchte, gefärbte Puddingpulver, Margarine, Marmelade, Marzipan, kandierte Früchte und Glasuren, konservierte Marmeladen, z. B. mit Benzoesäure, konservierte Zitrusfrüchte, z. B. mit Orthophenylphenol auf der Schale, aromatisierte Puddingpulver und künstliche Backaromen wie Vanillinzucker, Rumaroma und Zitronenaroma.

Zu fast jedem „Chemielebensmittel" gibt es eine chemiefreie Alternative. Zum Beispiel ungeschwefelte Trockenfrüchte, selbst hergestelltes Puddingpulver aus Maisstärke und z. B. Kochkakaopulver oder mit Vitaminen gefärbtes Puddingpulver, z. B. mit den Farbstoffen Riboflavin und Beta-Carotin, Marmelade ohne Zusatzstoffe, Bio-Zitrusfrüchte, von denen Sie die Schale verwenden können und hausgemachte Gewürzmischungen anstelle von Aromen.

Auch beim Backpulver können Sie auf unnötigen Phosphor verzichten, wenn Sie Weinsteinbackpulver verwenden. Phosphor wirkt sich in größeren Mengen u. a. ungünstig auf den Knochenaufbau aus.

> Chemie im Lebensmittel? <

Achten Sie auf die Zutatenliste und vergleichen Sie die angeführten Zutaten mit den Angaben in einer E-Nummernliste. E-Nummernlisten findet man im Internet oder, wenn Sie Arbeiterkammermitglied in Österreich sind, gratis bei der Arbeiterkammer in Niederösterreich.

5. Viele Wirkstoffe, also Vitamine, Mineralstoffe und bioaktive Substanzen

Wenn Sie die Punkte 1 bis 4 beachten, sind Ihre süßen Köstlichkeiten von Haus aus wirkstoffreich.

> Ein Zusatztipp <

Heizen Sie das Backrohr immer vor. Das verkürzt die Backdauer und schont die Wirkstoffe.

Von der Vorbereitung bis zum fertigen Gebäck – Tipps und Tricks

Tipps und Tricks

Wo sind die Zutaten für die Rezepte erhältlich? Die Lebensmittel finden Sie in gut sortierten Supermärkten. Achten Sie beim Kauf auf heimische Saisonware. Diese steht im vollen Vitaminsaft und ist meist auch am kostengünstigsten.

1. Vor dem Backen

Die wesentlichen Schritte

- Formen und Backbleche vorbereiten.
- Alle Zutaten und das benötigte Geschirr bereitstellen.
- Je nach Teig entweder zuerst das Backrohr vorheizen und dann mit der Teigzubereitung beginnen, z. B. Teige mit Backpulver und Massen mit aufgeschlagenem Ei, oder zuerst den Teig fertigstellen und danach erst das Backrohr vorheizen, z. B. Germteig, Mürbteig, Plunderteig und Blätterteig.

Formen und Backbleche vorbereiten: Verwenden Sie am besten Silikon-Backformen, die müssen nur alle paar Mal eingefettet werden. Vorausgesetzt, Sie waschen die Backform nur mit heißem Wasser ohne Spülmittel und nicht im Geschirrspüler. Nur so bleibt die Fettschicht erhalten und Sie müssen die Form nur hin und wieder nachfetten. Legen Sie herkömmliche Backformen und Backbleche mit Backfolie aus, z. B. mit Dauerbackfolie. Wenn Sie die Form oder das Blech mit ein paar Wassertropfen befeuchten, haftet das Papier besser und verrutscht nicht. Bleche und Backformen für Mürbteig- und Blätterteiggebäck können Sie vor Verwendung in den Tiefkühler stellen, dann behält das Gebäck besser die Form.

Geschirrsparend abmessen: Benutzen Sie eine Waage mit TARA-Funktion. So haben Sie die Möglichkeit, die einzelnen Zutaten dazuzuwiegen, ohne dass Sie jedes Mal eine neue Schüssel verwenden müssen. Das heißt, für alle Zutaten reicht eine Schüssel aus. Messbecher sind ebenfalls überflüssig. Anstatt z. B. ¼ l wiegen Sie einfach 250 g dazu. Wenn Sie noch kein geübter Küchenwaagen-Benutzer sind, verwenden Sie eine zweite Schüssel als „Vorwiegeschüssel", in die Sie jede Zutat hineinwiegen, bevor Sie die Zutat in die Hauptschüssel umfüllen. Aus der „Vorwiegeschüssel" lässt sich das, was Sie versehentlich zu viel hineingewogen haben, leicht herausnehmen. Waagen mit Glasplatte eignen sich für heiße Töpfe, Pfannen und Backformen.

Warum Mengenangaben in Klammern? Stück, Esslöffel, Teelöffel usw. Jeder versteht etwas anderes darunter, aber genau das macht oft das Gelingen eines Rezeptes aus. Um das Aufkeimen von Unklarheiten an der Wurzel zu packen, können Sie sich bei Bedarf nach den Mengenangaben richten. Zusätzlich ist es eine Erleichterung für das geschirrsparende Abmessen.

Teige rühren: Teige immer in eine Richtung oder in einer Küchenmaschine mit planetarischem Rührsystem rühren. So bleibt die Luft im Teig und lockert ihn.

Zeit sparen beim Rühren: Verwenden Sie für Teige und Massen, die länger gerührt werden müssen, anstelle des Mixers die Küchenmaschine, so können Sie in der Zwischenzeit andere Tätigkeiten erledigen. Bei Küchenmaschinen mit planetarischem Rührsystem ersparen Sie sich das Trennen und separate Aufschlagen von Eiklar, da Sie den gesamten Ei-Inhalt auf einmal dickschaumig aufschlagen können.
✗ **Hinweis:** Für viele Teigrezepte aus dem Buch reicht ein Zusammenrühren mit dem Schneebesen.

Vorbereiten von gerührten Backpulverteigen: Geben Sie alle feuchten Zutaten in die Schüssel. Streuen Sie alle trockenen Zutaten darüber, inkl. Backpulver. Mischen Sie das Backpulver mit einem Löffel unter die trockenen Zutaten und verrühren Sie erst dann alle Zutaten miteinander. Stellen Sie den Kuchen innerhalb von 3 Minuten, ab dem Beginn des Rührens gerechnet, in das Backrohr.

> Warum Backpulverkuchen in 3 Minuten ins Rohr schieben? <

Sobald Backpulver mit feuchten Zutaten in Berührung kommt, beginnt es zu reagieren, d. h., es entstehen Luftbläschen, die dem Kuchen zum „Aufgehen" verhelfen. Bleibt der Teig einige Minuten stehen, geht der Kuchen nicht mehr so schön auf, da das Backpulver seine Wirkung bereits wieder verloren hat. Das heißt, anstatt schön locker wird der Kuchen speckig.

Backpulver einarbeiten: Backpulver muss immer mit Mehl oder einer anderen trockenen Zutat vermischt werden, damit es sich gleichmäßig im Kuchenteig verteilen lässt und seine volle Wirkung entfaltet. Ansonsten geht der Kuchen ungleichmäßig auf oder er schmeckt an manchen Stellen salzig.

> Wirkdauer von Backpulver <

Machen Sie den Versuch. Nehmen Sie 1 TL Backpulver und mischen Sie 5 EL Wasser dazu. Das Backpulver reagiert sofort und beginnt zu schäumen. Nach wenigen Minuten fallen die Luftbläschen aber wieder zusammen, die Wirkung ist aufgehoben. Die Abbildung auf der linken Seite zeigt Backpulver nach ½ Minute und auf der rechten Seite Backpulver nach 4 Minuten.

Keine verschmutzten und eingebrannten Kuchenformen: Wischen Sie Teigtropfen auf dem Rand oder der Außenwand der Kuchenform vor dem Backen sauber ab, z. B. mit einem feuchten Küchenpapier. Sonst trocknet der Teigtropfen beim Backen ein und lässt sich nachher, wenn überhaupt, nur noch mühevoll entfernen.

Kein Gebäck ohne Gewürze! Ausgenommen Strudel-, Blätter-, Brandteig und Baisermasse. Diese kommen ohne Gewürze aus. Für alle anderen gilt: Nur gut gewürzte Teige und Massen ergeben ein hervorragend schmeckendes Gebäck! Gewürzideen finden Sie auf Seite 224ff. Jeder Teig kann mit beliebigen Gewürzen veredelt werden. Salz – ja oder nein? Ob süße Teige eine Prise Salz benötigen, ist Geschmackssache. Die einen schwören darauf, die anderen merken keinen Unterschied. Allgemein gilt – wenn Salz, dann jodiertes Salz (außer Sie wohnen am Meer) und sparsam anwenden.

Wie viel Flüssigkeit in den Teig?

Die Flüssigkeitsangaben in den Rezepten können nur Richtwerte darstellen. Der tatsächliche Flüssigkeitsbedarf hängt von vielen Faktoren ab. Zum Beispiel dem Klebergehalt des Getreides, der von Jahr zu Jahr schwankt und u. a. von den Witte-

> Mein Tipp <

Geben Sie nie die gesamte im Rezept angegebene Flüssigkeitsmenge von Anfang an in den Teig, sondern behalten Sie ca. ¼ der Flüssigkeitsmenge zurück, die Sie dann bei Bedarf noch hinzufügen. Es kann aber auch sein, dass die angegebene Flüssigkeitsmenge nicht reicht und Sie noch mehr Flüssigkeit benötigen.

rungsbedingungen abhängt; der verwendeten Getreidemühle – mit Haushaltsmühlen gemahlenes Mehl benötigt meist mehr Quellflüssigkeit als Vollkornmehl aus dem Handel; der Größe des Hühnereis und dem Feuchtigkeitsgehalt der restlichen Zutaten, z. B. Topfen oder Kartoffeln.

2. Teigverarbeitung

Teig ausrollen ohne Mehl: Rollen Sie den Teig zwischen zwei Dauerbackfolien oder Anti-Haft-Backpapier aus. Das bringt viele Vorteile:

- Der Teig behält den vollen Geschmack und wird nicht mehlig
- Das mühevolle Reinigen des Backbretts und des Teigrollers entfällt
- Sie können den Teig zum Backen gleich auf der Folie belassen
- Diabetiker müssen kein zusätzliches Mehl berechnen

> Tipp <

Wischen Sie die Arbeitsfläche nass ab, dann rutscht das Papier beim Rollen nicht so leicht.
Fixieren Sie das Papier, indem Sie es zwischen der Kante der Arbeitsfläche und Ihrem Bauch einklemmen.
Teig in viereckige Form rollen: Rollen Sie den Teig diagonal über die Ecken aus.

3. Backen

Backrohr vorheizen? Ja!

Was passiert, wenn Sie den Teig in ein kaltes Backrohr schieben? Backpulverteige werden speckig, Teige mit Eischnee fallen zusammen, fettreiche Teige, z. B. Mürbteig oder Blätterteig, verlieren die Form bzw. das Fett tritt aus, Mürbteig beginnt zu schäumen und Brandteig geht nicht auf. Zudem verliert das Gebäck an Wirkstoffen, da sich die Backdauer verlängert.

✗ **Achtung!** Glutenfreies Gebäck am besten bei Unter-/Oberhitze, wenn möglich mit anfänglicher Dampfzufuhr, backen. Glutenfreies Gebäck trocknet leichter aus als herkömmliches Gebäck.

Backtemperatur

Jedes Backrohr heizt anders. Die Temperaturangaben können also nur Richtwerte darstellen. Orientieren Sie sich am besten an Ihren Erfahrungswerten oder an der

Betriebsanleitung Ihres Backrohrs. Die bei den Rezepten angegebenen Backtemperaturen beziehen sich auf das vorgeheizte Backrohr. Als Durchschnittstemperatur bei klassischen Rührkuchen ist 170 °C Heißluft ideal.

Umrechnungstabelle – Backtemperatur in Abhängigkeit von der Herdart

Heißluft/Umluft	Unter-/Oberhitze	Gasherd
150	140	1
175	160	2
200	180	3
225	200	4
250	220	5

Dampfzufuhr?

Viele Backwaren, z. B. süßer Germteig und Brotteig, gelingen besser, wenn Sie am Beginn der Backzeit für eine Dampfzufuhr sorgen. Moderne Backrohre verfügen über eine Dampftaste oder Dampfautomatik. Wenn Ihr Backrohr mit keiner Dampffunktion ausgestattet ist, können Sie mit einer sauberen Blumensprühflasche aus dem Baumarkt, die nur für Wasser verwendet wird, Wasser auf das Backgut und in den Backofen sprühen.

✗ **Achtung!** Die Dampfzufuhr bringt nur am Beginn der Backzeit den gewünschten Effekt, also in den ersten 5 bis 15 Minuten, danach wirkt Dampf kontraproduktiv, da er die Kruste wieder aufweicht. Das ist auch der Grund, warum die mit Wasser gefüllte Tasse im Backrohr nicht den gewünschten Effekt erzielt. Das Wasser verdampft erst, wenn es zu kochen beginnt, und das ist frühestens nach 15 Minuten der Fall, also erst dann, wenn die Dampfbildung schon abgeschlossen sein sollte.

Bei manchen Teigen reicht es aus, wenn die geformten Teiglinge vor dem Backen mit Wasser besprenkelt werden. Zum Beispiel Plunderteig, Blätterteig und Brandteig. Dazu einen Pinsel in Wasser tauchen und dieses über die Teiglinge sprenkeln.

> Tipps <

Wenn Sie Kalkflecken im Backrohr verhindern möchten, verwenden Sie destilliertes Wasser.

Einschubhöhe – eine Faustregel: Für hohes Gebäck oder Gebäck in der Form verwenden Sie die unterste Einschubleiste, für flaches Gebäck, z. B. Biskuitroulade oder Kekse, die unterste oder mittlere Einschubleiste.

	Einschubhöhe	Heizart	Temperatur (°C)
Baiser, Busserl (Makronen)	1 oder 2 1 + 3 oder 2 + 4	A oder B B	90–100 °C 3 Stunden
Biskuitkuchen	1	B	170 °C
Biskuitroulade	1	A oder B	200–220 °C 7–10 Min.
Blätterteig	1 oder 2 1 + 3 oder 2 + 4	A B	220 °C 200 °C
Blechkuchen	1 oder 2	B	170–180 °C
Blechkuchen, 2 Bleche	1 + 3	B	170–180 °C
Brandteig	1 oder 2 1 + 3 oder 2 + 4	B	190 °C nach 10 Min. 170 °C
Brot	1	A oder B	220 °C nach 10 Min. 180 °C
Germteigzopf, Germteiggebäck	1	A oder B	B ca. 170 °C A ca. 180 °C 15–40 Min.
Kekse 1 Blech 2 Bleche	1 oder 2 1 + 3 oder 2 + 4	A oder B B	ca. 160–180 °C 5–15 Min.
Kleine Brote, Kleingebäck	1 oder 2	A oder B	220 °C 12–20 Min.
Mürbteig	1 oder 2 1 + 3 oder 2 + 4	B	180 °C
Plunderteig	1 oder 2 1 + 3 oder 2 + 4	B	180 °C
Rührteigkuchen	1, max. 2	B	170–180 °C
Strudelteig	1	B	180 °C 40–60 Min.

Legende: A = Unter- und Oberhitze, B = Heißluft

4. Kuchen in besonderen Formen gebacken

Überraschen Sie Ihre Gäste mit Kuchen in besonderen Formen. Zum Beispiel der Nachmittagskuchen in einer Kaffeetasse gebacken, der Gewürzkuchen im Glühweinbecher, der Müslikuchen in der Müslischale oder der Kaffeekuchen im Latte-Macchiato-Glas. Dazu die Behälter befetten und mit Bröseln ausstreuen. Den Teig einfüllen und backen. Für einen Oster- oder Frühlingskuchen bietet sich ein Tontopf an. Dazu einen neuen, sauberen Blumen-Tontopf mit Backpapier auskleiden, den Teig einfüllen und backen. Interessant sind auch Pfannenkuchen, d. h. Kuchen, die in der Pfanne angebacken und im Rohr fertig gebacken werden. Dazu Obst anschwitzen, den Teig, z. B. einen beliebigen Rührteig, darüber verteilen, backen, stürzen und warm genießen, so wie die klassische französische Tarte Tatin, die mit Blätterteig oder Mürbteig abgedeckt wird. Auch ein Suppentopfkuchen, d. h. ein im Suppentopf gebackener Kuchen, bietet Abwechslung.

✗ **Achtung!** Alle Formen und Griffe müssen ofenfest oder abnehmbar sein, im Zweifelsfall beim Hersteller nachfragen.

Füllen Sie den Teig nur zu ¾ in die Formen, damit der Teig aufgehen kann und nicht überquillt.

Keine Kuppelform zur Hand? Dann verwenden Sie einen Durchschlag (Sieb) aus Edelstahl, den Sie mit Alufolie auskleiden, oder eine Edelstahlschüssel. Die Folie bzw. die Schüssel dünn mit flüssiger Butter bestreichen und mit Mehl oder Bröseln bestäuben. Den Teig einfüllen und backen.

Kuchen auf Vorrat im Einweckglas gebacken

Konische Einweckgläser am Boden und 2 cm vom Boden hinauf befetten und mit Bröseln ausstreuen. Den Teig bis gut zur Hälfte einfüllen. Nicht zu voll, sonst quillt der Teig über. Der Glasrand und der Gummiring müssen komplett sauber und trocken und auf jeden Fall fett- und teigfrei sein, sonst hält der Deckel und damit auch der Kuchen nicht! Den Gummiring auf das Glas setzen, mit dem Deckel abdecken

und mit den Klammern verschließen. Danach den Kuchen bei der jeweils im Rezept angegebenen Backtemperatur in der normalen Backzeit backen. Der Kuchen hält ca. 2 Monate, vorausgesetzt, das Glas und die Gummidichtung waren sauber und der Verschluss nicht defekt. ✗ **Achtung!** Zum Einwecken eignen sich nur Kuchen ohne Belag, z. B. bei einem Apfelkuchen nur der Teig, ohne Apfelbelag. Im Einweckglas würde der Belag schon nach ein paar Tagen zu muffeln beginnen.
✗ **Achtung!** Lassen Sie bei allen Teigen den geriebenen Apfel weg, denn auch dieser beginnt nach ein paar Tagen zu muffeln. Teige mit geriebenem Obst oder Gemüse, z. B. Karotten- oder Zucchinikuchen, halten im Einweckglas nur maximal 3 Tage.

5. Garprobe

Garzeiten nur Richtwerte

Die Backzeitangaben in den Rezepten können nur Richtwerte darstellen. Die tatsächliche Backzeit hängt von vielen Faktoren ab, z. B. der Stückgröße, der Einfüllhöhe des Teiges in die Form, der Qualität des Backrohrs und der Qualität der Backformen. Billige Backformen leiten die Hitze oft schlechter, dadurch verlängert sich die Backzeit. Überprüfen Sie immer schon ein paar Minuten vor Ende der angegebenen Backzeit, ob das Gebäck fertig gebacken ist. Ausnahme Brandteig. Hier sollten Sie das Backrohr nicht öffnen, sondern nur durch die Backofentür kontrollieren, ob das Gebäck schon ausreichend gebräunt ist.
Um den Gargrad überprüfen zu können, gibt es mehrere Möglichkeiten.

Stäbchenprobe

Stechen Sie mit einem Zahnstocher oder Spieß in **die Mitte der höchsten Stelle des Gebäcks**, z. B. in die Mitte des Kuchens. Bleibt kein Teig mehr am Stäbchen kleben, ist das Gebäck fertig gebacken.
Geeignet für alle Gebäcksorten, die höher als 2 cm aufgehen, z. B. Rührteig, süßer Germteig, Biskuitmasse, Sandmasse, Topfenkuchen, gefülltes Kleingebäck, aber

auch für gegarte Kartoffeln, z. B. für den Kartoffelkuchen. Bei Kartoffeln gilt: Ist kein Widerstand mehr spürbar, ist die Kartoffel gar.

Klopfprobe

Klopfen Sie auf die Unterseite des Gebäckstücks. Es muss hohl klingen und darf nicht weich sein.
Geeignet für Brot und Brötchen.

Oberflächenkontrolle

Ist das Gebäck goldgelb gefärbt, ist es gar.
Geeignet für Kekse, Blätterteig und Brandteig.
Bei Strudel sollten Sie zusätzlich zur Oberflächenkontrolle die Kerntemperatur messen, diese soll bei über 90 °C, bei Topfenstrudel bei 95 °C liegen.

Kerntemperaturfühler-Methode

Stechen Sie mit dem Kerntemperaturfühler in die höchste Stelle des Gebäcks, und zwar bis zur Mitte hinunter. Die Kerntemperatur sollte bei ca. 90 °C bzw. bei Topfenkuchen und saftigen Obstkuchen bei 95 °C liegen.
Geeignet für alle Gebäcksorten, die mindestens 2 cm hoch sind. Also z. B. für alle Rührkuchen, Topfenkuchen, Biskuittorten, Sandmassen und für Gefülltes – vom Kleingebäck bis zum großen Strudel oder Stollen, nicht aber für Kekse oder Blätterteig.
Kerntemperaturfühler finden Sie für ein paar Euro in jedem Haushaltswarengeschäft, in Gastronomiegroßmärkten und oft auch als Sonderposten in Supermärkten oder bei Discountern.

Das Gebäck ist schon braun, aber noch nicht durchgebacken?

Reduzieren Sie die Backtemperatur um 10–20 °C und decken Sie den Kuchen mit einer zweiten Kuchenform, Dauerbackfolie oder Alufolie ab. Bei Verwendung von Alufolie gilt – glänzende Seite nach außen, das strahlt die Hitze ab.
✗ **Achtung!** Wenn Sie die Backtemperatur zu stark reduzieren, kann das Gebäck einfallen und speckig werden.
Damit die Folie am richtigen Platz bleibt, legen Sie ein Besteckmesser mit ofenfestem Griff zur Beschwerung darüber.
✗ **Achtung!** Das Messer wird sehr heiß – Vorsicht beim Herausnehmen!

6. Nach dem Backen

Gebäck fällt weniger zusammen

Bei zartem, feinem Gebäck, z. B. bei Biskuittorten, können Sie den Kuchen bei ausgeschaltetem Backrohr noch ca. 5 Minuten im Rohr stehen lassen, dann sinkt der Kuchen weniger ein.

Gebäck aus der Form lösen: Bei Verwendung von Silikonbackformen lassen Sie den Kuchen in der Form auskühlen, bei allen anderen Formen lösen Sie den Kuchen sofort nach dem Backen mithilfe eines Messerrückens vom Rand. Legen Sie einen Teller oder ein Gitter auf die Form. Drehen Sie die Form mit dem Teller um und lassen Sie den Kuchen auf den Teller gleiten. Möchten Sie den Kuchen wieder umdrehen, legen Sie einen zweiten Teller oder die Tortenplatte auf den Kuchen und drehen Sie den Kuchen um.

Kuchen löst sich nicht von der Form

Tipp 1: Drehen Sie die Form um und stellen Sie sie auf ein Gitter. Stülpen Sie ein nasses Geschirrtuch über die Kuchenform und warten Sie ein paar Minuten.
✗ **Achtung!** Die Kuchenform soll deshalb auf einem Gitter stehen, damit das Wasser, das aus dem Geschirrtuch auf die Arbeitsplatte tropft, nicht vom Kuchen aufgesogen wird.
Tipp 2: Lassen Sie den Kuchen abkühlen, aber nicht auskühlen, sonst klebt er fest in der Form. Beim Abkühlen zieht sich der Kuchen zusammen und es entsteht ein kleiner Hohlraum zwischen der Form und dem Kuchen. Nach dem Abkühlen den Rand mit einem Messerrücken lösen und den Kuchen stürzen.

Gugelhupf löst sich nicht aus der Form: 10 Minuten überkühlen lassen, aber nicht komplett auskühlen. Der Teig zieht sich zusammen und löst sich leichter von der Form. Mit einem Messerrücken vom Rand lösen.

Kuchen verbrannt: Reiben Sie die verbrannten Stellen mit einem Kastenhobel oder einer Reibe ab.

Tortenböden vorbereiten: Lassen Sie Tortenböden – mit einem Küchentuch abgedeckt – mindestens 12 Stunden rasten. Dadurch wird der Boden kompakter und weicht beim Füllen nicht so auf. Das Aufweichen können Sie auch reduzieren, indem Sie den Boden dünn mit kochend heißer Marillenmarmelade bestreichen, also den Boden „aprikotieren".

Obstkuchenböden belegen: Damit der Kuchen nicht so stark aufweicht, bestreichen Sie ihn dünn mit kochend heißer Marmelade. Das Belegobst soll trocken sein, da der Fruchtsaft den Boden aufweicht. Kompottobst vor Verwendung mindestens 2 Stunden in einem Sieb gut abtropfen lassen.

Tortenboden teilen: Einen Spagat oder reißfesten Bindfaden rund um die Mitte der Torte legen, dann anziehen. Damit der Faden hängen bleibt, kann man die Torte auch rundherum mit einem Messer an der gewünschten Stelle einritzen.

Tortenheber: Mit einem Tortenheber in Größe der Tortenform können Sie belegte Kuchen und Torten einfach und ohne das Gebäck zu beschädigen auf die Tortenplatte gleiten lassen. Tortenheber finden Sie in gut sortierten Geschirrhandlungen und in Gastronomiegroßmärkten.

Kuchen portionieren

- *Knusprige oder harte Kuchenplatten* zum **Abdecken** von cremigen Kuchen und Schnitten, z. B. Blätterteighaube für Cremeschnitten, Mürbteig-, Plunderteig-, Brandteig-, Strudelteighauben: Schneiden Sie den Teig vor dem Backen in Portionsstücke, z. B. den Blätterteig für Cremeschnitten, oder backen Sie den Teig und schneiden Sie die fertig gebackenen, noch warmen Teigplatten in die von Ihnen gewünschten Stücke, bevor Sie sie auf dem Kuchen verteilen. Das Vorportionieren der Teigstücke erleichtert das Aufschneiden des fertigen Kuchens, ohne dass die Creme beim Aufschneiden herausquillt.
- *Torten gleichmäßig schneiden:* Mit dem Torteneinteiler markieren Sie gleichmäßig große Tortenstücke. Bei Torten mit Glasur drücken Sie den Torteneinteiler kurz vor Festwerden der Glasur vorsichtig auf die Torte, damit die Einkerbungen sichtbar werden. Sobald die Glasur fest ist, können Sie die Torte entlang der Markierungen mit einem in heißes Wasser getauchten Messer schneiden. Torteneinteiler finden Sie in jedem Haushaltswarengeschäft und im Gastronomiegroßhandel.
- *Schnitten gleichmäßig schneiden:* Mit einem rechteckigen Torteneinteiler markieren Sie genauso wie mit einem runden Torteneinteiler gleichmäßig große

Stücke. Rechteckige Torteneinteiler finden Sie im gut sortierten Haushaltswarengeschäft und im Gastronomiegroßhandel.

- *Schnitten ohne vorheriges Markieren gleichmäßig schneiden:* Mit einem Teigschneider können Sie bis zu 10 Schnitten auf einmal gleichmäßig groß schneiden. Ein Teigschneider setzt sich aus mehreren Teigrädchen zusammen. Achten Sie beim Kauf auf einen hohen Raddurchmesser, da Sie sonst den Kuchen nicht ganz durchschneiden können. Teigschneider eignen sich z. B. auch zum Schneiden von hausgemachten Bandnudeln.
- *Glasierte oder Cremetorten und -schnitten schneiden:* Kochen Sie Wasser auf (Wasserkocher), tauchen Sie das Messer nach jedem Schnitt in das heiße Wasser und trocknen Sie es mit einem Küchenpapier ab. Auch ein Geschirrtuch wäre zum Trocknen möglich, allerdings kleben dann die Tortenreste am Tuch. Durch die Wärme des Messers gleitet das Messer mit einem glatten Schnitt durch die Glasur bzw. die Creme.

Gebäck aufbewahren

- *Cremetorten, Kuchen mit Creme, Obstkuchen:* Im Kühlschrank aufbewahren, die Creme wird sonst sauer und die Früchte schimmeln sehr schnell.
- *Trockene Kuchen ohne Belag, z. B. Germteiggebäck, trockene Rührkuchen:* Zugedeckt in einem Tortenbehälter in einem kühlen Raum aufbewahren.

> Strudel-Tipp <

Strudel vom Vortag schmecken frisch, wenn Sie die Oberfläche mit Wasser bestreichen und den Strudel in 5 bis 10 Minuten im Backrohr bei 170 °C Heißluft aufbacken.

Gebäck tiefkühlen

- *In fertig gebackener Form eignet sich Gebäck aus folgenden Teigen zum Tiefkühlen:* Biskuit, Germteig, Rührteig (z. B. Obstkuchen, Linzer Kuchen), Sandmasse, Muffins, Plunderteig, Brandteig (ungefüllt), Kartoffelteig, Waffeln, Sauerteig, Strudel.
- ✗ **Achtung!** Creme- und Sahnetorten nur dann tiefkühlen, wenn die Creme frei von Stärke, Pudding, Joghurt und Sauerrahm ist, da ansonsten die Creme beim Auftauen ausflocken kann.
- *Als Teigling,* d. h. roh ohne backen, geformt oder ungeformt, können folgende Teige tiefgefroren werden: Mürbteig, Lebkuchenteig, Blätterteig, Plunderteig, Strudelteig, Germteig.

- *Tipps zum Tiefkühlen:* Empfindliches Gebäck auf ein mit Backpapier ausgelegtes Schneidbrett oder ein Kuchenblech schlichten und vorfrieren. Erst wenn das Gebäck gefroren ist, in gut schließende Gefrierdosen oder Gefrierbeutel umfüllen. Gebäck und Teige immer gut verpacken, da sonst Gefrierbrand, d. h. ausgetrocknete Stellen entstehen können, die hart sind und nicht mehr gut schmecken.

Tiefgekühltes verwenden

Teig

- Den Teig im Kühlschrank gut zugedeckt auftauen lassen und beliebig weiterverarbeiten.

Teiglinge

- Die gefrorenen Teiglinge in das vorgeheizte Backrohr schieben, mit Wasser und Eiklar bestreichen und wie gewohnt backen. Die Backdauer verlängert sich um 5 bis 15 Minuten, je nach Größe des Gebäcks.

Gebäck

- *Aufbacken:* Ideal für Hefe-, Strudel-, Plunder- und Blätterteiggebäck: Die Oberfläche des tiefgekühlten Gebäcks dünn mit Wasser bestreichen und im auf 170 °C Heißluft vorgeheizten Backrohr in 5 bis 10 Minuten aufbacken.
- *Auftauen:* Das Gebäck mit einer Haube oder einem Geschirrtuch abdecken und im Kühlschrank (Cremekuchen) oder bei Zimmertemperatur (trockene Kuchen) auftauen lassen. Vor Verwendung bei Zimmertemperatur eine angenehme Verzehrtemperatur annehmen lassen.

Sandmasse und Rührteig

Sandtorte mit Couscous-Creme

1 Torte à 12 Stück

Sandmasse

1 Apfel, mit Schale grob raspeln (150 g)
3 Eier
90 g Staubzucker
➤ 50 g Zucker und 4 g Süßstoff
10 EL Öl (80 g), z. B. Raps-, Nuss- oder Kürbiskernöl
ca. 5 EL Wasser (40 g)
beliebige Gewürze lt. Rezept auf Seite 224ff
150 g Weizenvollkornmehl
½ Pkg. Weinsteinbackpulver (8 g)

Couscous-Creme

50 g Couscous mit 100 ml (100 g) kochendem Wasser aufgießen, 10 Minuten zugedeckt quellen lassen
6 Blatt Gelatine, in 1 l kaltem Wasser ca. 10 Minuten einweichen, vor Verwendung die Gelatine gut ausdrücken
3 EL kochend heißes Wasser zum Auflösen der Gelatine
1 großer Becher Naturjoghurt (500 g)
1 Becher Sauerrahm (250 g)
80 g Zucker ➤ 8 g Süßstoff
beliebige Gewürze, z. B. Zitronenschale und -saft, Vanille, Zimt

Zum Bestreuen

150 g beliebiges Beerenobst

Eine runde Kuchenform vorbereiten. Backrohr auf 180 °C Heißluft vorheizen.

Sandmasse

Die Zutaten der Reihe nach in eine Schüssel geben. Zum Schluss das Backpulver über das Mehl sieben. Nun alle Zutaten mit einem Kochlöffel RASCH verrühren. Im Backrohr 35–50 Minuten backen.

Couscous-Creme

Alle Zutaten bis auf die Gelatine verrühren. Gelatine in dem kochend heißen Wasser auflösen, nicht kochen! Die Creme nach und nach unter kräftigem Rühren zur Gelatine gießen.

pro Stück

kJ	kcal	Eiweiß (g)	Fett (g)	KH (g)	BE
1119.96	268.01	6.84	12.90	30.75	2.56
960.73	230.01	6.84	12.90	20.77	1.73

Ausfertigen

Die Kuchenform rundherum mit Frischhaltefolie auskleiden. Den ausgekühlten Kuchen hineinsetzen, die Creme darüber verteilen. Mit dem Beerenobst bestreuen. Im Kühlschrank mindestens 6 Stunden stocken lassen.

Variation – Vanille-Sandtorte

Verfeinern Sie die Creme mit Vanillepudding aus ¼ l Milch und einer ¾-Packung Puddingpulver und mischen Sie das Mark einer Vanilleschote unter.

Rührteig – Grundzubereitung

Eine runde Kuchenform und, wenn in der Rezeptur angegeben, die Fülle oder den Belag vorbereiten. Backrohr auf 170–180 °C Heißluft vorheizen.

Alle Zutaten der Reihe nach in eine Schüssel geben. Zum Schluss das Backpulver über das Mehl oder eine andere trockene Zutat, z. B. Nüsse oder Brösel, sieben und mit dem Mehl bzw. der trockenen Zutat vermischen. Das Backpulver soll dabei nicht feucht werden. Nun alle Zutaten in wenigen Sekunden mit einem Kochlöffel verrühren. Je kürzer Sie den Teig rühren, desto flaumiger der Kuchen!
Den Teig in die Form füllen. Wenn im Rezept angegeben, belegen. 35–60 Minuten backen. Der Rührkuchen ist fertig gebacken, wenn bei der Stäbchenprobe kein Teig mehr am Stäbchen kleben bleibt. Kerntemperatur mindestens 90 °C, bei sehr feuchten Kuchen, z. B. mit geraspelten Karotten oder Obstfülle, 95 °C.

Bei Verwendung einer Silikonbackform den Kuchen in der Form auskühlen lassen, bei Verwendung aller anderen Formen den Kuchen sofort nach dem Backen mit einem Messerrücken von der Form lösen und aus der Form nehmen. Den Kuchen vor der weiteren Verwendung vollständig auskühlen lassen.

✗ **Achtung!** Den Kuchen innerhalb von 3 Minuten, gerechnet ab dem Zeitpunkt des Zusammenrührens des Teigs, in das Backrohr schieben, sonst verliert das Backpulver die Wirkung und der Kuchen wird speckig.
Den Teig nicht höher als 3 cm hoch in die Form füllen, sonst wird der Teig zu schwer und der Kuchen speckig.

Gestürzter Apfelkuchen nach Tarte-Tatin-Art *1 Kuchen à 12 Stüc*

Apfelmasse

1 Tasse Wasser (125 g)
20 g Butter
40 g Zucker, auch für Diabetiker
1 kg Äpfel, entkernen, ungeschält in Spalten schneiden
Saft und Schale von ½ Bio-Zitrone
1 TL Zimt
evtl. Rosinen (für Diabetiker nicht ideal)
evtl. Rum

Rührteig

½ Apfel, mit Schale grob raspeln (70 g)
Saft und Schale von ½ Bio-Zitrone
Mark von 1 Vanilleschote
1 TL Zimt
2 Msp. Nelkenpulver
2 Eier
80 g Zucker ➤ 30 g Zucker und 5 g Süßstoff
½ Becher Sauerrahm (125 g)
150 g Weizenvollkornmehl
½ Pkg. Weinsteinbackpulver (8 g)

Apfelmasse

Zucker und Butter in einer Pfanne mit ofenfestem oder abnehmbarem Griff schmelzen und bräunen. Wasser hinzufügen und zu einem dickflüssigen Karamell einkochen lassen. Die mit den restlichen Zutaten vermischten Apfelspalten einlegen. Zugedeckt auf SEHR kleiner Flamme ca. 3 Minuten dünsten lassen. Bei zu starker Hitze brennen die Äpfel an. Vom Herd nehmen. Backrohr auf 175 °C Heißluft vorheizen.

Rührteig

Zubereitung siehe Rührteig-Grundrezept Seite 35.

Den Teig auf den Apfelspalten verteilen. Im Backrohr 40–50 Minuten backen. Den noch warmen Kuchen stürzen, sodass die Apfelspalten oben sind. Eventuell im Backrohr bei Grillfunktion ein paar Minuten bräunen.

pro Stück

kJ	kcal	Eiweiß (g)	Fett (g)	KH (g)	BE
712.42	170.55	3.15	4.55	28.70	2.39
646.08	154.71	3.15	4.55	24.54	2.04

Marillenkuchen

1 Kuchen à 12 Stück

Rührteig

1 Apfel, mit Schale grob raspeln (150 g)
1 Becher Sauerrahm (250 g), 3 Eier,
100 g Zucker ➤ 50 g Zucker und 5 g Süßstoff, beliebige Gewürze lt. Rezept auf Seite 224ff, 260 g Weizenvollkornmehl, 1 Pkg. Weinsteinbackpulver (16 g)

Zum Belegen

500 g Marillen, halbieren oder in Spalten schneiden, evtl. 20 g Mandelsplitter zum Bestreuen

Rührteig

Zubereitung siehe Grundrezept Seite 35. Den Teig in die vorbereitete Kuchenform streichen, rasch belegen. Im Backrohr 35–50 Minuten backen.

pro Stück

kJ	kcal	Eiweiß (g)	Fett (g)	KH (g)	BE
751.28	179.86	5.15	5.13	27.56	2.30
684.94	164.02	5.15	5.13	23.40	1.95

Brombeerkuchen/Heidelbeerkuchen

1 Kuchen à 12 Stück

Rührteig

½ Apfel, mit Schale grob raspeln (70 g)
1 Becher Sauerrahm (250 g)
6 EL Milch (50 g)
4 Eier
beliebige Gewürze lt. Rezept auf Seite 224ff
130 g Zucker ➤ 50 g Zucker und 8 g Süßstoff
150 g Weizenvollkornmehl
1 Pkg. Weinsteinbackpulver (ca. 16 g)

Zum Belegen

500 g Brombeeren oder andere Früchte

Rührteig

Zubereitung siehe Rührteig-Grundrezept Seite 35.

pro Stück

kJ	kcal	Eiweiß (g)	Fett (g)	KH (g)	BE
677.17	162.27	4.88	5.88	21.63	1.81
571.02	136.94	4.88	5.88	14.98	1.25

Obstkuchen

jeweils 1 Kuchen à 12 Stück

Rührteig – Variante 1

½ Apfel, mit Schale grob raspeln (70 g)
gut ⅓ Becher Öl (70 g)
½ Becher Milch (125 g)
2 Eier
beliebige Gewürze lt. Rezept auf Seite 224ff
100 g Zucker ➤ 50 g Zucker und 5 g Süßstoff
1½ Becher Weizenvollkornmehl (200 g)
½ Pkg. Weinsteinbackpulver (8 g)

Zum Belegen

500 g beliebiges Obst, z. B. Schwarze Johannisbeeren

Zubereitung für beide Varianten

Eine große, runde Kuchenform und den Belag vorbereiten. Backrohr auf 180 °C Heißluft vorheizen.

Rührteig Variante 1 oder 2 auswählen. Die Zubereitung ist identisch, siehe Grundrezept Seite 35.

pro Stück, Variante 1

kJ	kcal	Eiweiß (g)	Fett (g)	KH (g)	BE
765.55	182.78	3.91	7.88	23.29	1.94
699.20	166.95	3.91	7.88	19.13	1.59

Rührteig – Variante 2

1 Apfel, mit Schale grob raspeln (150 g)
10 EL Rapsöl (80 g)
6 EL Wasser (50 g)
4 Eier
100 g Zucker ➤ 40 g Zucker und 6 g Süßstoff
beliebige Gewürze lt. Rezept auf Seite 224ff
160 g Weizenvollkornmehl
½ Pkg. Weinsteinbackpulver (8 g)

Zum Belegen

400 g beliebiges Obst, z. B. Marillen
1 TL Mandelblättchen (7 g) zum Bestreuen

Variation Ameisenkuchen

Mischen Sie 1 bis 2 EL voll Schokostreusel in den Teig. Dazu die Streusel mit dem Mehl und dem Backpulver vermischen, dann sinken die Streusel beim Backen weniger ab.

pro Stück, Variante 2

kJ	kcal	Eiweiß (g)	Fett (g)	KH (g)	BE
772.58	184.41	4.15	9.18	21.04	1.75
706.24	168.57	4.15	9.18	16.88	1.41

Gratinierter Obstkuchen

1 Kuchen à 12 Stück

Rührteig

½ Apfel, mit Schale grob raspeln (70 g)
3 Eier
5 EL Öl (40 g)
1 Becher Sauerrahm (250 g)
½ Becher Zucker (100 g)
➤ 50 g Zucker und 5 g Süßstoff
beliebige Gewürze lt. Rezept auf Seite 224ff
knapp 3 Becher Weizenvollkornmehl (400 g)
1 Pkg. Weinsteinbackpulver (16 g)

Guss

½ Becher Sauerrahm (125 g)
½ Becher Milch (125 g)
1 Ei
1 EL Haferkleie (15 g)
Mark von ½ Vanilleschote
Schale von ½ Limette
¼ Becher Zucker (50 g) ➤ 5 g Süßstoff

Zum Belegen

400 g beliebiges Obst, z. B. Birnen

Eine große, runde Kuchenform, den Guss und den Belag vorbereiten. Backrohr auf 170 °C Heißluft vorheizen.

Guss

Alle Zutaten verrühren.

Rührteig

Zubereitung siehe Rührteig-Grundrezept Seite 35.
Den Teig in wenigen Sekunden verkneten. Langes Kneten macht den Teig zäh. Den Teig mit der nassen Hand rasch in die vorbereitete Kuchenform drücken, mit dem Obst belegen und dem Guss überziehen. Ca. 35–50 Minuten backen. Stäbchenprobe als Garprobe.

pro Stück

kJ	kcal	Eiweiß (g)	Fett (g)	KH (g)	BE
1134.29	271.69	7.49	10.83	35.63	2.97
1001.60	240.02	7.49	10.83	27.31	2.28

Nussschaumtorte

1 Kuchen à 12 Stück

Nussschaum

5 Eiklar, 100 g Zucker, auch für Diabetiker, 100 g geröstete, gehackte oder gemahlene Nüsse, z. B. Haselnüsse
50 g geröstete Brösel
Schale von ½ Bio-Orange, ½ TL Zimt

Rührteig

1 Apfel, mit Schale grob raspeln (150 g)
5 Eidotter
100 g Öl oder Mischung aus 60 g sehr weicher Butter und 40 g Öl
50 g Zucker ➤ 5 g Süßstoff
1 TL Zimt, Mark von 1 Vanilleschote, Schale von ½ Bio-Orange
2 Msp. Nelkenpulver
1 Msp. Ingwerpulver
120 g Weizenvollkornmehl
½ Pkg. Weinsteinbackpulver (8 g)

Eine runde Kuchenform und den Nussschaum vorbereiten. Backrohr auf 160 °C Heißluft vorheizen.

Nussschaum

Eiklar und Zucker steif schlagen. Restliche Zutaten unterheben. Die Masse in einen Spritzsack mit glatter, großer Tülle füllen.

Rührteig

Zubereitung siehe Rührteig-Grundrezept Seite 35.
Den Teig in die Form gießen. Den Nussschaum auf den Teig dressieren. Ca. 1 Stunde backen. Stäbchenprobe als Garprobe.

pro Stück

kJ	kcal	Eiweiß (g)	Fett (g)	KH (g)	EE
1204.70	287.70	6.17	18.59	24.21	2.02
1138.36	271.86	6.17	18.59	20.05	1.67

Kastenkuchen mit Nusshaube
1 Kuchen à 12 Stück

Rührteig
1 Apfel, mit Schale grob raspeln (150 g)
13 EL Öl (100 g), 6 EL Milch (50 g)
2 Eier
80 g Zucker ➤ 20 g Zucker und 6 g Süßstoff
Mark von 1 Vanilleschote
1 EL Lebkuchengewürz, Schale von ½ Bio-Zitrone
250 g Weizenvollkornmehl
1 Pkg. Weinsteinbackpulver (16 g)

Nussschaum
2 Eiklar, 60 g Zucker, auch für Diabetiker, 100 g geröstete, geriebene Nüsse, z. B. Haselnüsse, ½ TL Zimt, Schale von ½ Bio-Zitrone

Eine Kastenform vorbereiten. Backrohr auf 180 °C Heißluft vorheizen.

Rührteig: Zubereitung siehe Rührteig-Grundrezept Seite 35. Ca. 30 Minuten backen. In der Zwischenzeit den Nussschaum vorbereiten.

Nussschaum: Eiklar und Zucker steif schlagen. Restliche Zutaten unterheben.
Ausfertigen: Die Masse in einen Spritzsack mit glatter, großer Tülle füllen und RASCH auf den heißen Kuchen dressieren. Noch einmal bei 160 °C ca. 30 Minuten backen. Stäbchenprobe als Garprobe.

pro Stück

kJ	kcal	Eiweiß (g)	Fett (g)	KH (g)	BE
1119.02	267.28	5.30	15.31	27.18	2.27
1039.41	248.28	5.30	15.31	22.19	1.85

Mandelsplitterkuchen
1 Kuchen à 12 Stück

Rührteig
1 Apfel, mit Schale grob raspeln (150 g)
1 EL Zimt, 2 Msp. Nelkenpulver, Schale von 1 Bio-Orange, Mark von 1 Vanilleschote, 4 Eier, 1 Becher Naturjoghurt (250 g), 1 gut gehäufter Becher Staubzucker (160 g), ersatzweise 160 g Kristallzucker ➤ 50 g Zucker und 10 g Süßstoff
2 Becher Weizenvollkornmehl (360 g)
1 Pkg. Weinsteinbackpulver (16 g)

Belag
50 g Butter, 150 g Mandelsplitter
40 g Zucker, auch für Diabetiker
4 EL Milch (32 g)

Eine große, runde Kuchenform und den Belag vorbereiten. Backrohr auf 175 °C Heißluft vorheizen.

Belag: Butter in einer Pfanne schmelzen und die Mandelsplitter darin rösten. Den Zucker und die Milch einrühren. Dick einkochen.

Rührteig: Zubereitung siehe Rührteig-Grundrezept Seite 35. Den Teig in die vorbereitete Kuchenform füllen. Mit dem Belag überziehen. Ca. 40 Minuten backen. Stäbchenprobe als Garprobe.

pro Stück

kJ	kcal	Eiweiß (g)	Fett (g)	KH (g)	BE
1305.58	311.77	8.92	13.62	38.13	3.18
1215.31	290.23	8.92	13.62	32.31	2.69

Mohnkuchen mit Stachelbeeren

1 Kuchen à 12 Stück

Rührteig

1 Apfel, mit Schale grob raspeln (150 g)
1 TL Zimt
Mark von 1 Vanilleschote
Saft und Schale von 1 Limette
4 Eier
1 Becher Sauerrahm (250 g)
1 Becher Staubzucker (150 g)
ersatzweise 150 g Kristallzucker
➤ 70 g Zucker und 8 g Süßstoff
½ Becher beliebige geröstete und gehackte oder gemahlene Nüsse (50 g), z. B. Haselnüsse
1 Pkg. Mohn (200 g)
5 gehäufte EL Weizenvollkornmehl (70 g)
1 Pkg. Weinsteinbackpulver (16 g)

Zum Belegen

500 g Stachelbeeren, ersatzweise anderes Obst, z. B. Himbeeren

Eine große, runde Kuchenform und den Belag vorbereiten. Backrohr auf 175 °C Heißluft vorheizen.

Rührteig

Zubereitung siehe Rührteig-Grundrezept Seite 35.

pro Stück

kJ	kcal	Eiweiß (g)	Fett (g)	KH (g)	EE
1097.66	262.67	7.66	15.04	23.66	1.97
991.51	237.34	7.66	15.04	17.01	1.42

Schicht-Mohnkuchen mit Obst

1 Kuchen à 12 Stück

Mohnmasse

4 Eier
150 g Mohn
70 g Zucker ➤ 40 g Zucker und 3 g Süßstoff
Saft und Schale von 1 Bio-Zitrone
1 EL Zimt
2 Msp. Nelken
Mark von 1 Vanilleschote
evtl. Rum

Rührteig

1 Apfel, mit Schale grob raspeln (150 g)
beliebige Gewürze lt. Rezept auf Seite 224ff
80 g Sauerrahm
60 g Zucker ➤ 6 g Süßstoff
1 Ei
200 g Weizenvollkornmehl
½ Pkg. Weinsteinbackpulver (ca. 8 g)

Zum Ausfertigen

300 g Obst zum Belegen, z. B. Marillenhälften
1 EL Mandelstifte zum Bestreuen (15 g)

Eine Tortenform, Obst und Mandelstifte vorbereiten. Backrohr auf 180 °C Heißluft vorheizen.

Mohnmasse

Alle Zutaten verrühren. Kräftig würzen.

Rührteig

Zubereitung siehe Rührteig-Grundrezept Seite 35.
Den Teig rasch in die Form füllen. Mit dem Obst belegen. Mit der Mohnmasse überziehen und mit den Mandelstiften bestreuen. Im Backrohr 35–45 Minuten backen.

pro Stück

kJ	kcal	Eiweiß (g)	Fett (g)	KH (g)	BE
939.46	224.44	7.84	9.77	25.91	2.16
763.47	182.44	7.84	9.77	15.10	1.26

Mohnkuchen im REX-Glas

4 Gläser à ½ l Inhalt

Rührteig

1 Ei
120 g Zucker ➤ 60 g Zucker und 6 g Süßstoff
4 EL heißes Wasser (30 g)
1 Becher Naturjoghurt (250 g)
10 EL Öl (80 g)
Saft und Schale von ½ Bio-Zitrone
Mark von 1 Vanilleschote
1 TL Zimt
100 g Mohn
180 g Weizenvollkornmehl
½ Pkg. Weinsteinbackpulver (8 g)

Für die Form

10 g flüssige Butter oder Öl
10 g Brösel

Die Gläser am Boden und 2 cm vom Boden hinauf befetten und mit Bröseln ausstreuen. Backrohr auf 170 °C Heißluft vorheizen.

Rührteig

Zubereitung siehe Rührteig-Grundrezept Seite 35. Den Teig in die vorbereiteten Gläser füllen. Die Gläser nur bis zur Hälfte füllen, sonst quillt der Teig heraus. Gummiringe aufsetzen und mit den Klammern verschließen. Im Backrohr auf der untersten Schiene ca. 40 Minuten backen.
Die Ränder müssen fettfrei und sauber sein, sonst halten die Deckel nicht! Weitere Tipps zum Backen im REX-Glas siehe Seite 26.

Gesamtmenge

kJ	kcal	Eiweiß (g)	Fett (g)	KH (g)	BE
10832.62	2587.08	58.51	147.39	255.58	21.30
9877.24	2359.08	58.51	147.39	195.70	16.31

Mohnkuchen

je 1 Kuchen à 12 Stück

Zubereitung für alle Mohnkuchen

Die entsprechende Form und den Belag vorbereiten. Backrohr auf 180 °C Heißluft vorheizen. Zubereitung siehe Rührteig-Grundrezept Seite 35.

Mohn-Kastenkuchen

1 Apfel, mit Schale grob raspeln (150 g)
8 EL Rapsöl (60 g)
11 EL Wasser (90 g)
3 Eier
100 g Zucker ➤ 40 g Zucker und 6 g Süßstoff
beliebige Gewürze lt. Rezept auf Seite 224ff
40 g Mohn
170 g Weizenvollkornmehl
½ Pkg. Weinsteinbackpulver (8 g)

Zum Belegen

200 g Brombeeren oder anderes Obst
1 TL Mandelsplitter zum Bestreuen (10 g)

pro Stück

kJ	kcal	Eiweiß (g)	Fett (g)	KH (g)	BE
728.64	174.04	4.32	8.76	19.24	1.60
649.02	155.04	4.32	8.76	14.25	1.19

Mohn-Kranzkuchen

½ Apfel, mit Schale grob raspeln (70 g)
½ Becher Naturjoghurt (125 g)
3 Eier
9 EL Öl (70 g)
2 EL Wasser (16 g), 80 g Zucker
➤ 40 g Zucker und 4 g Süßstoff
beliebige Gewürze lt. Rezept auf Seite 224ff
60 g Mohn
150 g Weizenvollkornmehl
½ Pkg. Weinsteinbackpulver (8 g)

Zum Belegen
100 g beliebige Marmelade
➤ Marmelade lt. Rezept auf Seite 211

pro Stück

kJ	kcal	Eiweiß (g)	Fett (g)	KH (g)	BE
760.64	181.51	4.56	9.95	18.42	1.54
678.71	162.06	4.57	9.95	13.32	1.11

Mohn-Blechkuchen mit Marillen

1 Apfel, mit Schale grob raspeln (150 g)
3 Eier
1 Becher Sauerrahm (250 g)
150 g Zucker ➤ 70 g Zucker und 8 g Süßstoff
140 g Mohn
180 g Weizenvollkornmehl
beliebige Gewürze lt. Rezept auf Seite 224ff
1 Pkg. Weinsteinbackpulver (ca. 16 g)

Zum Belegen
800 g Obst, z. B. Marillen

pro Stück

kJ	kcal	Eiweiß (g)	Fett (g)	KH (g)	BE
1010.58	241.70	6.97	9.92	30.37	2.53
904.42	216.37	6.97	9.92	23.72	1.98

Kokoskuchen

je 1 Kuchen à 12 Stück

Zubereitung für alle Kokoskuchen

Eine große, runde Kuchenform vorbereiten. Backrohr auf 175 °C Heißluft vorheizen. Zubereitung siehe Rührteig-Grundrezept Seite 35. Den Teig maximal 3 cm hoch einfüllen, sonst wird der Kuchen speckig.

Kokos-Nuss-Kuchen mit Joghurt

½ Apfel, mit Schale grob raspeln (70 g), ½ Becher Naturjoghurt (125 g), 1 Ei, 1 EL Kokosflocken (10 g), 25 g geröstete, gehackte beliebige Nüsse, 30 g flüssige Butter oder Öl, 70 g Zucker ➤ 30 g Zucker und 4 g Süßstoff, beliebige Gewürze lt. Rezept auf Seite 224ff, 90 g Weizenvollkornmehl, ½ Pkg. Weinsteinbackpulver (8 g)

pro Stück

kJ	kcal	Eiweiß (g)	Fett (g)	KH (g)	BE
439.76	105.02	2.12	5.36	12.02	1.00
386.69	92.35	2.12	5.36	8.70	0.72

Kokosmilch-Kuchen

½ Apfel, mit Schale grob raspeln (70 g)
3 Eier, 1 Becher Naturjoghurt (250 g)
8 EL Öl (60 g)
100 g Kokosflocken
8 EL Kokosmilch (60 g), 160 g Zucker
➤ 70 g Zucker und 9 g Süßstoff
Saft und Schale von 1 Limette
Mark von 1 Vanilleschote
evtl. 1 EL Kokoslikör
200 g Weizenvollkornmehl
1 Pkg. Weinsteinbackpulver (16 g)

Zum Belegen

600 g beliebiges Obst, z. B. Brombeeren

pro Stück

kJ	kcal	Eiweiß (g)	Fett (g)	KH (g)	BE
1071.63	255.93	5.53	13.24	27.92	2.33
952.20	227.43	5.53	13.24	20.44	1.71

Schokokuchen

je 1 Kuchen à 12 Stück

Zubereitung für alle Schokokuchen

Eine große, runde Kuchenform und, wenn angegeben, den Belag vorbereiten. Backrohr auf 180 °C Heißluft vorheizen. Zubereitung siehe Rührteig-Grundrezept Seite 35.

✗ **Achtung!** Füllen Sie den Teig maximal 3 cm hoch in die Backform, sonst ist der Teig zu schwer und der Kuchen wird speckig.

> Tipp! <

Besonders saftig schmecken Schokokuchen, wenn Sie den Teig vor dem Backen mit Obst oder Marmeladehäufchen belegen.

Schoko-Nuss-Kuchen mit Obst

1 Apfel, mit Schale grob raspeln (150 g), 1 Becher Naturjoghurt (250 g), 2 Eier, 6 EL Öl (50 g) oder flüssige Butter, 1 EL ungesüßtes Kakaopulver (15 g), knapp 1 Becher Staubzucker (140 g) ➤ 50 g Zucker und 9 g Süßstoff, beliebige Gewürze lt. Rezept auf Seite 224ff, ½ Becher geröstete, geriebene beliebige Nüsse (50 g), 1 gut gehäufter Becher Weizenvollkornmehl (160 g), 1 Pkg. Weinsteinbackpulver (16 g)

Zum Belegen

300 g beliebiges Obst, z. B. Kirschen

pro Stück

kJ	kcal	Eiweiß (g)	Fett (g)	KH (g)	BE
868.72	207.38	4.42	9.19	26.41	2.20
749.30	178.88	4.42	9.19	18.92	1.58

Zartbitter-Rum-Schoko-Kuchen

1 Apfel, mit Schale grob raspeln (150 g), 8 EL Öl (70 g), 3 Eier, 8 EL Milch (60 g), ca. 11 EL Wasser (90 g), 3 EL Rum (25 g), 1 gut gehäufter EL ungesüßtes Kakaopulver (20 g), 130 g geröstete, geriebene Mandeln oder beliebige andere Nüsse, 160 g Zucker ➤ 60 g Zucker und 10 g Süßstoff, beliebige Gewürze lt. Rezept auf Seite 224ff, 280 g Weizenvollkornmehl, 1 Pkg. Weinsteinbackpulver (16 g)

pro Stück

kJ	kcal	Eiweiß (g)	Fett (g)	KH (g)	BE
1176.00	280.82	6.86	14.23	30.14	2.51
1043.30	249.15	6.86	14.23	21.82	1.82

Schoko-Rührkuchen

1 Apfel, mit Schale grob raspeln (150 g), 4 Eier, ⅛ l Öl (125 g), ⅛ l Wasser (125 g), 1 EL ungesüßtes Kakaopulver (15 g), 140 g Zucker ➤ 70 g Zucker und 7 g Süßstoff, beliebige Gewürze lt. Rezept auf Seite 224ff, 250 g Weizenvollkornmehl
1 Pkg. Weinsteinbackpulver (16 g)
evtl. Mandelsplitter zum Bestreuen

pro Stück

kJ	kcal	Eiweiß (g)	Fett (g)	KH (g)	BE
1012.42	241.79	4.84	13.03	26.33	2.19
919.54	219.62	4.84	13.03	20.51	1.71

> Tipp! <

Dieser Kuchen eignet sich sehr gut zum Füllen und Belegen, z. B. als Schwarzwälder Kirschtorte.

Kakao-Löffelkuchen

½ Apfel, mit Schale grob raspeln (70 g), 2 Eier, Vanille, Zimt, 9 EL Milch (70 g), 8 EL Öl (70 g), 6 EL Zucker (90 g) ➤ 30 g Zucker und 6 g Süßstoff
beliebige Gewürze lt. Rezept auf Seite 224ff
8 EL Weizenvollkornmehl (120 g)
1 gut gehäufter EL ungesüßtes Kakaopulver (20 g)
1 Pkg. Weinsteinbackpulver (16 g)

> Tipp! <

Ein besonders lockerer Schokokuchen!

pro Stück

kJ	kcal	Eiweiß (g)	Fett (g)	KH (g)	BE
587.12	140.19	2.78	7.59	15.23	1.27
510.12	121.81	2.78	7.59	10.24	0.85

Zebrakuchen

1 Kuchen à 12 Stück

Rührteig

1 Apfel, mit Schale grob raspeln (150 g)
5 Eier
⅛ l Milch (125 g)
⅛ l Öl (125 g)
170 g Zucker ➤ 60 g Zucker und 11 g Süßstoff
beliebige Gewürze lt. Rezept auf Seite 224ff
350 g Weizenvollkornmehl
1 Pkg. Weinsteinbackpulver (16 g)

Für den dunklen Teig

1 gut gehäufter EL ungesüßtes Kakaopulver (20 g)

Eine große, runde Kuchenform vorbereiten. Backrohr auf 180 °C Heißluft vorheizen.

Rührteig

Zubereitung siehe Rührteig-Grundrezept Seite 35. ⅓ des Teiges mit dem Kakaopulver vermischen. Abwechselnd 2 EL hellen Teig und 2 EL dunklen Teig in die Mitte der Form setzen, bis der Teig aufgebraucht ist. Nicht verstreichen! Ca. 40–50 Minuten backen. Stäbchenprobe.

pro Stück

kJ	kcal	Eiweiß (g)	Fett (g)	KH (g)	BE
1223.51	292.17	6.75	14.16	34.36	2.86
1077.55	257.34	6.75	14.16	25.21	2.10

Ameisen-Minz-Schnitten vom Blech

1 Kuchen à 12 Stück

Rührteig

1 Apfel, mit Schale grob raspeln (150 g)
5 Eier, Mark von 1 Vanilleschote
1 TL Zimt, ½ TL gehackte Minzeblätter
1 Msp. Nelkenpulver, ⅛ l Öl (125 g)
⅛ l Milch oder Saft (125 g)
150 g Zucker ➤ 50 g Zucker und 9 g Süßstoff, 250 g Weizenvollkornmehl
40 g Schokostreusel, auch für Diabetiker
1 Pkg. Weinsteinbackpulver (16 g)

Belag

500 g Kirschen oder beliebiges Obst

Ein Backblech mit Backpapier auslegen und den Belag vorbereiten. Backrohr auf 175 °C Heißluft vorheizen.

Rührteig

Zubereitung siehe Rührteig-Grundrezept Seite 35. Den Teig auf das Blech streichen, belegen, 40–50 Minuten backen.

pro Stück

kJ	kcal	Eiweiß (g)	Fett (g)	KH (g)	BE
1235.71	294.95	6.06	14.34	35.07	2.92
1102.14	263.08	6.06	14.34	26.76	2.23

Kaffeekuchen im REX-Glas

2 REX-Gläser à ¼ l, 6 Portionen

Rührteig

2 Eier
2 EL Öl (16 g)
1 EL lösliches Kaffeepulver (5 g)
in 2 EL Wasser (16 g) auflösen
3 gehäufte EL Zucker (50 g)
➤ 5 g Süßstoff
2 EL beliebige geröstete und gemahlene Nüsse (30 g), z. B. Haselnüsse
Mark von 1 Vanilleschote
evtl. 1–2 EL Kaffeelikör
6 EL Weizenvollkornmehl (90 g)
½ Pkg. Weinsteinbackpulver (8 g)

Für die Form

10 g Öl oder flüssige Butter zum Befetten
10 g Brösel zum Ausstreuen

Die Gläser am Boden und 2 cm vom Boden hinauf befetten und mit Bröseln ausstreuen. Backrohr auf 170 °C Heißluft vorheizen.

Rührteig

Zubereitung siehe Rührteig-Grundrezept Seite 35. Den Teig in die vorbereiteten Gläser füllen. Mit den Gummiringen und Klammern verschließen. Im Backrohr ca. 45 Minuten backen.

Hält 4 Wochen! Tipps zum Backen von Kuchen im REX-Glas finden Sie auf Seite 26.

Gesamtmenge

kJ	kcal	Eiweiß (g)	Fett (g)	KH (g)	BE
4653.81	1111.25	28.35	57.24	120.67	10.06
3857.66	921.25	28.35	57.24	70.77	5.90

> Tipp! <

Dieser Kuchen kann auch in einer Tortenform gebacken werden. Dazu verdoppeln Sie die Teigmenge und mischen einen mit Schale grob geriebenen Apfel unter den Teig, sonst schmeckt der Kuchen trocken. Beim Backen im REX-Glas würde der Apfel nach ein paar Tagen zu muffeln beginnen.

Kürbiskernöl-Kuchen in der Mokkatasse

4 Tassen

Rührteig

¼ Apfel, mit Schale grob raspeln (40 g)
60 g Zucker ➤ 30 g Zucker und 3 g Süßstoff
2 Eier
4 EL Kürbiskernöl (35 g)
4 EL Wasser (35 g)
15 g geröstete, gehackte Kürbiskerne
beliebige Gewürze lt. Rezept auf Seite 224ff
120 g Weizenvollkornmehl
⅓ Pkg. Weinsteinbackpulver (6 g)

Für die Tassen

1 EL Öl (8 g), 10 g Brösel

> Tipp! <

Der Kuchen kann auch in einer Tortenform gebacken werden, dazu die Teigmenge verdoppeln.
Besonders saftig schmeckt der Kuchen, wenn Sie den Teig mit Obst oder Marmeladehäufchen belegen.

4 Mokkatassen befetten und mit Bröseln ausstreuen. Backrohr auf 170 °C Heißluft vorheizen.

Rührteig

Zubereitung siehe Rührteig-Grundrezept Seite 35. Den Teig in die vorbereiteten Tassen füllen. Im Backrohr 20–40 Minuten backen.

pro Tasse

kJ	kcal	Eiweiß (g)	Fett (g)	KH (g)	EE
1362.58	325.36	7.89	16.01	37.39	3.12
1243.16	296.86	7.89	16.01	29.90	2.49

Trockenfrüchtekuchen

1 Kuchen à 12 Stück

Rührteig

½ Apfel, mit Schale grob raspeln (70 g)
4 Eier
ca. 100 ml Wasser (ca. 100 g)
8 EL Öl (60 g)
90 g Zucker ➤ 9 g Süßstoff
1 EL Lebkuchengewürz
Zitronenschale
Vanille
Zimt
30 g beliebige geröstete ganze Nüsse
50 g ungeschwefelte Trockenfrüchte, z. B. Rosinen, Dörrpflaumen, Dörräpfel, klein hacken ➤ 20 g beliebige Beeren, frisch oder tiefgefroren
150 g Weizenvollkornmehl
½ Pkg. Weinsteinbackpulver (ca. 8 g)

Eine große, runde Kuchenform vorbereiten. Backrohr auf 180 °C Heißluft vorheizen.

Rührteig

Zubereitung siehe Rührteig-Grundrezept Seite 35. 35–45 Minuten backen.

➤ Bei der Diabetikervariante die Beeren zum Schluss rasch in den Teig mischen oder bei Verwendung von tiefgefrorenen Beeren auf den in die Form gefüllten Teig streuen.

pro Stück

kJ	kcal	Eiweiß (g)	Fett (g)	KH (g)	BE
719.67	171.86	3.99	8.79	19.06	1.59
569.07	135.91	3.92	8.78	9.92	0.83

Grieß-Gewürz-Kuchen

1 Kuchen à 12 Stück

Rührteig
1 EL Zimt
1 EL Lebkuchengewürz
Schale von 1 Bio-Zitrone
Mark von 1 Vanilleschote
1 Msp. Nelkenpulver
1 Msp. Ingwerpulver
1 Apfel, mit Schale grob raspeln (150 g)
2 Eier
⅔ Tasse Zucker (160 g)
➤ 16 g Süßstoff
1 randvoll gefüllte Tasse Milch (250 g)
1 Tasse Wasser (200 g)
2 Tassen geröstete, gemahlene oder gehackte Nüsse (200 g)
1 Tasse Weizengrieß (200 g)
1 Pkg. Weinsteinbackpulver (16 g)
evtl. frisches oder tiefgefrorenes Obst oder Marmelade als Belag

Eine große, runde Kuchenform und den Belag vorbereiten. Achtung! Die Kuchenform muss dicht sein, sonst fließt die Flüssigkeit aus der Form und der Kuchen wird bröselig. Notfalls eine Auflaufform verwenden. Backrohr auf 160 °C Heißluft vorheizen.

Für den Teig die Zutaten der Reihe nach in eine Schüssel geben. Zum Schluss das Backpulver auf den Grieß streuen und mit dem Kochlöffel unter den Grieß mischen. Den Teig mit einem Kochlöffel rasch verrühren.

✗ **Hinweis!** Der Teig bindet erst beim Backen. Den Teig sofort in die Kuchenform füllen. Eventuell mit Obst belegen oder mit einem Löffel kleine Marmeladenhäufchen auf den Teig setzen. Im Backrohr 50–70 Minuten backen. Der Kuchen ist fertig gebacken, wenn bei der Stäbchenprobe kein Teig mehr am Stäbchen klebt.

pro Stück

kJ	kcal	Eiweiß (g)	Fett (g)	KH (g)	BE
1060.40	253.24	5.23	12.69	29.47	2.46
848.09	202.57	5.23	12.69	16.17	1.35

Grießkuchen – getränkt *1 Kuchen à 12 Stück*

Abwandlung des türkischen Revani

Rührteig

½ Apfel, mit Schale grob raspeln (70 g)
20 g Zucker ➤ 2 g Süßstoff
2 Eier
2 EL Öl (16 g)
Zimt
Nelken
Ingwer
Saft und Schale von ½ Bio-Zitrone
100 g Weizengrieß, wenn möglich Vollkorngrieß
80 g Weizenvollkornmehl
½ Pkg. Weinsteinbackpulver (ca. 8 g)

Sirup

40 g Zucker ➤ 4 g Süßstoff
200 ml Wasser (200 g)
Saft und Schale von ½ Bio-Zitrone

Eine Kastenkuchenform vorbereiten. Backrohr auf 175 °C Heißluft vorheizen.

Rührteig

Zubereitung siehe Rührteig-Grundrezept Seite 35. Den Teig rasch in die Form füllen und im Backrohr 35–60 Minuten backen.

Sirup

Alle Zutaten verrühren und 1 Minute zugedeckt kochen lassen. In den heißen Kuchen mit einem Spieß kleine Löcher einstechen und den kochend heißen Sirup darübergießen. Der Kuchen soll den Sirup vollständig aufsaugen. Den Kuchen bei Zimmertemperatur ca. 1 Stunde ziehen lassen.

pro Stück

kJ	kcal	Eiweiß (g)	Fett (g)	KH (g)	BE
413.41	98.76	2.68	2.51	16.11	1.34
333.79	79.76	2.68	2.51	11.12	0.93

Löffelkuchen

1 Kuchen à 12 Stück

Rührteig

½ Apfel, mit Schale grob raspeln (70 g)
2 Eier
5 EL Öl (40 g)
3 EL Naturjoghurt (90 g)
4 EL Zucker (60 g) ➤ 40 g Zucker und 2 g Süßstoff
beliebige Gewürze lt. Rezept auf Seite 224ff
9 EL Weizenvollkornmehl (135 g)
½ Pkg. Weinsteinbackpulver (ca. 8 g)

Zum Belegen

600 g beliebiges Obst, z. B. Pflaumen
1 EL gehackte Kürbiskerne zum Bestreuen (15 g)

Eine große, runde Kuchenform und den Belag vorbereiten. Backrohr auf 180 °C Heißluft vorheizen.

Rührteig

Zubereitung siehe Rührteig-Grundrezept Seite 35. Der Teig rasch in die Form füllen, belegen, mit den Kürbiskernen bestreuen und im Backrohr 35–45 Minuten backen.

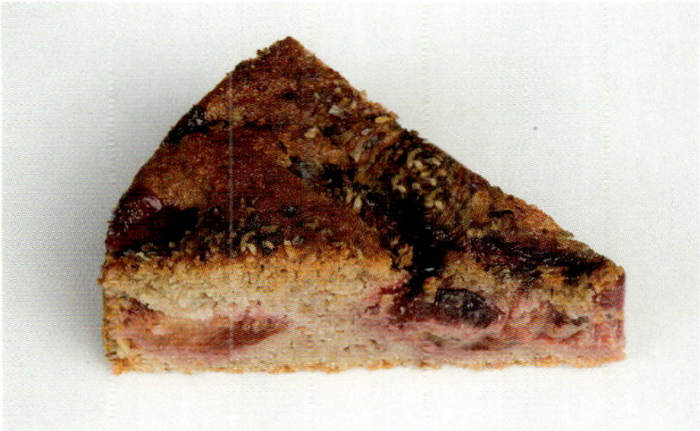

pro Stück

kJ	kcal	Eiweiß (g)	Fett (g)	KH (g)	BE
572.96	136.81	3.30	5.44	18.36	1.53
546.43	130.48	3.30	5.44	16.69	1.39

Marmeladeschnitten

1 Kuchen à 12 Stück

Rührteig

½ Apfel, mit Schale grob raspeln (70 g)
6 EL Öl (50 g)
8 EL Wasser (60 g)
50 g Zucker ➤ 20 g Zucker und 3 g Süßstoff
beliebige Gewürze lt. Rezept auf Seite 224ff
200 g Weizenvollkornmehl
½ Pkg. Weinsteinbackpulver (8 g)

Fruchtbelag

½ l Wasser, kochend heiß (Wasserkocher)
2 Löffel oder Beutel Früchtetee oder Hagebuttentee, nicht aromatisiert
6 EL kaltes Wasser (50 g)
2 Pkg. Vanillepuddingpulver oder 80 g Maisstärke
500 g beliebige Marmelade
➤ Marmelade lt. Rezept auf Seite 211
3 Blatt Gelatine, in 1 l kaltem Wasser ca. 10 Minuten einweichen, vor Verwendung die Gelatine gut ausdrücken

Ein Backblech mit Backpapier auslegen. Backrohr auf 180 °C Heißluft vorheizen.

Rührteig

Zubereitung siehe Rührteig-Grundrezept Seite 35. Den Teig dünn auf das Blech streichen. Im Backrohr 15–35 Minuten backen. Den Kuchen auskühlen lassen.

Fruchtbelag

Die Teebeutel in das kochend heiße Wasser hängen und zugedeckt! 15 Minuten ziehen lassen. Teebeutel herausnehmen. Tee aufkochen. Wasser und Puddingpulver verrühren und unter Rühren in den Tee einkochen, bis es kräftig blubbert. Vom Herd nehmen. Marmelade und Gelatine untermischen. Ca. 10 Minuten überkühlen lassen.

pro Stück

kJ	kcal	Eiweiß (g)	Fett (g)	KH (g)	BE
1155.78	275.87	4.11	8.49	44.97	3.75
905.35	216.64	4.19	8.50	29.43	2.45

Rahmcreme

¼ l Milch (250 g)
1 Pkg. Vanillepuddingpulver oder 40 g Maisstärke
50 g Honig oder Zucker ➤ 5 g Süßstoff
1 Becher Sauerrahm (250 g)
Vanille
Zitronenschale
3 Blatt Gelatine

Zum Belegen

200 g Beeren

Rahmcreme

Alle Zutaten bis auf die Gelatine verrühren. Gelatine in 1 l kaltem Wasser ca. 10 Minuten einweichen, vor Verwendung die Gelantine gut ausdrücken, dann in 2 EL kochend heißem Wasser auflösen. Die Creme nach und nach unterrühren.

Zum Ausfertigen

Den Fruchtbelag auf dem Kuchen verstreichen. Im Kühlschrank ca. 15 Minuten anstocken lassen. Die Rahmcreme darüber verteilen und mit den Beeren bestreuen. Im Kühlschrank mindestens 6 Stunden stocken lassen.

Omas Marmeladenkuchen

1 Kuchen à 12 Stück

Nach einem Rezept aus der Kriegszeit

Rührteig

½ Apfel, mit Schale grob raspeln (70 g)
150 g beliebige Marmelade ➤ Marmelade lt. Rezept auf Seite 211
80 g Zucker ➤ 40 g Zucker und 4 g Süßstoff
2 Eier
beliebige Gewürze lt. Rezept auf Seite 224ff
280 g Weizenvollkornmehl
1 Pkg. Weinsteinbackpulver (16 g)

Zum Belegen

150 g beliebige Marmelade
➤ Marmelade lt. Rezept auf Seite 211 verwenden, 2 EL Mandelsplitter (30 g)

Eine große, runde Kuchenform oder ein Backblech und den Belag vorbereiten. Backrohr auf 180 °C Heißluft vorheizen.

Rührteig

Zubereitung siehe Rührteig-Grundrezept Seite 35. Den Teig rasch in die Form füllen. Mit einem Löffel Marmeladehäufchen auf den Teig setzen, mit Mandelsplittern bestreuen. Im Backrohr 35–45 Minuten backen. Stäbchenprobe als Garprobe.
Der Kuchen kann anstatt mit Marmelade auch mit Obst belegt werden.

pro Stück

kJ	kcal	Eiweiß (g)	Fett (g)	KH (g)	BE
689.83	164.33	4.41	2.88	29.69	2.47
550.18	131.32	4.46	2.89	21.03	1.75

Rhabarberkuchen mit Schneehaube

1 Kuchen à 12 Stück

Rührteig

1 Apfel, mit Schale grob raspeln (150 g)
130 ml Öl (130 g)
110 g Zucker ➤ 10 g Süßstoff
Mark von 1 Vanilleschote
Saft und Schale von 1 Bio-Zitrone
1 Ei
3 Eidotter
230 ml Milch (230 g)
300 g Weizenvollkornmehl
1 Pkg. Weinsteinbackpulver (16 g)

Rhabarber

700 g Rhabarber, schälen, roh in fingerdicke Stücke schneiden

Schneehaube für beide Varianten

3 Eiklar
120 g Zucker, auch für Diabetiker

Zum Bestreuen

1 EL Mandelblättchen (15 g)

Eine große, runde Kuchenform und den Rhabarber vorbereiten. Backrohr auf 180 °C Heißluft vorheizen.

Rührteig

Zubereitung siehe Rührteig-Grundrezept Seite 35. Den Teig in die vorbereitete Kuchenform streichen und rasch mit dem Rhabarber belegen. Im Backrohr 35–45 Minuten backen. Den Kuchen aus dem Backrohr nehmen, die Schneemasse in einen Spritzsack füllen und über dem heißen Kuchen verteilen. Den Kuchen im Backrohr auf der mittleren Schiene bei 150 °C Heißluft ca. 10 Minuten oder bei 110 °C ca. 40 Minuten trocknen lassen. Die Haube soll eine hellgelbe Farbe annehmen.

pro Stück

kJ	kcal	Eiweiß (g)	Fett (g)	KH (g)	BE
1304.35	311.37	6.28	14.64	37.91	3.16
1157.52	276.33	6.28	14.64	28.76	2.40

> Tipp! <

Der Kuchen schmeckt ofenwarm am besten! Die warme Schneehaube lässt sich mit einem in heißes Wasser getauchten Messer mit glattem Schliff sehr gut schneiden. Tipp: Zuerst die gesamte Schneehaube und dann erst den Kuchen durchschneiden.

Das Backrohr ausschalten und den Kuchen im Backrohr noch ca. 5 Minuten rasten lassen.

Schneehaube

Eiklar und Zucker dickschaumig rühren. Die Haube erst maximal 5 Minuten vor dem Auftragen auf den Kuchen vorbereiten, da sonst der Eischnee wieder zusammenfällt.

Rhabarber-Kastenkuchen

1 Kuchen à 12 Stück

Rührteig

½ Apfel, mit Schale grob raspeln (70 g)
4 EL Öl (30 g)
80 g Zucker ➤ 40 g Zucker und 4 g Süßstoff
beliebige Gewürze lt. Rezept auf Seite 224ff
2 Eier
8 EL Milch (60 g)
50 g Nüsse, geröstet, gehackt
130 g Weizenvollkornmehl
½ Pkg. Weinsteinbackpulver (8 g)

Einlage

250 g Rhabarber, schälen und roh in fingerdicke Stücke schneiden

Eine Kastenform und den Rhabarber vorbereiten. Backrohr auf 180 °C Heißluft vorheizen.

Rührteig

Zubereitung siehe Rührteig-Grundrezept Seite 35. Den Teig in die vorbereitete Kuchenform streichen und rasch mit dem Rhabarber belegen. Im Backrohr 35–45 Minuten backen. Der Kuchen ist fertig gebacken, wenn bei der Stäbchenprobe kein Teig mehr am Stäbchen klebt.

pro Stück

kJ	kcal	Eiweiß (g)	Fett (g)	KH (g)	BE
557.43	133.08	3.09	6.60	15.10	1.26
504.36	120.42	3.09	6.60	11.77	0.98

Zucchini-Öl-Kuchen

1 Kuchen à 12 Stück

½ Apfel, mit Schale grob raspeln (70 g)
1 TL Zimt, Schale von 1 Bio-Zitrone, Mark von 1 Vanilleschote, 3 Eier
¼ Becher Naturjoghurt (60 g)
¼ Becher Öl (60 g), ⅔ Becher Zucker (160 g) ➤ 80 g Zucker und 8 g Süßstoff, 2 Becher Zucchini, grob raspeln, Saft nicht ausdrücken (240 g)
½ Becher geröstete, geriebene oder gehackte beliebige Nüsse (50 g)
2½ Becher Weizenvollkornmehl (350 g)
1 Pkg. Weinsteinbackpulver (16 g)

Zum Belegen

300 g beliebiges Obst, z. B. Stachelbeeren

Eine große, runde Kuchenform und den Belag vorbereiten. Backrohr auf 180 °C Heißluft vorheizen.

Rührteig

Zubereitung siehe Rührteig-Grundrezept Seite 35. Den Teig maximal 3 cm hoch in die vorbereitete Kuchenform streichen, rasch belegen, 35–50 Minuten backen.

pro Stück

kJ	kcal	Eiweiß (g)	Fett (g)	KH (g)	BE
1080.74	258.10	6.15	10.07	35.17	2.93
974.59	232.76	6.15	10.07	28.52	2.38

Karottenkuchen

1 Kuchen à 12 Stück

Rührteig

½ Apfel, mit Schale grob raspeln (70 g)
400 g Karotten, grob oder fein raspeln, den Saft nicht ausdrücken, beliebige Gewürze, z. B. 1 EL Zimt, Mark von 1 Vanilleschote, Schale von 1 Bio-Limette
1 Becher Sauerrahm (250 g), 3 Eier
160 g Zucker ➤ 70 g Zucker und 9 g Süßstoff, 350 g Weizenvollkornmehl
1 Pkg. Weinsteinbackpulver (16 g)

Zum Bestreuen

1 EL Mandelstifte (15 g)

Eine große, runde Kuchenform vorbereiten. Backrohr auf 175 °C Heißluft vorheizen.

Rührteig

Zubereitung siehe Rührteig-Grundrezept Seite 35. Den Teig in die vorbereitete Kuchenform streichen, mit den Mandelstiften bestreuen. Im Backrohr 40–60 Minuten backen.

pro Stück

kJ	kcal	Eiweiß (g)	Fett (g)	KH (g)	BE
910.68	218.09	6.17	5.99	34.34	2.86
791.26	189.59	6.17	5.99	26.86	2.24

Kartoffeltorte

1 Kuchen à 12 Stück

1 Apfel, mit Schale grob raspeln (150 g)
3 Eier, 1 Becher Sauerrahm (250 g)
1 EL Lebkuchengewürz, Schale von
1 Bio-Orange
Mark von 1 Vanilleschote
160 g Zucker ➤ 60 g Zucker und
9 g Süßstoff
150 g MEHLIGE Kartoffeln, gekocht, warm oder kalt gerieben oder passiert
1 Becher beliebige Nüsse (100 g), geröstet, gerieben
1 Becher Weizenvollkornmehl (140 g)
1 Pkg. Weinsteinbackpulver (16 g)

Belag: 500 g Obst, z. B. Zwetschken

Eine große, runde Kuchenform und den Belag vorbereiten. Backrohr auf 180 °C Heißluft vorheizen.

Rührteig: Zubereitung siehe Rührteig-Grundrezept Seite 35. Den Teig in die vorbereitete Kuchenform streichen, rasch belegen. Im Backrohr 35–45 Minuten backen.

pro Stück

kJ	kcal	Eiweiß (g)	Fett (g)	KH (g)	BE
973.96	233.08	5.03	10.33	29.28	2.44
840.39	201.21	5.03	10.33	20.97	1.75

> Tipp! <

Ideale Verwendung von Kartoffelresten!

Bohnen- oder Linsenkuchen

1 Kuchen à 12 Stück

½ Apfel, mit Schale grob raspeln (70 g)
8 EL Rapsöl (60 g)
6 EL Wasser (50 g)
2 Eier
40 g rohe Bohnen oder Linsen kochen oder 100 g gekochte verwenden – ungesalzen!
2 Msp. Anispulver
1 TL Zimt
2 Msp. Nelken
Mark von 1 Vanilleschote
Schale von 1 Bio-Zitrone
100 g Zucker oder Honig
➤ 30 g Zucker und 7 g Süßstoff
130 g Weizenvollkornmehl
½ Pkg. Weinsteinbackpulver (8 g)

Eine große, runde Kuchenform vorbereiten. Backrohr auf 180 °C Heißluft vorheizen.

Rührteig: Zubereitung siehe Rührteig-Grundrezept Seite 35. Den Teig maximal 3 cm hoch in die vorbereitete Kuchenform streichen, sonst wird der Kuchen speckig. Im Backrohr 30–50 Minuten backen.

pro Stück

kJ	kcal	Eiweiß (g)	Fett (g)	KH (g)	BE
574.13	137.12	2.83	6.23	17.34	1.44
481.24	114.95	2.83	6.23	11.52	0.96

> Tipp! <

Anstatt Bohnen oder Linsen eignen sich jedes beliebige Getreide und jede beliebige Hülsenfrucht. Besonders saftig schmeckt der Kuchen, wenn Sie ihn vor dem Backen mit Obst belegen.

Sauerkrautkuchen

1 Kuchen à 12 Stück

3 Handvoll gut ausgedrücktes Sauerkraut (150 g), SEHR fein hacken
1 Apfel, mit Schale grob raspeln (150 g)
9 leicht gehäufte EL Zucker (140 g)
➤ 70 g Zucker und 7 g flüssiger Süßstoff
3 Eier
5 EL Wasser (ca. 45 g)
3 EL Milch (ca. 25 g)
10 EL Öl (ca. 80 g)
Mark von 1 Vanilleschote
1 EL Zimt
Saft und Schale von 1 Bio-Zitrone
16 leicht gehäufte EL Weizenvollkornmehl (250 g)
1 Pkg. Weinsteinbackpulver (16 g)

> Tipp! <

Hacken Sie das Kraut so fein wie möglich, sonst lässt sich der Kuchen aufgrund der Sauerkrautfäden nicht schneiden und zerbröselt.

Eine große oder zwei kleine Kastenformen vorbereiten. Backrohr auf 180 °C Heißluft vorheizen.

Rührteig

Zubereitung siehe Rührteig-Grundrezept Seite 35. Den Teig in die vorbereitete Kuchenform streichen. Im Backrohr 35–45 Minuten backen.

pro Stück

kJ	kcal	Eiweiß (g)	Fett (g)	KH (g)	BE
844.59	201.74	4.31	8.66	26.36	2.20
751.70	179.57	4.31	8.66	20.54	1.71

Rohnenkuchen

1 Kuchen à 12 Stück

150 g rohe oder gekochte Rohnen, mit dem Kastenhobel SEHR fein raspeln
½ Apfel, mit Schale grob raspeln (70 g)
4 Eier
6 EL Öl (50 g)
100 g Zucker ➤ 70 g Zucker und 3 g flüssiger Süßstoff
1 TL Zimt
1 Msp. Nelkenpulver
Mark von ½ Vanilleschote
1 Msp. Kardamompulver
1 kleine Msp. Ingwerpulver
Schale von ½ Bio-Zitrone
1 EL ungesüßtes Kakaopulver (15 g)
50 g Mohn
160 g Weizenvollkornmehl
½ Pkg. Weinsteinbackpulver (8 g)

evtl. mit Obst oder Marmeladehäufchen belegen

Eine große, runde Kuchenform und den Belag vorbereiten. Backrohr auf 180 °C Heißluft vorheizen.

Rührteig

Zubereitung siehe Rührteig-Grundrezept Seite 35. Den Teig in die vorbereitete Kuchenform streichen und rasch belegen. Im Backrohr 35–45 Minuten backen.

pro Stück

kJ	kcal	Eiweiß (g)	Fett (g)	KH (g)	BE
715.35	170.84	4.99	8.41	18.75	1.56
675.54	161.34	4.99	8.41	16.25	1.35

> Tipp! <

Anstatt Rohnen können Sie Karotten, Zucchini, Kürbis, Pastinaken, Freilandgurken oder klein gehackte aromatische Tomaten verwenden.

Becherkuchen

je 1 Kuchen à 12 Stück

Zubereitung für alle Becherkuchen

Eine große, runde Kuchenform oder zwei Kastenkuchenformen, den Belag und evtl. eine Zutat zum Bestreuen, z. B. Mandelsplitter, gehackte Kürbiskerne, gehackte Nüsse oder Pistazien, vorbereiten. Backrohr auf 175 °C Heißluft vorheizen. Zubereitung siehe Rührteig-Grundrezept Seite 35. Den Teig in die vorbereitete Kuchenform streichen, rasch belegen. Im Backrohr 40–50 Minuten backen.

> Tipp! <

Alle Becherkuchen können anstatt in einer Kuchenform in Muffinförmchen oder Tassen gebacken werden. Ohne Apfel im Teig und ohne Obstbelag eignen sich Becherkuchen zum Backen im REX-Glas. Siehe dazu Seite 26. Haltbarkeit 4 Wochen.

Zwetschken-Lebkuchen-Becherkuchen

1 Apfel, mit Schale grob raspeln (150 g), 3 Eier, 1 gut gehäufter EL Lebkuchengewürz Mark von 1 Vanilleschote, 1 Becher Naturjoghurt (250 g), knapp ½ Becher Öl (100 g), 1 Becher Staubzucker (150 g) **oder** 0,6 Becher Kristallzucker (150 g) ➤ 40 g Zucker und 11 g Süßstoff, knapp ½ Becher Vollkornbrösel (50 g), knapp ½ Becher geröstete Haferflocken (50 g), 1 Becher Weizenvollkornmehl (140 g), 1 Pkg. Weinsteinbackpulver (16 g)

Zum Belegen

500 g Zwetschken, Zwetschkenmarmelade oder anderes Obst, frisch oder tiefgefroren

pro Stück

kJ	kcal	Eiweiß (g)	Fett (g)	KH (g)	BE
1044.27	249.29	5.03	11.07	31.78	2.65
898.31	214.46	5.03	11.07	22.63	1.88

Sauerrahm-Nuss-Becherkuchen

1 Apfel, mit Schale grob raspeln (150 g)
beliebige Gewürze lt. Rezept auf Seite 224ff
1 Becher Sauerrahm (250 g)
knapp ½ Becher Öl (100 g), 3 Eier
1 Becher Staubzucker (150 g), ersatzweise 150 g Kristallzucker
➤ 70 g Zucker und 8 g Süßstoff
1 Becher beliebige Nüsse, geröstet, gerieben oder gehackt (100 g)
knapp ½ Becher Brösel (50 g)
1 gut gehäufter Becher Weizenvollkornmehl (180 g), 1 Pkg. Weinsteinbackpulver (16 g), evtl. mit Obst belegen

pro Stück

kJ	kcal	Eiweiß (g)	Fett (g)	KH (g)	BE
1259.33	301.30	5.34	18.69	28.05	2.34
1153.18	275.96	5.34	18.69	21.40	1.78

Cappuccino-Kirsch-Becherkuchen

1 Apfel, mit Schale grob raspeln (150 g)
3 Eier, 3 EL lösliches Kaffeepulver (15 g)
Mark von 1 Vanilleschote
1 Becher Naturjoghurt (250 g)
knapp ½ Becher Öl (100 g)
1 Becher Staubzucker (150 g)
➤ 40 g Zucker und 11 g Süßstoff
½ Becher Brösel (50 g)
½ Becher geröstete, gehackte oder gemahlene Mandeln (50 g)
1 Becher Weizenvollkornmehl (140 g)
1 Pkg. Weinsteinbackpulver (16 g)

Zum Belegen

400 g Kirschen, frisch oder tiefgefroren

pro Stück

kJ	kcal	Eiweiß (g)	Fett (g)	KH (g)	BE
1109.72	264.90	5.54	13.10	30.86	2.57
963.76	230.07	5.54	13.10	21.71	1.81

Mohn-Himbeer-Becherkuchen

1 Apfel, mit Schale grob raspeln (150 g), 3 Eier, 1 TL Zimt, 1 Msp. Nelkenpulver, Mark von 1 Vanilleschote, Saft und Schale von 1 Bio-Zitrone, 1 Becher Naturjoghurt (250 g), knapp ½ Becher Öl (100 g), 1 Becher Staubzucker (150 g) ➤ 40 g Zucker und 11 g Süßstoff, 1 Becher Mohn (100 g), 1 Becher Weizenvollkornmehl (140 g), 1 Pkg. Weinsteinbackpulver (16 g)

Zum Belegen

500 g Himbeeren, frisch oder tiefgefroren, oder anderes Obst

pro Stück

kJ	kcal	Eiweiß (g)	Fett (g)	KH (g)	BE
1065.73	254.54	6.06	14.29	24.77	2.06
919.77	219,71	6.06	14.29	15.62	1.30

Mohn-Bananen-Becherkuchen

1 Apfel, mit Schale grob raspeln (150 g), 3 Eier, beliebige Gewürze lt. Rezept auf Seite 224ff, 1 Becher Naturjoghurt (250 g), knapp ½ Becher Öl (100 g), 1 Becher Staubzucker (150 g) ➤ 40 g Zucker und 11 g Süßstoff, 1 Becher Mohn (100 g), 1 Becher Weizenvollkornmehl (140 g), 1 Pkg. Weinsteinbackpulver (16 g)

Zum Untermischen in den Teig

1 Banane (ca. 180 g mit Schale, ca. 150 g ohne Schale), in Scheiben schneiden, evtl. 2 EL Rosinen

➤ für Diabetiker nicht ideal

pro Stück

kJ	kcal	Eiweiß (g)	Fett (g)	KH (g)	BE
1046.62	249.97	5.64	14.18	24.92	2.08
900.66	215.14	5.64	14.18	15.77	1.31

Orangen-Becherkuchen

1 Apfel, mit Schale grob raspeln (150 g), Schale von 2 Bio-Orangen, Saft von ½ Bio-Orange (ca. 30 g), evtl. 2 EL Orangenlikör, Mark von 1 Vanilleschote, 2 Eier, 1 Becher Naturjoghurt (250 g), knapp ⅓ Becher Öl (70 g), ¼ Becher Milch (60 g), 1 Becher Staubzucker (150 g), ersatzweise 150 g Kristallzucker ➤ 70 g Zucker und 8 g Süßstoff, 2 gut gehäufte Becher Weizenvollkornmehl (360 g), 1 Pkg. Weinsteinbackpulver (16 g)

Zum Belegen

evtl. Orangenfilets oder Orangenmarmelade

pro Stück

kJ	kcal	Eiweiß (g)	Fett (g)	KH (g)	BE
978.61	233.72	5.58	8.32	33.76	2.81
872.46	208.39	5.58	8.32	27.10	2.26

Schwiegermamas Lieblingskuchen

1 Kuchen à 12 Stück

Rührteig

½ Apfel, mit Schale grob raspeln (70 g)
6 EL Öl (ca. 50 g)
ca. 6 EL Wasser (50 g)
2 Eier
70 g Zucker ➤ 40 g Zucker und 3 g Süßstoff
beliebige Gewürze lt. Rezept auf Seite 224ff
140 g Weizenvollkornmehl
½ Pkg. Weinsteinbackpulver (8 g)

Zum Belegen

ca. 200 g Beeren, z. B. Schwarze Johannisbeeren

Eine große, runde Kuchenform und den Belag vorbereiten. Backrohr auf 175 °C Heißluft vorheizen.

Rührteig

Zubereitung siehe Rührteig-Grundrezept Seite 35. Den Teig in die vorbereitete Kuchenform streichen, rasch belegen. Im Backrohr 35–50 Minuten backen.

pro Stück

kJ	kcal	Eiweiß (g)	Fett (g)	KH (g)	BE
515.25	123.04	2.66	5.40	15.56	1.30
475.44	113.54	2.66	5.40	13.07	1.09

5-Minuten-Kuchen aus der Mikrowelle

jeweils 1 Kuchen à 4 St

Vor- und Zubereitung aller Mikrowellenkuchen

Eine kleine Silikongugelhupfform, Mikrowellenform oder ein Jenaer Glas befetten und mit Bröseln ausstreuen. 1 Tasse Wasser in die Mikrowelle stellen. Ohne Wasser gelingt der Kuchen nicht!

Zubereitung siehe Rührteig-Grundrezept Seite 35. Den Teig in die vorbereitete Kuchenform streichen. Den Kuchen bei 700 W 3 Minuten backen. Falls Ihre Mikrowelle nur über eine geringere oder höhere Wattzahl verfügt, verlängert oder verkürzt sich die Backdauer dementsprechend.

> Tipp! <

Blitzkuchen, die in 5 Minuten fertig sind – Ideal für den unangemeldeten Besuch! Schmecken warm am besten!

Nuss-Schoko-Kuchen

1 Ei
beliebige Gewürze lt. Rezept auf Seite 224ff
1 gut gehäufter TL ungesüßtes Kakaopulver (7 g)
2 EL Zucker (30 g) ➤ 15 g Zucker und 1 g Süßstoff
3 EL Öl (24 g)
3 EL Wasser (24 g)
1 gut gehäufter EL geröstete und gemahlene beliebige Nüsse (20 g)
2 gut gehäufte EL Weizenvollkornmehl (40 g)
1 gestrichener TL Weinsteinbackpulver

pro Stück

kJ	kcal	Eiweiß (g)	Fett (g)	KH (g)	BE
727.99	173.83	3.67	11.27	14.63	1.22
666.98	159.27	3.67	11.27	10.89	0.91

Kürbiskernkuchen

1 Ei, Mark von ¼ Vanilleschote, Schale von ¼ Bio-Limette, 2 EL Zucker (30 g) ➤ 15 g Zucker und 1 g Süßstoff, 3 EL Kürbiskernöl (24 g), 3 EL Wasser (24 g), 1 gut gehäufter EL gehackte oder gemahlene Kürbiskerne (20 g), 2 gut gehäufte EL Weizenvollkornmehl (40 g), 1 gestrichener TL Weinsteinbackpulver

pro Stück

kJ	kcal	Eiweiß (g)	Fett (g)	KH (g)	BE
683.51	163.19	4.00	9.89	14.67	1.22
622.49	148.63	4.00	9.89	10.93	0.91

Mohn-Apfel-Kuchen

1 Ei, ¼ Apfel (40 g), in kleine Würfel schneiden, 2 Msp. Zimt, Schale von ¼ Bio-Zitrone, Mark von ¼ Vanilleschote, 2 EL Zucker (30 g) ➤ 15 g Zucker und 1 g Süßstoff, 3 EL Öl (24 g), 3 EL Wasser (24 g), 1 gut gehäufter EL Mohn (20 g), 2 gut gehäufte EL Weizenvollkornmehl (40 g), 1 gestrichener TL Weinsteinbackpulver

pro Stück

kJ	kcal	Eiweiß (g)	Fett (g)	KH (g)	BE
685.67	163.75	3.82	9.73	15.31	1.28
624.65	149.18	3.82	9.73	11.57	0.96

Kaffee-Macadamia-Kuchen

1 Ei, beliebige Gewürze lt. Rezept auf Seite 224ff, 1 gut gehäufter EL lösliches Kaffeepulver (6 g), 2 EL Zucker (30 g) ➤ 15 g Zucker und 1 g Süßstoff, 3 EL Öl (24 g), 3 EL Wasser (24 g), 1 gut gehäufter EL gemahlene oder gehackte Macadamianüsse, ersatzweise andere Nüsse (20 g), 2 gut gehäufte EL Weizenvollkornmehl (40 g), 1 gestrichener TL Weinsteinbackpulver

pro Stück

kJ	kcal	Eiweiß (g)	Fett (g)	KH (g)	BE
734.20	175.33	3.38	11.42	14.91	1.24
673.18	160.77	3.38	11.42	11.17	0.93

Walnuss-Zimt-Kuchen

1 Ei, ½ TL Zimt, 2 EL Zucker (30 g) ➤ 15 g Zucker und 1 g Süßstoff, 3 EL Öl (24 g), 3 EL Wasser (24 g), 1 gut gehäufter EL geröstete, gehackte Walnüsse (20 g), 2 gut gehäufte EL Weizenvollkornmehl (40 g), 1 gestrichener TL Weinsteinbackpulver

pro Stück

kJ	kcal	Eiweiß (g)	Fett (g)	KH (g)	BE
706.37	168.70	3.43	10.83	14.44	1.20
645.35	154.14	3.43	10.83	10.70	0.89

Mohr im Hemd aus der Mikrowelle mit Schokosauce

1 Kuchen à 12 Stück

Rührteig

½ Apfel, mit Schale grob raspeln (70 g)
2 Eier
60 g Zucker ➤ 40 g Zucker und 2 g Süßstoff
60 g Naturjoghurt
100 g geröstete, gemahlene Nüsse
45 g geröstete Brösel
1 leicht gehäufter EL ungesüßtes Kakaopulver (10 g)
beliebige Gewürze lt. Rezept auf Seite 224ff
½ Pkg. Weinsteinbackpulver (ca. 8 g)

Schokosauce

½ l Milch (500 g)
15 g Maisstärke
1 EL ungesüßtes Kakaopulver (15 g)
2 EL Zucker (30 g) ➤ 3 g Süßstoff

Eine mikrowellentaugliche Torten- oder Gugelhupfform vorbereiten. Ersatzweise eine Jenaer-Glas-Schüssel oder Beilagenschüssel verwenden. Eine Tasse Wasser in die Mikrowelle stellen. Ohne Wasser wird der Kuchen nicht flaumig.

Rührteig

Zubereitung siehe Rührteig-Grundrezept Seite 35. Den Teig rasch in die Form füllen. Bei 750 W 4½ Minuten backen. Der Kuchen ist fertig gebacken, wenn bei der Stäbchenprobe kein Teig mehr am Stäbchen klebt.

Schokosauce

Zwei Drittel der Milch aufkochen. Die restliche Milch mit der Maisstärke und dem Kakaopulver verrühren. Unter Rühren in die Milch einkochen, bis es kräftig blubbert. Vom Herd nehmen. Etwas überkühlen lassen und süßen.

pro Stück inkl. Sauce

kJ	kcal	Eiweiß (g)	Fett (g)	KH (g)	BE
671.46	160.22	4.55	8.80	15.70	1.31
605.12	144.39	4.55	8.80	11.54	0.96

> Tipp! <

Der Mohr im Hemd ist besonders locker und zerfällt sehr leicht. Schmeckt aber hervorragend, vor allem warm genossen.

Kuchen ohne Ei und Milch

jeweils 1 Kuchen à 12 Stück

Vor- und Zubereitung aller veganen Kuchen

Eine große, runde Kuchenform und den Belag vorbereiten. Backrohr auf 180 °C Heißluft vorheizen.

Zubereitung siehe Rührteig-Grundrezept Seite 35. Den Teig in die vorbereitete Kuchenform streichen, rasch belegen. Im Backrohr 35–50 Minuten backen.

> Tipp! <

Halten Sie die Becher zum Ausmessen über die Teigschüssel, dann fallen die Reste in die Schüssel. Ein paar Gramm mehr oder weniger im Teig lassen den Kuchen genauso gelingen.
Falls der Teig zu fest ist, noch einen kleinen Schuss Wasser hinzufügen. Der Teig soll in der Konsistenz einem Rührkuchen ähneln, also sehr dickflüssig sein.
Der Kuchen schmeckt ofenwarm am besten. Je länger Sie den Kuchen aufbewahren, desto bröseliger wird er.

Veganer Walnuss-Marillen-Kuchen

½ Apfel, mit Schale grob raspeln (70 g)
1 TL Zimt, Mark von 1 Vanilleschote, Schale von ½ Bio-Zitrone
knapp 2 Becher Leitungswasser oder prickelndes Mineralwasser (460 g)
knapp ½ Becher Öl (100 g)
1 Becher Staubzucker oder 150 g Kristallzucker ➤ 70 g Zucker und 8 g Süßstoff, 1 Becher Walnüsse, geröstet, gehackt oder gerieben (100 g)
2,8 Becher Weizenvollkornmehl (390 g)
1½ Pkg. Weinsteinbackpulver (24 g)

Zum Belegen

500 g Marillen, halbieren oder vierteln

pro Stück

kJ	kcal	Eiweiß (g)	Fett (g)	KH (g)	BE
1274.48	304.36	5.22	14.58	37.71	3.14
1168.33	279.02	5.22	14.58	31.05	2.59

Veganer Schoko-Mandel-Kuchen

½ Apfel, mit Schale grob raspeln (70 g), 1 gut gehäufter EL ungesüßtes Kakaopulver (20 g), beliebige Gewürze lt. Rezept auf Seite 224ff, ca. 1 Becher Leitungswasser oder prickelndes Mineralwasser (ca. 200 g), knapp ½ Becher Öl (100 g), ½ Becher Mandelmilch, ersatzweise Kokos- oder Sojamilch (125 g), 1 Becher Staubzucker oder 150 g Kristallzucker ➤ 70 g Zucker und 8 g Süßstoff, 1½ Becher Mandeln, geröstet, gehackt oder gerieben (150 g), 1 Becher Weizenvollkornmehl (140 g), 1 Becher glattes Weizenmehl (140 g), 1½ Pkg. Weinsteinbackpulver (24 g)

Zum Belegen

500 g beliebiges Obst, z. B. Rote Johannisbeeren, frisch oder tiefgefroren, oder 200 g Marmelade in Häufchen auf dem Teig verteilen

pro Stück

kJ	kcal	Eiweiß (g)	Fett (g)	KH (g)	BE
1248.52	298.21	6.83	16.87	29.88	2.49
1142.37	272.87	6.83	16.87	23.22	1.94

Veganer Kokoskuchen

½ Apfel, mit Schale grob raspeln (70 g), Mark von 1 Vanilleschote, Saft und Schale von 1 Bio-Limette, ca. 1 Becher Leitungswasser oder prickelndes Mineralwasser (ca. 200 g), knapp ½ Becher Öl (100 g), knapp ½ Becher Kokosmilch, ersatzweise Mandel-, Soja-, Reis- oder Hafermilch (100 g), 1 Becher Staubzucker oder 150 g Kristallzucker ➤ 70 g Zucker und 8 g Süßstoff, ½ Becher Kokosflocken (50 g), 2 Becher Weizenvollkornmehl (280 g), 1 Becher glattes Weizenmehl (140 g), 1½ Pkg. Weinsteinbackpulver (24 g)

Zum Belegen

500 g beliebiges Obst, z. B. Rote Johannisbeeren, frisch oder tiefgefroren, oder 200 g Marmelade in Häufchen auf dem Teig verteilen

pro Stück

kJ	kcal	Eiweiß (g)	Fett (g)	KH (g)	BE
1208.61	288.60	4.60	11.71	40.21	3.35
1102.46	263.27	4.60	11.71	33.55	2.80

Kuchen ohne Ei, Milch und Gluten

1 Kuchen à 12 Stück

Rührteig mit Apfel

½ Apfel, mit Schale grob raspeln (70 g)
beliebige Gewürze lt. Rezept auf Seite 224ff, ca. 200 ml Wasser (ca. 200 g),
6 EL Öl (50 g), 50 g geröstete, gemahlene Nüsse oder Mandeln, 100 g Zucker ➤ 50 g Zucker und 5 g flüssiger Süßstoff
200 g von einem glutenfreien Getreide, solo oder gemischt, z. B. je ¼ Amaranth, Quinoa, Hirse, Buchweizen
1 Pkg. Weinsteinbackpulver (16 g)

Zum Belegen

300 g Äpfel, in Spalten oder Scheiben schneiden

Rührteig mit Banane

1 Banane, schälen und mit der Gabel zerdrücken (ca. 180 g Banane mit Schale = ca. 150 g Banane ohne Schale), beliebige Gewürze lt. Rezept auf Seite 224ff, 6 EL Öl (50 g), ca. 4 EL Wasser (ca. 30 g),
60 g Zucker ➤ 30 g Zucker und 3 g Süßstoff
100 g geröstete, gemahlene Nüsse oder Mandeln, 50 g feines Maismehl
50 g Mehl von einem glutenfreien Getreide, solo oder gemischt, z. B. Buchweizen, Amaranth, Quinoa, Hirse
¾ Pkg. Weinsteinbackpulver (ca. 12 g)

Zum Belegen

500 g Stachelbeeren, frisch oder tiefgefroren, oder anderes Obst

Rührteig

Zubereitung siehe Rührteig-Grundrezept Seite 35. Den Teig in die vorbereitete Kuchenform streichen, rasch belegen. Im Backrohr 40–60 Minuten backen.

> Tipp! <

Wenn Sie nur eine glutenfreie Mehlsorte verwenden, schmeckt der Kuchen intensiv nach dieser Mehlsorte, verwenden Sie eine Mischung aus mehreren glutenfreien Mehlsorten, wird der Geschmack neutraler. ✗ **Achtung!** Alle Zutaten, auch scheinbar allergenfreie, müssen auf Allergene kontrolliert werden. Am besten beim Hersteller nachfragen!

Rührteig mit Apfel, pro Stück

kJ	kcal	Eiweiß (g)	Fett (g)	KH (g)	BE
728.70	174.13	2.67	7.77	23.36	2.07
662.36	158.30	2.67	7.77	19.20	1.72

Rührteig mit Banane, pro Stück

kJ	kcal	Eiweiß (g)	Fett (g)	KH (g)	BE
713.49	170.45	2.10	9.84	17.95	1.50
673.68	160.95	2.10	9.84	15.45	1.29

Reiskuchen – glutenfrei *1 Kuchen à 12 Stück*

Rührteig

½ Apfel, mit Schale grob raspeln (70 g)
2 Eier
90 g Zucker ➤ 40 g Zucker und 5 g Süßstoff
200 g Kokosmilch
Saft und Schale von 1 Bio-Zitrone oder Bio-Limette
150 g Vollkornreis – zu Mehl mahlen
½ Pkg. Weinsteinbackpulver (8 g)

Zum Belegen

600 g Obst, z. B. Ringlo

Eine Kastenform und den Belag vorbereiten. Backrohr auf 180 °C Heißluft vorheizen.

Rührteig

Zubereitung siehe Rührteig-Grundrezept Seite 35. Den Teig rasch in die Form füllen, belegen und im Backrohr 35–45 Minuten backen.

pro Stück

kJ	kcal	Eiweiß (g)	Fett (g)	KH (g)	BE
503.46	120.07	2.35	1.41	23.97	2.00
437.12	104.23	2.35	1.41	19.81	1.65

Zöliakietorte (glutenfrei)

1 Kuchen à 12 Stück

Rührteig

½ Apfel, mit Schale grob raspeln (70 g)
2 Eier
beliebige Gewürze lt. Rezept auf Seite 224ff
8 EL Milch (70 g)
8 EL Öl (70 g)
5 EL Zucker (80 g) ➤ 40 g Zucker und 4 g Süßstoff
8 EL glutenfreies Mehl (120 g), z. B. eine Brotmehlmischung oder eine Kuchenmehlmischung
2 EL geröstete, gehackte Nüsse oder Mandeln (30 g)
1 Pkg. Weinsteinbackpulver, glutenfrei (16 g)

Variante 1 – Topfencreme

1 Becher Naturjoghurt (250 g)
2 Becher Sauerrahm (500 g)
1 Pkg. Magertopfen (250 g)
Saft und Schale von 1 Bio-Zitrone
Mark von 1 Vanilleschote
ca. 6 EL Zucker (ca. 90 g)
➤ 9 g Süßstoff
6 Blatt Gelatine, in 1 l kaltem Wasser ca. 10 Minuten einweichen, vor Verwendung die Gelatine gut ausdrücken
3 EL kochend heißes Wasser zum Auflösen der Gelatine
500 g Obst, z. B. Beeren

Eine runde Kuchenform vorbereiten. Das Backrohr auf 180 °C Heißluft vorheizen.

Rührteig

Zubereitung siehe Rührteig-Grundrezept Seite 35. Den Teig in die vorbereitete Kuchenform streichen, rasch belegen. Im Backrohr 40–50 Minuten backen.

Creme

Eine beliebige Creme auswählen. Alle Zutaten bis auf die Gelatine verrühren.
Gelatine in dem kochend heißen Wasser auflösen. Die Creme nach und nach unterrühren. Vor Verwendung ein paar Minuten anziehen lassen.

Ausfertigen

Den ausgekühlten Kuchen in eine mit Frischhaltefolie ausgekleidete Kuchenform setzen.
Tipp: Befeuchten Sie die Form mit ein paar Tropfen Wasser, dann hält die Frischhaltefolie besser. Das Obst auf dem Boden verteilen. Mit der Creme überziehen. Eventuell mit Obst und mit gehackten Pistazien, Kürbiskernen oder Nüssen bestreuen. Im Kühlschrank 12 Stunden stocken lassen.

pro Stück – Rührteig ohne Belag

kJ	kcal	Eiweiß (g)	Fett (g)	KH (g)	BE
634.77	151.57	1.77	8.63	16.77	1.40
581.69	138.90	1.77	8.63	13.44	1.12

pro Stück – Variante 1

kJ	kcal	Eiweiß (g)	Fett (g)	KH (g)	BE
1296.29	310.58	7.56	15.72	34.15	2.85
1123.79	269.41	7.56	15.72	23.33	1.95

Variante 2 – Joghurtcreme

1 großer Becher Naturjoghurt (500 g)
1 Becher Sauerrahm (250 g)
ca. 6 EL Zucker (ca. 90 g) ➤ 9 g Süßstoff
Saft und Schale von 1 kleinen Bio-Orange
2 Limetten oder 2 Bio-Zitronen (ca. 50 g)
Mark von 1 Vanilleschote
evtl. 2 EL Orangenlikör
8 Blatt Gelatine, in 1 l kaltem Wasser ca. 10 Minuten einweichen, vor Verwendung die Gelatine gut ausdrücken
500 g Obst, z. B. Beeren

Evtl. zum Ausfertigen

ca. 100 g Obst, z. B. Himbeeren
½ EL gehackte Pistazien, Kürbiskerne oder Nüsse (8 g)

Obstkuchen

Anstatt den Kuchen mit Creme zu bestreichen belegen Sie den Teig vor dem Backen mit beli gem Obst. Rasch arbeiten, da sonst der Kuch nicht mehr aufgeht. Bereiten Sie den Belag vo dem Zusammenrühren des Teiges vor.

Kuppeltorte

Eine Schüssel im Durchmesser des Tortenbode mit Frischhaltefolie auskleiden.
Die Creme in die Schüssel füllen, das Obst da über verteilen und mit dem Kuchenboden abd cken. Mit den Händen rundherum andrücken. Kühlschrank über Nacht stocken lassen. Am nächsten Tag die Kuppel stürzen, die Frischha folie entfernen und beliebig verzieren.

pro Stück – Variante 2

kJ	kcal	Eiweiß (g)	Fett (g)	KH (g)	BE
1160.05	277.56	5.52	13.22	33.54	2.80
987.55	236.39	5.52	13.22	22.72	1.89

Biskuit

Biskuitkuchen – Grundzubereitung

80 g Zucker, auch für Diabetiker
5 EL kochend heißes Wasser
5 Eier
150 g Weizenvollkornmehl

Variante A) Einfärbig

Eine runde Kuchenform vorbereiten. Backrohr auf 180 °C Heißluft vorheizen.
Eier, Zucker und Wasser dickschaumig rühren. Mehl und, wenn in der Zutatenliste angegeben, weitere Zutaten, z. B. Nüsse, Mohn, Kokos oder Kakaopulver, locker unterheben. Nicht zu fest, sonst wird der Teig zäh. Die Masse in die Kuchenform füllen. Evtl. mit einer nassen Teigkarte glatt streichen.

20–30 Minuten backen. Der Biskuitkuchen ist fertig gebacken, wenn bei der Stäbchenprobe kein Teig mehr am Stäbchen kleben bleibt.

Bei Verwendung einer Silikonbackform den Kuchen in der Form auskühlen lassen, bei Verwendung aller anderen Formen den Kuchen sofort nach dem Backen mit einem Messerrücken von der Form lösen und aus der Form nehmen.

Den Kuchen vor der weiteren Verwendung vollständig auskühlen lassen.

Variante B) Schwarz-weiß

Eine runde Kuchenform vorbereiten. Backrohr auf 180 °C Heißluft vorheizen.
Eier, Zucker und Wasser dickschaumig rühren. Mehl locker unterheben. ⅔ der Masse in die Kuchenform füllen, über die restliche Masse das Kakaopulver sieben und locker unterheben. Nicht zu fest, sonst wird der Teig zäh. Den dunklen Teig entweder in die Mitte, seitlich, fleckig oder kreisförmig auf den hellen Teig gießen. Evtl. mit einer Gabel schlampig unterrühren. Mit einer nassen Teigkarte glatt streichen. Weitere Verarbeitung wie oben beschrieben.

Creme für Biskuittorten – Grundzubereitung

Variante A) Auf Pudding- oder Mehlbreibasis

Zwei Drittel der Milch aufkochen. Die restliche Milch mit dem Puddingpulver, der Stärke und/oder dem Mehl und, wenn im Rezept angegeben, mit dem Kakaopulver verrühren. Unter Rühren in die kochende Milch einkochen, bis es kräftig blubbert. Vorsicht, brennt leicht an! Vom Herd nehmen. Etwas überkühlen lassen, zudecken, damit sich beim Auskühlen keine Haut bildet.
Die restlichen Zutaten untermengen. Mit dem Pürierstab, Thermomix oder im Standmixer zu einer feinen Creme pürieren.

Variante B) Auf Puddingbasis mit Gelatine

Gelatineblätter ca. 10 Minuten in ca. 1 l kaltem Wasser einweichen. Vor Verwendung das Wasser mit der Hand aus den Blättern drücken.
Zubereitung wie bei Variante A beschrieben. Die ausgedrückte Gelatine allerdings unmittelbar nachdem der Pudding bzw. Mehlbrei vom Herd genommen wurde einrühren, bis sie sich aufgelöst hat. Falls sich die Gelatine nicht auflöst, noch einmal leicht erwärmen, nicht kochen!

Variante C) Auf Gelatinebasis

Gelatineblätter ca. 10 Minuten in ca. 1 l kaltem Wasser einweichen. Vor Verwendung das Wasser mit der Hand aus den Blättern drücken.
Alle Zutaten bis auf die Gelatine verrühren. Evtl. pürieren. Pro Blatt Gelatine ½–1 EL Wasser aufkochen (Wasserkocher). Die ausgedrückten Gelatineblätter darin auflösen. Sollte sich die Gelatine nicht zur Gänze auflösen, erwärmen Sie sie noch einmal am Herd. Nicht kochen, sonst geliert die Gelatine nicht mehr.
Nun die Creme nach und nach zur Gelatine rühren, nicht umgekehrt, sonst entstehen Klumpen, da die Gelatine durch die kalte Creme zu rasch abkühlt und stockt.
✗ **Achtung!** Zutaten, die ganz bleiben sollen, z. B. Nuss- oder Obststücke, erst nach dem Pürieren untermengen.

> Tipp <

Sehr flüssige Cremen im Kühlschrank vor Verwendung ein paar Minuten anziehen lassen.

Biskuitroulade als Basis für alle Rouladen *1 Roulade*

80 g Zucker, auch für Diabetiker
5 EL kochend heißes Wasser (40 g)
5 Eier
150 g Weizenvollkornmehl

Ein Backblech mit ein paar Tropfen Wasser besprenkeln und mit Backpapier auslegen. Backrohr auf 200 °C Heißluft vorheizen.

Biskuit

Zubereitung siehe Grundrezept auf Seite 80 Variante A oder B. Die Masse mithilfe einer Teigkarte oder Palette auf dem Backblech verteilen und im Backrohr 7–10 Minuten backen. Die Ränder sollen nur minimal Farbe annehmen, sonst lässt sich die Roulade nicht mehr rollen. Die Roulade aus dem Backrohr nehmen und mit Frischhaltefolie luftdicht abdecken. Keine Sorge, die Folie löst sich nach dem Abkühlen leicht vom Blech. Vollständig auskühlen lassen.

Füllcremen *Menge reicht für je 1 Roulade*

Creme nach Wahl zubereiten, siehe Grundzubereitung Seite 81 Grundrezept Variante B.

Kaffeecreme

½ l Milch (500 g)
1½ Pkg. Vanillepuddingpulver (60 g) oder 60 g Maisstärke
2 EL lösliches Kaffeepulver (10 g)
3 Blatt Gelatine
1 Becher Ricotta (250 g), ersatzweise Magertopfen oder Schotten
3 gehäufte EL Zucker (50 g) ➤ 5 g Süßstoff
evtl. 1 Schuss Kaffeelikör

Ausfertigen

Die Roulade mit der schönen Seite nach unten flach auf ein mit Backpapier ausgelegtes Blech legen. Mit der Creme bestreichen. Nach Belieben Obst darüber verteilen. In den Kühlschrank oder an einen kalten Platz stellen und ca. 2 Stunden stocken las-

Kaffeecreme, pro Roulade

kJ	kcal	Eiweiß (g)	Fett (g)	KH (g)	BE
9927.50	2372.58	91.76	82.39	311.45	25.98
9131.35	2182.58	91.76	82.39	261.55	21.82

Vanillecreme

½ l Milch (500 g)
1½ Pkg. Vanillepuddingpulver (60 g) oder 60 g Maisstärke
6 Blatt Gelatine
2 Becher Sauerrahm (500 g)
4½ gehäufte EL Zucker (70 g) ➤ 7 g Süßstoff
Mark von 2 Vanilleschoten
Zitronensaft
200 g Obst zum Belegen, z. B. Erdbeeren

Stracciatellacreme

¼ l Milch (250 g)
¾ Pkg. Vanillepuddingpulver (30 g) oder 30 g Maisstärke
5 Blatt Gelatine
1 Becher Ricotta (250 g) (ersatzweise Magertopfen oder Schotten)
1 Becher Naturjoghurt (250 g)
3 gehäufte EL Zucker (50 g) ➤ 5 g Süßstoff
Mark von 1 Vanilleschote
Zitronensaft
2 EL Schokostreusel (20 g) ➤ 10 g
200 g Obst zum Belegen, z. B. Kirschen

> Tipp <

Streuen Sie Obst auf die Creme, z. B. Himbeeren.

sen. Das Anstocken ist nötig, damit die Fülle beim Einrollen nicht herausquillt. Einrollen. Vor dem Anschneiden noch einmal 2 Stunden stocken lassen. **Tipp!** Schneller geht das Stocken im Tiefkühler.

Biskuitroulade mit Stracciatellacreme und Kirschen

Vanillecreme, pro Roulade

kJ	kcal	Eiweiß (g)	Fett (g)	KH (g)	BE
12061.60	2891.76	92.83	124.89	343.04	28.63
10946.99	2625.76	92.83	124.89	273.18	22.81

Stracciatellacreme, pro Roulade

kJ	kcal	Eiweiß (g)	Fett (g)	KH (g)	BE
10237.60	2446.60	96.99	82.17	323.20	26.95
9282.55	2218.60	96.98	82.17	263.97	22.01

Variation Vanillecreme-Ribisel-Weintrauben-Roulade

Ribiselbelag
350 ml Wasser (350 g)
Zimtrinde
Bio-Zitronenschale
1 Sternanis
300 g Ribiseln
½ Pkg. Vanillepuddingpulver
oder 20 g Maisstärke
2 EL Staubzucker (30 g)
➤ 3 g Süßstoff

Zum Belegen
200 g Weintrauben

Das Wasser mit den Gewürzen zugedeckt 10 Minuten auf kleiner Flamme köcheln lassen. Abseihen. Mit Wasser auf einen Viertelliter auffüllen. Ribiseln hinzufügen und noch einmal zugedeckt 5 Minuten köcheln lassen. Ca. 3 EL kaltes Wasser mit dem Puddingpulver verrühren und unter Rühren aufkochen, bis es kräftig blubbert. Vorsicht, brennt leicht an. Vom Herd nehmen. Überkühlen lassen. Süßen.
Die Roulade mit der Vanillecreme bestreichen, mit Weintrauben belegen, 10 Minuten im Tiefkühler stocken lassen und mit dem Ribiselbelag überziehen. Weitere Ausfertigung wie oben beschrieben.

pro Roulade

kJ	kcal	Eiweiß (g)	Fett (g)	KH (g)	BE
13733.50	3290.46	96.01	125.31	432.24	36.07
12141.20	2910.46	96.01	125.31	332.44	27.75

Himbeer-Topfen-Torte

1 Torte à 12 Stück

Nussbiskuitmasse

60 g Zucker, auch für Diabetiker
3 EL kochend heißes Wasser
3 Eier
90 g Weizenvollkornmehl
40 g geröstete, geriebene beliebige Nüsse, z. B. Haselnüsse

Topfencreme

8 Blatt Gelatine, 10 Minuten in
1 l kaltem Wasser einweichen

Pudding

½ l Milch (500 g)
1½ Pkg. Vanillepuddingpulver oder 60 g Maisstärke
1 großer Becher Naturjoghurt (500 g)
Mark von 1 Vanilleschote
Saft und Schale von 1 Bio-Limette oder Bio-Zitrone
60 g Zucker oder Honig ➤ 6 g Süßstoff

Zum Ausfertigen

300 g Himbeeren oder andere Früchte
1 EL gehackte Kürbiskerne oder Pistazien (15 g)

Biskuit

Zubereitung siehe Grundrezept auf Seite 80 Variante A.

Topfencreme

Zubereitung siehe Grundrezept auf Seite 81 Variante A.

Ausfertigen

Den Kuchen in eine mit Frischhaltefolie ausgekleidete Kuchenform setzen. Die Himbeeren darauf verteilen und mit der Creme abdecken. Mit gehackten Kürbiskernen oder Pistazien bestreuen. Im Kühlschrank ca. 12 Stunden stocken lassen.

pro Stück

kJ	kcal	Eiweiß (g)	Fett (g)	KH (g)	BE
818.72	195.40	7.65	7.19	24.25	2.02
739.11	176.40	7.65	7.19	19.26	1.61

Stachelbeer-Topfen-Torte

1 Torte à 12 Stück

Mohnbiskuit

60 g Zucker, auch für Diabetiker
3 EL kochend heißes Wasser
3 Eier
120 g Weizenvollkornmehl
30 g Mohn

Topfencreme

6 Blatt Gelatine, 10 Minuten in
1 l kaltem Wasser einweichen
3 EL kochend heißes Wasser zum Auflösen der Gelatine
1 Pkg. Magertopfen (250 g)
1 Becher Naturjoghurt (250 g)
1 Becher Sauerrahm (250 g)
60 g Zucker oder Honig ➤ 6 g Süßstoff
Schale von 1 Bio-Zitrone oder Bio-Orange
Mark von 1 Vanilleschote
evtl. 2 EL Eierlikör

Puddinggelee

⅛ l Wasser (125 g)
1 Pkg. Vanillepuddingpulver
oder 40 g Maisstärke
¼ l Früchtetee oder frisch gepresster beliebiger Fruchtsaft (250 g)
30 g Zucker oder Honig ➤ 3 g Süßstoff
500 g Stachelbeeren oder andere Früchte

Biskuit

Zubereitung siehe Grundrezept auf Seite 80 Variante A.

Topfencreme

Zubereitung siehe Grundrezept auf Seite 81 Variante C.

Puddinggelee

Zwei Drittel des Wassers aufkochen. Das restliche Wasser mit dem Puddingpulver verrühren und unter Rühren in das Wasser einkochen, bis es kräftig blubbert. Vom Herd nehmen und die restlichen Zutaten der Reihe nach unterrühren.

Ausfertigen

Den Kuchen in eine mit Frischhaltefolie ausgelegte Kuchenform setzen. Mit der Topfencreme überziehen und mit der Puddingcreme abdecken. Im Kühlschrank 12 Stunden stocken lassen.

pro Stück

kJ	kcal	Eiweiß (g)	Fett (g)	KH (g)	BE
814.47	194.96	8.46	6.61	24.56	2.05
695.04	166.46	8.46	6.61	17.07	1.42

> Für einen schönen Cremeabschluss <

Wenn Sie die Topfencreme im Kühlschrank 30 Minuten stocken lassen, bevor Sie die Puddingcreme darüber verteilen, vermischen sich die beiden Cremen nicht. Bereiten Sie die Puddingcreme zu, während die Topfencreme stockt, sonst wird die Puddingcreme zu fest und Sie können sie nicht mehr verteilen.
Für einen besonders schönen seitlichen Abschluss: Wählen Sie eine Kuchenform, die um ca. 1 cm größer ist als der Kuchen, dann kann die Creme seitlich hinunterfließen und es bildet sich ein einheitlicher weißer Rand.

Royal-Kirschtorte

1 Torte à 12 Stück

Schokobiskuit

60 g Zucker, auch für Diabetiker
3 EL heißes Wasser (24 g)
3 Eier
90 g Weizenvollkornmehl
1 EL ungesüßtes Kakaopulver (ca. 15 g)

Creme

3 Blatt Gelatine, in 1 l kaltem Wasser ca. 10 Minuten einweichen, vor Verwendung die Gelatine gut ausdrücken
½ l Milch (500 g)
1 EL ungesüßtes Kakaopulver (15 g)
70 g Maisstärke
2 Becher Ricotta, Schotten oder ungesalzener Frischkäse (500 g)
100 g Zucker ➤ 8 g Süßstoff

Zum Belegen

500 g Kirschen oder anderes Obst

Zum Bestreuen

1 EL ungesüßtes Kakaopulver (15 g)

Schokobiskuit

Zubereitung siehe Grundrezept auf Seite 80 Variante A.

Creme

Zubereitung siehe Grundrezept auf Seite 81 Variante B.

Ausfertigen

Den ausgekühlten Kuchen 2-mal auseinanderschneiden. Den ersten Boden mit einer dünnen Schicht Creme bestreichen, den zweiten Boden mit einer dicken Schicht. Die Kirschen in die Creme drücken. Mit der dritten Kuchenplatte abdecken. Ein wenig andrücken, sodass die Hohlräume zwischen den Kirschen mit Creme ausgefüllt sind. Die Torte rundherum mit der restlichen Creme einstreichen. Im Kühlschrank mindestens 6 Stunden stocken lassen. Kakaopulver in ein Sieb geben und über den Kuchen streuen.

pro Stück

kJ	kcal	Eiweiß (g)	Fett (g)	KH (g)	BE
1058.51	253.11	8.57	9.63	32.30	2.69
924.08	221.02	8.57	9.63	23.98	2

Torte nach Käsesahne-Art

1 Torte à 12 Stück

Biskuitmasse
4 Eier
80 g Zucker, auch für Diabetiker
4 EL kochend heißes Wasser
120 g Weizenvollkornmehl

Zum Bestreichen
100 g Marillenmarmelade
➤ Marmelade lt. Rezept auf Seite 211

Käsesahnefülle
5 Blatt Gelatine, in 1 l kaltem Wasser ca. 10 Minuten einweichen, vor Verwendung die Gelatine gut ausdrücken
4 EL kochend heißes Wasser zum Auflösen der Gelatine

1 Becher Magertopfen (250 g)
1 Becher Naturjoghurt (250 g)
hausgemachter Vanillepudding aus 200 ml Milch (200 g) und 15 g Vanillepuddingpulver oder 1 Becher Vanillepudding (200 g)
Mark von 1 Vanilleschote
Saft und Schale von je ½ Bio-Zitrone und Bio-Orange
evtl. 1 EL Rum
50 g Zucker ➤ 5 g Süßstoff

Zum Belegen
500 g beliebiges Obst, z. B. Pfirsichspalten

Biskuit
Zubereitung siehe Grundrezept auf Seite 80 Variante A.

Käsesahnefülle
Alle Zutaten bis auf die Gelatine verrühren. Die Gelatine in dem kochend heißen Wasser auflösen, nicht kochen! Die Creme nach und nach unter kräftigem Rühren zur Gelatine gießen. Vor Verwendung ein paar Minuten im Kühlschrank anziehen lassen.

Ausfertigen
Den Biskuitkuchen in der Mitte auseinanderschneiden. Die Tortenform mit Frischhaltefolie auskleiden. Den Boden hineinsetzen und mit kochend heißer Marmelade bestreichen. Die Hälfte der Creme darauf verteilen, mit dem Obst belegen und mit der restlichen Creme abdecken. Den Biskuitdeckel darübersetzen und rundherum leicht andrücken, sodass in der Creme keine Luftlöcher entstehen und der Deckel fest auf der Creme haftet. Im Kühlschrank über Nacht stocken lassen.

pro Stück

kJ	kcal	Eiweiß (g)	Fett (g)	KH (g)	BE
727.42	173.58	8.33	3.44	26.76	2.23
632.22	150.97	8.35	3.45	20.82	1.74

Ricotta-Melonen-Torte

1 Torte à 12 Stück

Schokobiskuitmasse

60 g Zucker, auch für Diabetiker
3 EL kochend heißes Wasser
3 Eier
120 g Weizenvollkornmehl
1 EL ungesüßtes Kakaopulver (15 g)

Ricottacreme

6 Blatt Gelatine, in 1 l kaltem Wasser ca. 10 Minuten einweichen, vor Verwendung die Gelatine gut ausdrücken
1 großer Becher Naturjoghurt (500 g)
1 Becher Ricotta (250 g), ersatzweise Topfen oder ungesalzener Frischkäse vom Bauernmarkt
3 EL Zucker (45 g) ➤ 4 g Süßstoff
Mark von 1 Vanilleschote
1 TL fein gehackte Zitronenmelissenblätter oder Schale von 1 Bio-Zitrone
Saft von ½ Bio-Zitrone

Melonengelee

¼ l Wasser
1 Pkg. Tortengelee (11 g)
2 EL Zucker (30 g) ➤ 3 g Süßstoff
500 g Wassermelone, entkernen und in Würfel schneiden

Biskuit

Zubereitung siehe Grundrezept auf Seite 80 Variante A.

Ricottacreme

Zubereitung siehe Grundrezept auf Seite 81 Variante C.

Melonengelee

Wasser und Tortengelee verrühren. Unter Rühren 15 Sekunden kochen. Vom Herd nehmen, 1 Minute überkühlen lassen und die restlichen Zutaten untermengen.

Ausfertigen

Den Kuchen in eine mit Frischhaltefolie ausgekleidete Kuchenform setzen. Mit der Ricottacreme überziehen. Die Creme im Tiefkühlschrank ca. 10 Min. anstocken lassen. In der Zwischenzeit das Melonengelee zubereiten. Die Creme mit dem Melonengelee abdecken. Im Kühlschrank 12 Stunden stocken lassen.

> Tipp <

Für einen besonders schönen Cremeabschluss siehe Seite 87.

pro Stück

kJ	kcal	Eiweiß (g)	Fett (g)	KH (g)	BE
766.08	183.09	7.35	6.13	24.14	2.01
666.12	159.24	7.35	6.13	17.90	1.49

Joghurt-Sahne-Torte

1 Torte à 12 Stück

Biskuitmasse mit Öl

80 g Zucker, auch für Diabetiker
5 EL kochend heißes Wasser
5 Eier
Mark von ½ Vanilleschote
Schale von ½ Bio-Zitrone
5 EL Öl (40 g)
½ Apfel, mit Schale grob raspeln (70 g)
160 g Weizenvollkornmehl
½ Pkg. Weinsteinbackpulver (8 g)

Joghurt-Sahne-Creme

8 Blatt Gelatine, in 1 l kaltem Wasser ca. 10 Minuten einweichen, vor Verwendung die Gelatine gut ausdrücken
4 EL kochend heißes Wasser zum Auflösen der Gelatine
1 großer Becher Naturjoghurt (500 g)
Mark von ½ Vanilleschote
Saft und Schale von 1 Bio-Zitrone oder Bio-Limette, beliebige weitere Gewürze
50 g Zucker ➤ 5 g Süßstoff

Zum Unterheben

⅛ l Rahm (125 g), steif schlagen

Zum Belegen

500 g gemischte Beeren oder andere Früchte, z. B. Mandarinen- oder Pfirsichkompottfilets
➤ frische Früchte oder Kompottobst lt. Rezept auf Seite 212

Eine große, runde Kuchenform vorbereiten. Backrohr auf 180 °C Heißluft vorheizen.

Biskuitmasse mit Öl

Zucker und Wasser in eine Schüssel geben, Eier hinzufügen und alles dickschaumig rühren. Die restlichen Zutaten locker unterheben. Nicht zu fest, wird sonst zäh. Die Masse in die Kuchenform füllen, evtl. mit einer nassen Teigkarte glatt streichen. Im Backrohr 30–40 Minuten backen. Der Biskuitkuchen ist fertig gebacken, wenn bei der Stäbchenprobe kein Teig mehr am Stäbchen kleben bleibt.

Joghurt-Sahne-Creme

Alle Zutaten bis auf die Gelatine verrühren. Die Gelatine in dem kochend heißen Wasser auflösen, nicht kochen! Die Creme nach und nach unter kräftigem Rühren zur Gelatine gießen. Ca. 10 Minuten im Kühlschrank anziehen lassen. Steif geschlagenen Rahm unterheben.

Ausfertigen

Eine Tortenform mit Frischhaltefolie auskleiden. Den ausgekühlten Tortenboden in die Form setzen. Ein Drittel der Creme einfüllen, das Obst darauf verteilen. Mit der restlichen Creme abdecken, evtl. mit Pistazien oder gehackten Kürbiskernen bestreuen. Im Kühlschrank über Nacht stocken lassen.

pro Stück

kJ	kcal	Eiweiß (g)	Fett (g)	KH (g)	BE
1015.52	243.09	7.57	10.76	28.39	2.37
949.17	227.26	7.57	10.76	24.23	2.02

Variation

Anstatt die Früchte in der Mitte auf der Creme zu verteilen, können Sie die fertige Torte mit den Früchten belegen und mit Tortengelee überziehen. Dazu die mit Creme bestrichene Torte für 15–20 Minuten in den Tiefkühler stellen, damit die Creme stockt, und erst danach mit dem Obst belegen, sonst sinken die Früchte in die Creme.
Wer möchte, kann den Tortenboden vor dem Belegen 1- bis 2-mal durchschneiden und mit heißer Marmelade füllen.

Variation Erdbeer-Joghurt-Torte

Eine Tortenform mit Frischhaltefolie auskleiden. Den ausgekühlten Tortenboden in die Form setzen. Die Creme mit 500 g gehackten Erdbeeren vermischen und auf den Kuchen streichen. Im Kühlschrank über Nacht stocken lassen.

Himbeer-Vanille-Torte

1 Torte à 12 Stück

Biskuit

60 g Zucker, auch für Diabetiker
3 EL heißes Wasser
3 Eier
90 g Weizenvollkornmehl
evtl. 1 EL Kakaopulver zum Einfärben

Vanillecreme

¾ l Milch (750 g)
4 Pkg. Vanillepuddingpulver oder 110 g Maisstärke
1 Pkg. Ricotta (250 g), ersatzweise Topfen oder ungesalzener Frischkäse
90 g Zucker oder Honig ➤ 8 g Süßstoff
Mark von 1 Vanilleschote
Saft von ½ Zitrone

Himbeergelee

¼ l Wasser (250 g), 20 g Maisstärke
600 g Himbeeren
20 g Zucker oder Honig ➤ 2 g Süßstoff
Vanille und Zitronensaft nach Geschmack

Biskuit

Zubereitung Grundrezept siehe Seite 80 Variante B.

Vanillecreme

Creme zubereiten wie auf Seite 81 Variante A beschrieben.
Eine Kuchenform mit Frischhaltefolie auskleiden. Den Kuchen hineinsetzen. Die Creme darüber verteilen. Im Kühlschrank ca. 30 Minuten anstocken lassen.
In der Zwischenzeit das Himbeergelee zubereiten.

Himbeergelee

Zwei Drittel des Wassers aufkochen. Das restliche Wasser mit der Maisstärke verrühren und unter Rühren einkochen, bis es kräftig blubbert. Vom Herd nehmen und die restlichen Zutaten untermischen. Überkühlen lassen. Das Himbeergelee auf der Creme verteilen. Vor dem Servieren mindestens 6 Stunden kalt stellen.

> Tipp <

Färben Sie einen Teil der Biskuitmasse mit Kakaopulver ein. Dazu das Kakaopulver auf ein Drittel der Masse sieben und vorsichtig unterheben. Zuerst die dunkle, dann die helle Masse in die Tortenform füllen.

pro Stück

kJ	kcal	Eiweiß (g)	Fett (g)	KH (g)	BE
962.60	230.03	6.81	6.70	34.28	2.86
815.77	194.99	6.81	6.70	25.13	2.10

Nusstorte

1 Torte à 12 Stück

Biskuitmasse

60 g Zucker, auch für Diabetiker
3 EL kochend heißes Wasser
3 Eier
120 g Weizenvollkornmehl

Nusscreme

½ l Milch (500 g)
60 g Maisstärke
20 g Weizenvollkornmehl
40 g geröstete, geriebene oder grob gehackte beliebige Nüsse, z. B. Walnüsse
30 g weiche Butter
1 Becher Sauerrahm (250 g) oder Ricotta
80 g Zucker oder Honig ➤ 8 g Süßstoff
Mark von 1 Vanilleschote
evtl. 2 EL Nusslikör

Zum Verzieren

ca. 30 g Nüsse, z. B. Walnüsse

Biskuit

Zubereitung Grundrezept siehe Seite 80 Variante A.

Nusscreme

Creme zubereiten wie auf Seite 81 Variante A beschrieben.

Ausfertigen

Den Kuchen in der Mitte auseinanderschneiden. Mit einem Drittel der Creme füllen. Rundherum mit der restlichen Creme einstreichen. Mit einer gezackten Teigkarte in den Rand ein Rillenmuster eindrücken. Dazu mit der Teigkarte rund um den Rand fahren. Mit gehackten oder ganzen Nüssen verzieren.

pro Stück

kJ	kcal	Eiweiß (g)	Fett (g)	KH (g)	BE
994.67	238.00	5.74	12.19	26.19	2.19
888,51	212,67	5.74	12.19	19.54	1.63

Couscous-Latte-Macchiato-Torte

1 Torte à 12 Stück

Biskuit

60 g Zucker, auch für Diabetiker
3 EL heißes Wasser, 3 Eier
90 g Weizenvollkornmehl
1 TL ungesüßtes Kakaopulver (7 g)

Couscous-Creme

2 Blatt Gelatine, in 1 l kaltem Wasser ca. 10 Minuten einweichen, vor Verwendung die Gelatine gut ausdrücken
100 g Vollkorn-Couscous, 3 EL lösliches Kaffeepulver (15 g), 200 g kochend heißes Wasser vom Wasserkocher

Pudding

½ l Milch (500 g), 2 Pkg. Vanillepuddingpulver oder 70 g Maisstärke
90 g Zucker oder Honig ➤ 9 g Süßstoff, 1 Becher Naturjoghurt (250 g)
Vanilleschotenmark, evtl. Kaffeelikör

Zum Bestreuen

1 gestrichener EL ungesüßtes Kakaopulver oder durch ein Sieb gestrichenes lösliches Kaffeepulver (10 g)

Biskuit

Zubereitung Grundrezept siehe Seite 80 Variante B.

Couscous-Creme

Den Couscous und das Kaffeepulver in eine Schüssel mit Deckel geben. Mit dem KOCHEND heißen Wasser übergießen und zugedeckt 10 Minuten ziehen lassen.
In der Zwischenzeit die Gelatine einweichen und den Pudding zubereiten.
Für den Pudding zwei Drittel der Milch aufkochen. Die restliche Milch mit dem Puddingpulver verrühren und unter Rühren in die Milch einkochen, bis es kräftig blubbert. Vorsicht, brennt leicht an. Es entsteht ein sehr fester Pudding. Vom Herd nehmen. Die Gelatine ausdrücken und zum heißen Pudding rühren. Mit den restlichen Zutaten, inklusive dem Couscous-Gemisch, verrühren. Würzen.

Ausfertigen

Eine Kuchenform, die etwas größer ist als der Kuchen, mit Frischhaltefolie auskleiden. Den Kuchen in die Mitte setzen. Mit der Creme bestreichen. Mindestens 6 Stunden im Kühlschrank stocken lassen. Mit Kakaopulver bestreuen.

pro Stück

kJ	kcal	Eiweiß (g)	Fett (g)	KH (g)	BE
806.70	192.54	6.50	4.16	31.71	2.64
687.27	164.04	6.50	4.16	24.23	2.02

Hirsetorte

1 Torte à 12 Stück

Biskuit hell und dunkel

60 g Zucker, auch für Diabetiker
3 EL kochend heißes Wasser
3 Eier, 110 g Weizenvollkornmehl
1 EL ungesüßtes Kakaopulver (15 g)

Hirsecreme

ca. ½ l Wasser, Mark von 1 Vanilleschote herauskratzen und gemeinsam mit der Schote mitkochen, 1 Zimtstange, 1 Sternanis, Schale von 1 Bio-Zitrone,
100 g Hirse, ½ l Milch
50 g Weizenvollkornmehl
3 Blatt Gelatine, in 1 l kaltem Wasser ca. 10 Minuten einweichen, vor Verwendung die Gelatine gut ausdrücken
1 Pkg. Ricotta (250 g), ersatzweise Topfen oder ungesalzener Frischkäse vom Bauernmarkt
70 g Zucker oder Honig ➤ 7 g Süßstoff
Zimt, Zitronensaft

Zum Bestreichen

100 g Marillenmarmelade
➤ Marmelade lt. Rezept auf Seite 211

Zum Belegen

400 g Marillen oder beliebiges Obst

Zum Bestreuen

1 EL geröstete, gehackte Nüsse (15 g), z. B. Haselnüsse oder eine Mischung aus Kakaopulver und Zimt

Biskuit

Zubereitung Grundrezept siehe Seite 80 Variante B.

Hirsecreme

Wasser aufkochen, Gewürze und Hirse hinzufügen und zugedeckt bei kleiner Flamme weich kochen. Grobe Gewürze herausnehmen. Zwei Drittel der Milch hinzufügen und aufkochen. Die restliche Milch mit dem Mehl verrühren und unter Rühren in den Hirsebrei einkochen, bis es blubbert. Zugedeckt auf kleiner Flamme noch einmal ca. 5 Minuten köcheln lassen. Immer wieder umrühren, brennt leicht an. Vom Herd nehmen und die ausgedrückte Gelatine untermischen. Überkühlen lassen und mit den restlichen Zutaten verrühren.

Ausfertigen

Den ausgekühlten Kuchen mit kochend heißer Marmelade bestreichen. Mit halbierten oder in Würfel geschnittenen Marillen belegen. Mit der Creme überziehen und mit Nüssen bestreuen. Im Kühlschrank ca. 5 Stunden stocken lassen.

pro Stück

kJ	kcal	Eiweiß (g)	Fett (g)	KH (g)	BE
979.77	233.94	8.07	7.43	32.98	2.75
858.03	204.99	8.09	7.43	25.38	2.12

Wickeltorte

1 Torte à 12 Stück

Biskuitkuchen vom Blech

100 g Zucker, auch für Diabetiker
5 EL heißes Wasser
5 Eier
150 g Weizenvollkornmehl

Creme

½ l Milch (500 g)
2 Pkg. Karamellpuddingpulver oder 70 g Maisstärke
3 Blatt Gelatine, in 1 l kaltem Wasser ca. 10 Minuten einweichen, vor Verwendung die Gelatine gut ausdrücken
1 Pkg. Magertopfen (250 g)
1 Becher Sauerrahm (250 g)
100 g Zucker oder Honig ➤ 9 g Süßstoff

Zum Belegen

500 g Brombeeren oder anderes Obst
½ Pkg. Tortengelee (6 g)
⅛ l Wasser (125 g)
1 TL Zucker (10 g) ➤ 1 g Süßstoff

2 Backbleche mit Backpapier auskleiden. Das Backrohr auf 200 °C Heißluft vorheizen.

Zweifarbiges Biskuit

Zubereitung Grundrezept siehe Seite 80 Variante B. Die Masse dünn auf den beiden Backblechen verstreichen. Ca. 5–10 Minuten backen.

Creme

Creme zubereiten wie auf Seite 81 Variante B beschrieben.

Ausfertigen

Den Kuchen mit der Creme bestreichen und mit einem Teil Obst belegen. Im Kühlschrank etwas anstocken lassen. Die Creme soll nicht ganz fest sein, aber auch nicht mehr herunterfließen. Streifen in der Höhe einer Kuchenform herunterschneiden. Eine Tortenform mit Frischhaltefolie auskleiden. Die Kuchenstreifen von innen heraus zur Schnecke aufrollen. Sehr dicht aufrollen, sonst fällt der Kuchen beim Schneiden auseinander. Mit dem Obst belegen und mit dem Tortengelee überziehen. Dazu das Tortengelee lt. Packungsanleitung zubereiten. Vor dem Anschneiden noch ca. 1 Stunde kalt stellen.

pro Stück

kJ	kcal	Eiweiß (g)	Fett (g)	KH (g)	BE
1027.52	245.78	9.09	7.21	35.09	2.93
880.69	210.74	9.09	7.21	25.94	2.17

Kompott-Charlotte

1 Kuchen à 12 Stück

Biskuitroulade
80 g Zucker, auch für Diabetiker
4 EL heißes Wasser
4 Eier
120 g Weizenvollkornmehl

Zum Bestreichen
200 g rote Marmelade,
z. B. Erdbeermarmelade
➤ Marmelade lt. Seite 211

Belag
10 Blatt Gelatine, in 1 l kaltem Wasser ca. 10 Minuten einweichen, vor Verwendung die Gelatine gut ausdrücken
5 EL kochend heißes Wasser zum Auflösen der Gelatine
2 Pkg. Magertopfen (500 g)
2 Becher Sauerrahm (500 g)
90 g Zucker oder Honig ➤ 9 g Süßstoff
Zitronenschale
Vanille

Zum Belegen
500 g abgetropfte Kompottfrüchte, z. B. Birnen ➤ zuckerfreies Kompott lt. Rezept auf Seite 212
frische Früchte oder aufgetautes und abgetropftes Obst

Biskuitroulade
Zubereitung siehe Grundrezept Seite 82.
Die Biskuitroulade aus dem Backrohr nehmen und sofort mithilfe einer Palette oder einer Teigkarte mit heißer Marmelade bestreichen und einrollen.

Belag
Zubereitung siehe Seite 81 Variante C.

Ausfertigen
Die Roulade in ca. ½ cm dicke Scheiben schneiden. Eine Schüssel mit Frischhaltefolie auskleiden – geht am besten, wenn Sie die Schüssel leicht befeuchten und die Folie mithilfe eines Geschirrtuchs hineindrücken. Mit den Rouladenscheiben dicht auskleiden. Ein paar Scheiben für den Boden übrig lassen. Kuchenreste in die Hohlräume zwischen den Scheiben stecken. Die Creme darübergießen, mit den restlichen Biskuitscheiben abdecken, mit der Hand gut festdrücken. Zugedeckt über Nacht im Kühlschrank stocken lassen.

pro Stück

kJ	kcal	Eiweiß (g)	Fett (g)	KH (g)	BE
1132.96	271.37	11.36	8.55	36.67	3.06
901.24	215.97	11.43	8.58	22.53	1.88

Joghurt-Orangen-Torte

1 Torte à 12 Stück

Biskuitmasse

60 g Zucker, auch für Diabetiker
3 EL kochend heißes Wasser
3 Eier
120 g Weizenvollkornmehl

Creme

8 Blatt Gelatine, in 1 l kaltem Wasser ca. 10 Minuten einweichen, vor Verwendung die Gelatine gut ausdrücken
4 EL kochend heißes Wasser zum Auflösen der Gelatine
1 großer Becher Naturjoghurt (500 g)
1 Becher Sauerrahm (250 g)
90 g Zucker oder Honig ➤ 9 g Süßstoff
Saft von ½ Orange (30 g), Schale von 1 Bio-Orange, evtl. 2 EL Orangenlikör

Zum Belegen

500 g Obst, z. B. Orangenfilets

Zum Verzieren

100 g Obst, z. B. Orangenfilets
½ EL gehackte Pistazien, Kürbiskerne oder Nüsse

Biskuit

Zubereitung Grundrezept siehe Seite 80 Variante A.

Creme

Creme zubereiten wie auf Seite 81 Variante C beschrieben.

Ausfertigen

Den Kuchen in eine mit Frischhaltefolie ausgekleidete Kuchenform setzen. Mit Obst belegen und mit der Creme überziehen. Mit Obst und gehackten Pistazien, Kürbiskernen oder Nüssen verzieren. Im Kühlschrank 12 Stunden stocken lassen.

pro Stück

kJ	kcal	Eiweiß (g)	Fett (g)	KH (g)	BE
824.60	197.39	6.92	6.89	25.95	2.17
705.18	168.89	6.92	6.89	18.46	1.54

Zitronenkuppeltorte

1 Torte à 12 Stück

Biskuit
60 g Zucker, auch für Diabetiker
3 EL heißes Wasser, 3 Eier
100 g Weizenvollkornmehl
evtl. 1 TL ungesüßtes Kakaopulver (7 g)

Zitronencreme
9 Blatt Gelatine, in 1 l kaltem Wasser ca. 10 Minuten einweichen, vor Verwendung die Gelatine gut ausdrücken
5 EL kochend heißes Wasser vom Wasserkocher
½ l Buttermilch (500 g), ersatzweise Sauer- oder Acidophilusmilch
1 Becher Sauerrahm (250 g)
Saft und Schale von 2 Bio-Zitronen (40 g)
80 g Zucker oder Honig ➤ 8 g Süßstoff

Zum Belegen
1 Stk. sehr harte Bio-Zitrone

Zum Bestreichen
¼ Pkg. Tortengelee (3 g)
8 EL Wasser (60 g)

Biskuit
Zubereitung Grundrezept siehe Seite 80 Variante A.

Zitronencreme
Die Gelatine in dem kochend heißen Wasser auflösen, nicht kochen! Buttermilch nach und nach zur Gelatine rühren. Die restlichen Zutaten untermischen.

Ausfertigen
Eine Schüssel mit Frischhaltefolie auskleiden. Die Creme einfüllen und im Kühlschrank ca. 15 Minuten anstocken lassen. Den ausgekühlten Kuchen daraufsetzen und im Kühlschrank mindestens 6 Stunden, besser über Nacht, stocken lassen. Die Torte stürzen. Eine sehr harte Zitrone mit einem scharfen Gurkenhobel oder einem scharfen Messer in 1 mm dünne Scheiben schneiden. Auf der Torte verteilen. Mit etwas Tortengelee bestreichen, sodass die Zitronenscheiben glänzen. Das Tortengelee lt. Packungsanleitung zubereiten, nicht zuckern.

pro Stück

kJ	kcal	Eiweiß (g)	Fett (g)	KH (g)	BE
643.59	154.27	5.95	5.11	20.31	1.69
537.44	128.93	5.95	5.11	13.65	1.14

Kuppeltorte

1 Torte à 12 Stück

Biskuit

60 g Zucker, auch für Diabetiker
3 EL heißes Wasser
3 Eier
100 g Weizenvollkornmehl

Creme

7 Blatt Gelatine, in 1 l kaltem Wasser ca. 10 Minuten einweichen, vor Verwendung die Gelatine gut ausdrücken
5 EL kochend heißes Wasser zum Auflösen der Gelatine
1 großer Becher Naturjoghurt (500 g)
1 Pkg. Magertopfen (250 g)
1 Becher Sauerrahm (250 g)
80 g Zucker oder Honig ➤ 8 g Süßstoff
Mark von ½ Vanilleschote
Saft und Schale von ½ Bio-Zitrone

Apfelgelee

800 ml Wasser (800 g)
Saft und Schale von ½ Bio-Zitrone
1 Zimtstange, 1 Sternanis
1 kg säuerliche Äpfel, ungeschält in Würfel schneiden
100 ml Wasser (100 g)
2 Pkg. Vanillepuddingpulver oder 70 g Maisstärke
90 g Zucker oder Honig ➤ 8 g Süßstoff
Mark von ½ Vanilleschote

Biskuit

Zubereitung Grundrezept siehe Seite 80 Variante A.

Creme

Alle Zutaten bis auf die Gelatine glatt rühren. Die Gelatine in dem kochend heißen Wasser auflösen, nicht kochen! Die Creme nach und nach zur Gelatine rühren.

Apfelgelee

Wasser und Gewürze zugedeckt aufkochen. Die Apfelwürfel hinzufügen und ca. 2 Minuten dünsten. Die Äpfel sollen bissfest sein. Zimtstange und Sternanis herausnehmen. Das restliche Wasser mit dem Puddingpulver verrühren und unter Rühren unter das Apfelkompott mischen. Unter Rühren aufkochen, bis es kräftig blubbert. Vom Herd nehmen. Unter Rühren überkühlen lassen. Zucker und Vanilleschotenmark untermischen.

Ausfertigen

Eine runde Schüssel mit Frischhaltefolie auskleiden. Die Creme einfüllen. Im Kühlschrank mindestens 20 Minuten anstocken lassen.
In der Zwischenzeit das Apfelgelee zubereiten. Auf der Creme verteilen. Den Kuchenboden auf das noch etwas lauwarme Apfelgelee setzen,

pro Stück

kJ	kcal	Eiweiß (g)	Fett (g)	KH (g)	BE
1141.68	273.23	8.76	6.49	43.95	3.66
915.24	219.19	8.76	6.49	29.81	2.48

Zum Verzieren

1 sehr harter Apfel (ca. 150 g)
Zitronensaft

¼ Pkg. Tortengelee (3 g) zum Überglänzen der Apfelscheiben
8 EL Wasser zum Auflösen des Tortengelees

leicht andrücken, damit sich die Masse rundherum verteilt. Über Nacht im Kühlschrank stocken lassen. Am nächsten Tag die Kuppel stürzen. Den Apfel in ca. 1 mm dünne Scheiben hobeln, am besten mit einem Gurkenhobel. Die Scheiben in Zitronensaft wenden, damit sie nicht braun werden. Die Apfelscheiben auf der Creme verteilen und dünn mit Tortengelee bestreichen. Dazu das Tortengelee lt. Packungsanleitung zubereiten. Keinen Zucker in das Tortengelee geben.

Cremebiskuit

1 Kuchen à 12 Stück

Biskuit
60 g Zucker, auch für Diabetiker
3 EL heißes Wasser
3 Eier
100 g Weizenvollkornmehl, ersatzweise Vollkornbiskotten

Creme
5 Blatt Gelatine, 10 Minuten in 1 l kaltem Wasser einweichen
½ l Milch (500 g)
1 Pkg. Vanillepuddingpulver (40 g)
2 Pkg. Magertopfen (gesamt 500 g)
2 Becher Naturjoghurt (gesamt 500 g)
80 g Zucker ➤ 8 g Süßstoff
Mark von 1 Vanilleschote
Saft und Schale von 1 Bio-Zitrone

Zum Belegen
500 g beliebiges Obst, z. B. Marillen

Biskuit
Zubereitung Grundrezept siehe Seite 80 Variante A.

Creme
Creme und Pudding zubereiten wie auf Seite 81 Variante B.

Variation – Schnitte
Den Biskuitkuchen auf dem Blech backen. In zwei Hälften teilen. Eine Hälfte mit der leicht angestockten Creme bestreichen. Im Kühlschrank 15 Minuten stocken lassen. Obst darüber verteilen. Mit der zweiten Hälfte abdecken. Andrücken, da-

> Tipp <

Wenn Sie eine Schnittenform oder eine Schiene verwenden, behält die Schnitte die Form und die Creme quillt nicht heraus.

pro Stück

kJ	kcal	Eiweiß (g)	Fett (g)	KH (g)	BE
879.06	209.52	11.87	4.56	29.34	2.45
772.91	184.19	11.87	4.56	22.69	1.89

mit sich die Creme gleichmäßig verteilt. Im Kühlschrank mindestens 6 Stunden stocken lassen.

Variation – Torte

Den Biskuitkuchen in einer runden Kuchenform backen. Den ausgekühlten Kuchen in der Mitte auseinanderschneiden. Die Kuchenform mit Frischhaltefolie auskleiden. Den Kuchenboden in die Kuchenform setzen und mit der leicht angestockten Creme bestreichen. Im Kühlschrank etwas anstocken lassen. Mit dem Obst belegen, danach mit dem zweiten Biskuitblatt abdecken. Andrücken, damit sich die Creme rundherum verteilt. Im Kühlschrank über Nacht stocken lassen.

Variation Gugelhupf

Backen Sie das Biskuit in einer Gugelhupfform. Den Gugelhupf nach dem Backen in der Mitte auseinanderschneiden, mit der Creme füllen und mit Obst belegen.

Schokoladewürfel

1 Kuchen à 12 Stück

Schokobiskuit vom Blech

80 g Zucker, auch für Diabetiker
4 EL kochend heißes Wasser
4 Eier
120 g Weizenvollkornmehl
1 EL ungesüßtes Kakaopulver (15 g) – auf das Mehl sieben

Zum Bestreichen

100 g Marillenmarmelade
➤ Marmelade lt. Rezept auf Seite 211

Creme

⅜ l Milch (375 g)
30 g Weizenvollkornmehl
1 EL ungesüßtes Kakaopulver (15 g)
2 Blatt Gelatine, in 1 l kaltem Wasser ca. 10 Minuten einweichen, vor Verwendung die Gelatine gut ausdrücken
Mark von 1 Vanilleschote
Saft und Schale von 1 Bio-Orange (60 g)
1 Pkg. Ricotta (250 g), ersatzweise Magertopfen oder ungesalzener Frischkäse vom Bauernmarkt
90 g Zucker oder Honig ➤ 9 g Süßstoff

600 g beliebiges Obst zum Belegen, z. B. Himbeeren, Brombeeren, Kirschen
ca. 1 EL ungesüßtes Kakaopulver zum Bestreuen (15 g)

Ein Backblech mit Backpapier auslegen. Backrohr auf 200 °C Heißluft vorheizen.

Schokobiskuit vom Blech

Zucker und Wasser in eine Schüssel geben, Eier hinzufügen und alles dickschaumig rühren. Mehl vorsichtig unterheben. Zwei Drittel der Masse rasch auf dem Backblech verteilen. Das restliche Drittel mit dem gesiebten Kakaopulver locker verrühren. Nicht zu fest, sonst wird die Masse zäh. Die dunkle Masse mit einem Löffel fleckenartig über der hellen Masse verteilen, evtl. mit einer nassen Teigkarte glatt streichen. Im Backrohr ca. 10 Minuten backen. Auskühlen lassen.

pro Stück

kJ	kcal	Eiweiß (g)	Fett (g)	KH (g)	BE
889.11	212.39	7.68	7.05	28.27	2.36
740.83	177.11	7.70	7.05	19.00	1.58

Creme

Den Mehlbrei wie einen Pudding kochen. Das heißt, zwei Drittel der Milch aufkochen. Die restliche Milch mit dem Mehl und dem Kakaopulver verrühren und unter Rühren einkochen, bis es kräftig blubbert. Es entsteht ein dicker Brei. Vorsicht, brennt leicht an. Vom Herd nehmen und die ausgedrückte Gelatine in dem heißen Brei auflösen. Überkühlen lassen. Restliche Zutaten untermengen.

Ausfertigen

Den Kuchen dünn mit kochend heißer Marmelade bestreichen. In drei gleich breite Streifen schneiden. Den ersten Streifen mit einem Viertel der Creme bestreichen, den zweiten Streifen darübersetzen. Das Obst darauf verteilen und mit einem Viertel der Creme abdecken. Den dritten Streifen daraufsetzen. Rundherum mit der restlichen Creme bestreichen und mit Kakaopulver besieben.

> So quillt die Creme nicht aus dem Kuchen <

Legen Sie die mit Creme bestrichenen Kuchenstreifen nebeneinander auf ein Blech und stellen Sie dieses für ca. 10 Minuten in den Tiefkühlschrank oder für 20 Minuten in den Kühlschrank. Die Creme stockt und Sie können die einzelnen Streifen mühelos aufeinandersetzen. Etwas andrücken, damit die Streifen beim Schneiden nicht auseinanderfallen. Mit der restlichen Creme an den Seiten bestreichen und mit Kakaopulver rundherum bestreuen. Wenn Sie eine Schnittenform oder eine Schiene verwenden, behält die Schnitte die Form und die Creme quillt nicht heraus.

Heidelbeerschnitte

1 Kuchen à 12 Stück

Biskuitblechkuchen

80 g Zucker, auch für Diabetiker
4 EL kochend heißes Wasser
4 Eier
120 g Weizenvollkornmehl
1 TL ungesüßtes Kakaopulver (7 g)

Buttermilchcreme

9 Blatt Gelatine, in 1 l kaltem Wasser ca. 10 Minuten einweichen, vor Verwendung die Gelatine gut ausdrücken
5 EL kochend heißes Wasser vom Wasserkocher
½ l Buttermilch (500 g), ersatzweise Sauermilch oder Acidophilusmilch
1 Becher Sauerrahm (250 g)
70 g Zucker oder Honig ➤ 6 g Süßstoff
Zitronensaft
Vanilleschote

Heidelbeergelee

¼ l Wasser (250 g)
½ TL Zimtpulver
1 Msp. Nelkenpulver
1 Pkg. Vanillepuddingpulver oder 40 g Maisstärke
500 g Heidelbeeren
50 g Zucker oder Honig ➤ 5 g Süßstoff

Ein Backblech mit Backpapier auslegen. Backrohr auf 200 °C Heißluft vorheizen.

Biskuit

Zubereitung siehe Grundrezept auf Seite 80 Variante B.
Drei Viertel der Masse rasch auf dem Backblech verteilen. Das restliche Viertel mit dem gesiebten Kakaopulver locker verrühren. Nicht zu fest, sonst wird die Masse zäh. Den dunklen Teig in einen Spritzsack oder einen Gefrierbeutel, von dem Sie ein kleines Eck abschneiden, füllen und Herzen auf den Teig dressieren. Im Backrohr ca. 10 Minuten backen. Auskühlen lassen.

Buttermilchcreme

Zubereitung siehe Grundrezept auf Seite 81 Variante C. Die Creme im Kühlschrank leicht anstocken lassen. Eventuell noch einmal aufmixen.

pro Stück

kJ	kcal	Eiweiß (g)	Fett (g)	KH (g)	BE
734.48	175.41	6.27	2.71	30.38	2.53
574,38	137,20	6.27	2.71	20.40	1.70

> Tipp <

Wenn Sie eine Schnittenform oder eine Schiene verwenden, behält die Schnitte die Form und die Creme quillt nicht heraus.

Heidelbeergelee

✗ **Achtung!** Das Gelee erst dann zubereiten, wenn die Buttermilchcreme auf den Teigstreifen gestockt ist, sonst wird das Gelee zu fest und lässt sich nicht mehr verteilen. Für das Gelee zwei Drittel des Wassers mit den Gewürzen aufkochen. Das restliche Wasser mit dem Puddingpulver verrühren und unter Rühren in das Gewürzwasser einkochen, bis es kräftig blubbert. Vom Herd nehmen und die restlichen Zutaten untermischen.

Ausfertigen

Den Biskuitkuchen in drei Streifen schneiden. Die Buttermilchcreme in einen Spritzsack füllen und je drei Streifen auf zwei der Kuchenstreifen dressieren. Im Kühlschrank ca. 30 Minuten stocken lassen. Sobald die Creme gestockt ist, die Zwischenräume mit dem Heidelbeergelee ausfüllen. Dazu das Gelee ebenfalls in einen Spritzsack oder einen Gefrierbeutel, von dem Sie ein kleines Eck abschneiden, füllen. Die Kuchenstreifen übereinandersetzen. Etwas andrücken, damit die Streifen aufeinander haften. Vor dem Servieren noch ca. 1 Stunde kalt stellen.

Biskotten (Löffelbiskuits)

50–55 Stück

Variante 1

3 Eidotter
30 g Zucker, auch für Diabetiker
4 Eiklar
30 g Zucker, auch für Diabetiker
80 g Weizenvollkornmehl

Variante 2

3 Eidotter
4 Eiklar
60 g Zucker, auch für Diabetiker
60 g Maisstärke
60 g Weizenvollkornmehl

Zum Bestreuen

1 EL (15 g) Staubzucker, auch für Diabetiker

> Tipps <

Das Papier haftet besser, wenn Sie das Blech mit Wasser befeuchten. Bitten Sie jemanden, der Ihnen beim Lösen der Biskotten behilflich ist.

Eidotter und Zucker dickschaumig schlagen. Eiklar und Zucker steif schlagen. Mehl bzw. bei Variante 2 Maisstärke und Mehl abwechselnd mit dem Eischnee unter die Dottermasse heben.

Ein Backblech mit Backfolie/Backpapier auslegen. Die Masse in einen Spritzsack mit glatter Tülle Nr. 7 oder 8 füllen. Stäbchen auf das Blech dressieren. Dabei an den Enden etwas mehr Masse herausdrücken, damit die typische Biskottenform entsteht. Staubzucker in ein Sieb geben und die Biskotten damit dünn bestreuen. Dadurch erhalten die Biskotten die knusprige Oberfläche und bleiben innen weich.
Im Backrohr bei 190 °C so lange backen, bis sie ein helles Beige annehmen. Dauert nur wenige Minuten. Am besten ab der 4. Backminute den Backvorgang beobachten. Sobald die Biskotten Farbe annehmen, aus dem Backrohr nehmen. Auskühlen lassen.
Zum Lösen der Biskotten das Backpapier über eine Tischkante ziehen, dann fallen die Biskotten von selber herunter.

Gesamtmenge – Variante 1

kJ	kcal	Eiweiß (g)	Fett (g)	KH (g)	BE
3104.80	741.20	32.92	18.77	108.83	9.07

Gesamtmenge – Variante 2

kJ	kcal	Eiweiß (g)	Fett (g)	KH (g)	BE
3650.35	872.15	32.59	8.50	163.60	13.64

Walderdbeer-Biskotten-Kuppel

1 Kuchen à 12 Stück

½ Pkg. Vollkornbiskotten (100 g)
➤ Biskuit aus 20 g Zucker
1 EL heißes Wasser
1 Ei
35 g Weizenvollkornmehl
500 g Walderdbeeren oder anderes Obst

Ricotta-Joghurt-Creme
8 Blatt Gelatine, 10 Minuten in
1 l kaltem Wasser einweichen
5 EL kochend heißes Wasser zum Auflösen der Gelatine
2 Becher Naturjoghurt (500 g)
2 Becher Ricotta (500 g)
Saft und Schale von 1 Bio-Orange (60 g)
beliebige Gewürze lt. Seite 224ff
90 g Zucker ➤ 9 g Süßstoff

Biskuit

Zubereitung Grundrezept siehe Seite 80 Variante A. Bei 200 °C 5–10 Minuten backen.

Creme

Alle Zutaten bis auf die Gelatine glatt rühren. Die Gelatine in dem kochend heißen Wasser auflösen, nicht kochen! Die Creme nach und nach zur Gelatine rühren.

Ausfertigen

Eine Kuppelform oder runde Schüssel mit Frischhaltefolie auskleiden. Je eine dicke Schicht Creme, Obst und eine Lage Biskotten oder Biskuitstreifen einschichten. Über Nacht im Kühlschrank stocken lassen. Stürzen.

pro Stück

kJ	kcal	Eiweiß (g)	Fett (g)	KH (g)	BE
759.27	181.92	7.11	7.50	20.80	2.04
590.84	141.68	7.27	7.61	9.91	0.86

Kaffee-Biskotten-Speise nach Tiramisu-Art

8 Portionen

Creme

1 Becher Mascarpone (250 g)
1 Becher Ricotta (250 g)
hausgemachter Vanillepudding aus ¼ l Milch (250 g) und ½ Pkg. Vanillepuddingpulver (20 g) oder 1 Becher Dany & Sahne ➤ Dany & Sahne Diät
nach Geschmack 1–2 EL Cointreau, Eierlikör, Orangen- oder Zitronensaft und -schale
ca. 70 g Zucker ➤ 7 g Süßstoff

½ Pkg. Biskotten (100 g) oder Biskotten lt. Rezept auf Seite 108
➤ Biskuit vom Blech aus 40 g Zucker
2 EL heißes Wasser
2 Eier
60 g Weizenvollkornmehl
lt. Rezept auf Seite 80 Variante A

Zum Tunken

1 Tasse Espresso (150 g)
1 Schuss Rum (15 g)

Zum Bestreuen

1 EL ungesüßtes Kakaopulver (15 g)

Eine Kuchen- oder viereckige Form mit Frischhaltefolie auskleiden.

Creme

Alle Zutaten dickschaumig rühren. Je länger Sie rühren, desto flaumiger das Ergebnis. Kräftig abschmecken.

Ausfertigen

Ca. 2 cm Creme auf den Boden der Form einfüllen. Die Biskotten in die Espresso-Rum-Mischung tunken und auf der Creme längs verteilen. Creme 1–2 cm dick auf die Biskotten streichen. Mit Biskotten belegen, diesmal aber die Biskotten quer einschichten. Den Vorgang so lange wiederholen, bis die Creme aufgebraucht ist. Die letzte Schicht sollte Creme sein. Das fertige Tiramisu mit Kakaopulver bestreuen, gut zudecken und im Kühlschrank über Nacht stocken lassen.

✗ Achtung!

Tiramisu nimmt leicht Fremdgerüche an. Also niemals mit stark riechenden Lebensmitteln, z. B. Zwiebeln, würzigem Käse oder Salami, in den Kühlschrank stellen.

pro Stück

kJ	kcal	Eiweiß (g)	Fett (g)	KH (g)	BE
1329.26	317.74	7.32	21.74	21.83	1.82
1189.94	284.49	7.32	21.74	13.10	1.09

Strudelteig

Gefüllter Strudel nach Galaktoboureko-Art

1 Kuchen à 12 Stüc

1 Pkg. Strudelteig (120 g)
20 g flüssige Butter zum Bestreichen

Puddingfülle
½ l Milch (500 g)
1 Pkg. Vanillepuddingpulver oder 40 g Maisstärke
½ Becher Ricotta, ersatzweise Topfen oder Schotten (125 g)
2 Eier, 30 g Maisstärke
1 TL Zimt
2 Msp. Nelkenpulver
Mark von 1 Vanilleschote
Saft und Schale von 1 Bio-Zitrone
80 g Zucker ➤ 8 g Süßstoff

Zum Belegen
500 g beliebiges Obst, z. B. Heidelbeeren

Sirup
200 ml Wasser (200 g)
1 Bio-Zitrone – in Scheiben schneiden, 4 Nelken, 2 Sternanis, 1 Zimtrinde, 1 haselnussgroßes Stk. Ingwer
20 g flüssiger Honig, auch für Diabetiker

Eine runde Kuchenform vorbereiten. Das Backrohr auf 170 °C Heißluft vorheizen.

Fülle

Zubereitung siehe Grundrezept Seite 81 Variante A.

Sirup

Wasser und Gewürze zugedeckt ca. 15 Minuten köcheln lassen. Abseihen. Es sollen noch ca. 80 ml (g) Flüssigkeit übrig bleiben. Überkühlen und den Honig hinzufügen.

Ausfertigen

Zwei Strudelteigblätter dünn mit Butter bestreichen. Mit dem dritten Teigblatt abdecken. Die Strudelteigblätter in die Form legen. Die Ränder überstehen lassen. Die Fülle einfüllen. Mit dem Obst belegen. Die überstehenden Enden über die Fülle klappen. Den Teig dünn mit Butter bestreichen. Das letzte Strudelteigblatt mit Butter bestreichen und mit der bestrichenen Seite nach oben über die Fülle drapieren. Mindestens 50 Minuten goldbraun backen. Die Kerntemperatur soll bei 95 °C liegen. Den noch heißen Kuchen nach dem Backen sofort mit dem Sirup übergießen.

pro Stück

kJ	kcal	Eiweiß (g)	Fett (g)	KH (g)	BE
686.35	169.42	5.01	4.57	23.57	1.97
580.20	144.08	5.01	4.57	16.92	1.42

Grieß-Heidelbeer-Strudel

1 Strudel à 8 Stück

Menge reicht für 1 Strudel oder bei Verwendung als Hauptspeise für 4 Portionen

1 Pkg. Strudelteig = 4 Blätter (120 g)
20 g flüssige, leicht gebräunte Butter zum Bestreichen

Creme

Grießbrei
¼ l Milch (250 g)
70 g Weizengrieß

1 Ei
1 Pkg. Magertopfen (250 g)
ca. 80 g Zucker ➤ 8 g Süßstoff
Mark von 1 Vanilleschote
Schale von 1 Bio-Zitrone

Einlage

800 g Heidelbeeren, frisch oder tiefgefroren

> Tipp! <

Beim Untermischen von tiefgefrorenen Beeren gefriert die Fülle. Sie können die Fülle aber trotzdem wie beschrieben verwenden.

Creme

Für den Grießbrei die Milch aufkochen, den Grieß unter Rühren in die kochende Milch einkochen. Unter Rühren ein paar Minuten weiterkochen lassen. Vorsicht, brennt leicht an! Vom Herd nehmen und **zugedeckt** mindestens 15 Minuten ausquellen lassen. Mit den restlichen Zutaten aufmixen. Die Heidelbeeren entweder untermengen oder nach dem Aufstreichen der Fülle darauf verteilen.

Ausfertigen

Ein Backblech mit Backpapier auslegen. Backrohr auf 170 °C Heißluft vorheizen.
Ein Strudeltuch, zwei große Stoffservietten oder Geschirrtücher vorbereiten. Je zwei Strudelteigblätter übereinander auf das Tuch legen. Drei Viertel des Strudelteiges dünn mit flüssiger Butter bestreichen. Das restliche Viertel mit der Fülle belegen, dabei am rechten und linken Rand einen Streifen von ca. 4 cm frei lassen. Diesen überstehenden Teig von der Seite her über die Fülle klappen – so kann keine Fülle austreten. Mithilfe des Tuches von der gefüllten Seite her einrollen und auf das Backblech setzen. Dünn mit flüssiger Butter bestreichen und ca. 35–70 Minuten backen. Die Oberfläche soll bräunen, die Kerntemperatur bei 95 °C liegen.

pro Stück

kJ	kcal	Eiweiß (g)	Fett (g)	KH (g)	BE
971.25	240.27	8.60	5.37	33.74	2.82
812.02	202.27	8.60	5.37	23.76	1.99

Apfelstrudel

1 Strudel à 15 Stück

30 g flüssige Butter oder Öl zum Bestreichen

Strudelteig

Menge reicht für 2 Strudel oder einen riesengroßen Strudel

250 g glattes Weizenmehl
mindestens 100 ml lauwarmes Wasser (100 g), 2 EL Öl (16 g)
2 EL ungesüßter Essig (16 g), z. B. Weißweinessig oder klarer Apfelessig, Balsamicoessig eignet sich nicht!
1 Prise Salz

Fülle

Brösel

150 g Vollkornbrösel, 1 TL Zimt, 1 Msp. Nelkenpulver, 20 g Zucker ➤ 2 g Süßstoff mehr zur Apfelfülle geben
evtl. geröstete, gehackte Nüsse oder Mandelstifte

Apfelfülle

1,5 kg säuerliche Äpfel, z. B. Boskoop, ungeschält in Scheiben hobeln
Saft und Schale von ½ Bio-Zitrone
1–2 gehäufte EL Zimt, 2 Msp. Nelkenpulver, Mark von 1 Vanilleschote
Zucker ➤ Süßstoff nach Geschmack
evtl. eine Handvoll Rosinen, die über Nacht in 5 EL Wasser und 1 EL Rum eingeweicht wurden ➤ für Diabetiker nicht empfehlenswert

Strudelteig

Alle Zutaten in eine Schüssel geben und zu einem sehr glatten Teig verkneten. Der Teig soll weich sein, aber nicht kleben. Je weicher der Teig, desto besser lässt er sich ohne Reißen ziehen – er soll also genau am Punkt zwischen klebrig und weich gehalten werden. Den Teig rundherum dünn mit Öl bestreichen und **luftdicht** zugedeckt – am besten in einer gut verschließbaren Plastikdose – mindestens 30 Minuten, idealerweise eine Stunde, bei Zimmertemperatur rasten lassen. Die Oberfläche darf nicht austrocknen, sonst reißt der Teig beim Ausziehen. Notfalls können Sie den Teig auch mit Frischhaltefolie abdecken.

Fülle

Brösel: Die Brösel ohne Fett in einer Pfanne rösten. Achtung! Zu Beginn bräunen die Brösel nicht, dann aber geht es sehr schnell. Die gebräunten Brösel sofort aus der Pfanne nehmen, da die Brösel in der Pfanne nachbräunen und verbrennen. Würzen. Den Zucker niemals mitrösten! Er würde karamellisieren und die Brösel würden verklumpen.

Gesamtmenge Teig, ohne Mehl für das Tuch berechnet

kJ	kcal	Eiweiß (g)	Fett (g)	KH (g)	BE
4126.70	985.70	26.51	19.69	172.70	14.38

Gesamtmenge Fülle

kJ	kcal	Eiweiß (g)	Fett (g)	KH (g)	BE
6655.56	1592.12	20.53	29.09	305.47	25.42
6337.10	1516.12	20.53	29.09	285.51	23.76

> **Tipp!** <
>
> Anstatt Äpfel können Sie folgende Einzel-Obstsorten oder einen Mix aus mehreren Obstsorten verwenden: Gut geeignet sind Birnen, Marillen, Süßkirschen, Sauerkirschen (Weichseln), Pflaumen, Mirabellen, Ringlo, Zwetschken, Brombeeren, Himbeeren, Erdbeeren, Johannisbeeren, Stachelbeeren, Heidelbeeren, Weintrauben, frische Datteln und frische Feigen.

Rhabarber-Apfel-Fülle

700 g Rhabarber – schälen und in 1 cm kleine Stücke schneiden
2 säuerliche Äpfel (ca. 300 g) – in Stifte oder Scheiben hobeln
beliebige Gewürze lt. Rezept auf Seite 224ff

Kürbis-Apfel-Fülle

500 g Hokkaido- oder Moschuskürbis – in feine Streifen hobeln
500 g säuerliche Äpfel, z. B. Boskoop – in grobe Streifen hobeln
beliebige Gewürze lt. Rezept auf Seite 224ff

Apfelfülle: Alle Zutaten miteinander vermischen. Den Zucker erst unmittelbar vor Verwendung dazugeben, sonst verlieren die Äpfel Flüssigkeit, die den Teig beim Belegen aufweichen und am Tuch ankleben lässt.

Ausfertigen

Ein Backblech mit Backpapier auskleiden oder eine runde Kuchenform vorbereiten. Backrohr auf 180 °C Heißluft vorheizen.
Ein tischgroßes Strudel- oder Leintuch vollflächig bemehlen. Den Teig auf das bemehlte Tuch legen und tellergroß ausrollen. Die Handrücken leicht mit Speiseöl einölen, dann den Teig von der Mitte her vorsichtig über beide Handrücken ziehen, dabei den Teig im Uhrzeigersinn drehen und dehnen, bis er gleichmäßig hauchdünn ist. Sollte der Teig an einer Stelle zu reißen beginnen, den Teig auf das Tuch legen und rundherum die dicken Ränder weiter ausziehen. Mit einem Teigrad die dicken Ränder abschneiden.
Die Brösel am unteren Rand auf ein Drittel der Teigfläche verteilen, dabei am Rand 4 cm Teig überstehen lassen. Die Äpfel über die Brösel verteilen. Den restlichen Teig mit flüssiger Butter oder Öl dünn bestreichen. Den überstehenden Teig über die Fülle einklappen, damit keine Fülle austritt. Den Strudel mithilfe des Tuches von der gefüllten Seite beginnend einrollen. Mit der letzten Drehung auf das Backblech gleiten lassen. Mit der restlichen Butter oder Öl bestreichen und im Backrohr bei ca. 180 °C Heißluft ca. 45–70 Minuten backen. Der Teig soll gebräunt und knusprig sein. Ca. 95 °C Kerntemperatur.

Topfenstrudel

1 Strudel à 12 Stück

1 Pkg. Strudelteig (120 g)
ca. 600 g beliebiges Obst zum Belegen
30 g leicht gebräunte Butter
1 EL Mandelblättchen (15 g)

Topfenfülle
¼ l Milch (250 g)
20 g Weizenvollkornmehl
20 g Grieß (Weizen oder Mais)
1 Pkg. Vanillepuddingpulver oder 40 g Maisstärke
1 Pkg. Magertopfen (250 g)
beliebige Gewürze lt. Rezept auf Seite 224ff
70 g Zucker ➤ 7 g Süßstoff

> Tipp! <

Backen Sie den Topfenstrudel in einer Form, z. B. einer Kasten- oder Kranzform, dann behält der Strudel die Form. Auf dem Blech reißt der Topfenstrudel häufig, da der Topfen meist zu feucht ist. Profis drücken vor Verwendung vom Topfen mit einer Stoffwindel das Wasser aus oder backen den Strudel mit sehr trockenem Topfen.
Wenn Sie den Strudel an der Oberseite nach ca. 10 Minuten Backzeit einstechen, reißt er weniger.

Ein Backblech mit Backpapier auslegen. Backrohr auf 170 °C Heißluft vorheizen.

Topfenfülle

Zwei Drittel der Milch aufkochen. Die restliche Milch mit dem Mehl, dem Grieß und dem Puddingpulver verrühren. Unter Rühren in die Milch einkochen, bis es kräftig blubbert. Vom Herd nehmen. Zugedeckt mindestens 10 Minuten quellen lassen. Kann auch am Vortag zubereitet werden. Restliche Zutaten untermixen oder pürieren.

Ausfertigen

Ein Strudeltuch, zwei große Stoffservietten oder Geschirrtücher vorbereiten. Je zwei Strudelteigblätter übereinander auf das Tuch legen. Drei Viertel des Strudelteiges dünn mit flüssiger Butter bestreichen. Das restliche Viertel mit der Fülle belegen, dabei am rechten und linken Rand einen Streifen von ca. 4 cm frei lassen. Diesen überstehenden Teig von der Seite her über die Fülle klappen – so kann keine Fülle austreten. Mithilfe des Tuches von der gefüllten Seite her einrollen und auf das Backblech setzen. Dünn mit flüssiger Butter bestreichen. Mit Mandelsplittern bestreuen. Im Backrohr 35–70 Minuten backen. Die Oberfläche soll bräunen, die Kerntemperatur bei 95 °C liegen.

pro Stück

kJ	kcal	Eiweiß (g)	Fett (g)	KH (g)	BE
659.78	157.52	5.63	4.56	22.41	1.87
566.90	135.35	5.63	4.56	16.59	1.38

Mürbteig, Kartoffelteig und Topfenteig

Zwetschken-Mürbteigkuchen

1 Kuchen à 12 Stück

Mürbteig

150 g Weizenvollkornmehl
45 g Zucker ➤ 5 g Süßstoff
50 g flüssige Butter
30 g Sauerrahm

Zum Bestreuen

50 g geröstete, grob gehackte Nüsse

Zwetschkenbelag

6 EL Wasser (50 g)
500 g Zwetschken, entkernen, in Stücke schneiden
6 EL Wasser (50 g), kalt
15 g Maisstärke
50 g Zucker ➤ 5 g Süßstoff
1 TL Zimt
2 Msp. Nelkenpulver
2 Msp. Ingwerpulver

Eine große, runde Kuchenform und den Belag vorbereiten. Backrohr auf 180 °C Heißluft vorheizen.

Zwetschkenbelag

Wasser aufkochen, die Zwetschken hinzufügen. Zugedeckt ca. 5 Minuten sprudelnd kochen lassen, bis die Zwetschken zerfallen. Kaltes Wasser und Maisstärke verrühren und unter Rühren zu den Zwetschken geben. So lange unter Rühren kochen, bis es kräftig blubbert. Vom Herd nehmen, 5 Minuten überkühlen lassen. Die restlichen Zutaten untermengen.

Mürbteig

Alle Zutaten in wenigen Sekunden zu einem glatten Teig verkneten. Zu langes Kneten macht den Teig zäh. Mit nassen Händen dünn in die Kuchenform drücken. Mit einer Gabel mehrmals einstechen und im Backrohr auf der untersten Schiene 10 Minuten vorbacken. Aus dem Backrohr nehmen. Mit den Nüssen bestreuen. Mit der Zwetschkenmasse bedecken. Noch einmal 10–15 Minuten backen.

pro Stück

kJ	kcal	Eiweiß (g)	Fett (g)	KH (g)	BE
652.34	155.79	2.25	6.90	20.69	1.72
526.72	125.81	2.25	6.90	12.79	1.06

Gerstenstrudel

1 Kuchen à 12 Stück

Gersten-Mürbteig

80 g Butter, Zimt, Vanilleschotenmark, Zitronenschale, 1 Ei
50 g Zucker ➤ 20 g Zucker und 3 g Süßstoff
50 g Weizenvollkornmehl
50 g Maisstärke
100 g Gerste, in der Mühle fein mahlen

Fülle

800 g säuerliche Äpfel, z. B. Boskoop, Birnen oder Quitten, mit der Schale in Streifen oder Scheiben hobeln
50 g Zucker ➤ 5 g Süßstoff
Zimt
Vanilleschotenmark, Saft und Schale von 1 Bio-Zitrone

Zum Bestreichen

Milch oder Ei

> Hinweis <

Die Zubereitung dieses Strudels ist etwas mühsam, da die Gerste bröselt, aber das Endergebnis hat alle Testesser überzeugt!

Ein Backblech mit Backpapier auskleiden.

Gersten-Mürbteig

Für den Teig alle Zutaten in wenigen Sekunden verkneten. Im Kühlschrank mindestens 1 Stunde oder im Tiefkühler 15 Minuten kalt stellen.
Den Teig halbieren. Jede Teighälfte zwischen zwei Bögen Backpapier in der Größe eines halben Backbleches ausrollen – der Teig soll lang und schmal sein. Den Teig auf dem Backpapier noch einmal kalt oder in den Tiefkühler stellen. Falls der Teig einfriert – kein Problem. In der Zwischenzeit die Fülle vorbereiten und das Backrohr auf 170 °C vorheizen.

Fülle

Alle Zutaten vermengen.

Ausfertigen

Eine Teigplatte auf das Backblech legen. Mit der Fülle vollflächig, bis auf einen Rand von 1 cm, belegen. Mit der zweiten Teigplatte abdecken. Die Teigränder mit der Hand oder einer Gabel festdrücken. Beliebig bestreichen, mit Mandelsplittern bestreuen, mit einer Gabel mehrmals einstechen und im Backrohr 40–60 Minuten backen. Anstatt auf dem Blech kann der Kuchen in einer runden Kuchenform gebacken werden. Dazu zwei kuchenformgroße Teigplatten ausrollen.

pro Stück

kJ	kcal	Eiweiß (g)	Fett (g)	KH (g)	BE
755.42	180.57	2.14	6.57	27.85	2.32
650.14	155.45	2.14	6.57	21.20	1.76

Braune Linzertorte nach Mamas Art

1 Kuchen à 12 Stück

Mürbteig

150 g eiskalte Butter
200 g Weizenvollkornmehl
½ Pkg. Weinsteinbackpulver (8 g)
100 g geröstete, gemahlene Mandeln
40 g geröstete Brösel
1 gehäufter TL Zimt
2 Msp. Nelkenpulver
Mark von 1 Vanilleschote
Schale von ½ Bio-Zitrone oder Bio-Orange
100 g Zucker ➤ 10 g Süßstoff
1 Ei (etwas Ei zum Bestreichen auf die Seite geben)
Kaltes Wasser nach Bedarf

Zum Bestreichen

400 g Preiselbeermarmelade
➤ Marmelade lt. Rezept auf Seite 211

Zum Bestreuen

1 EL Mandelsplitter (15 g)

Eine Backform vorbereiten. Backrohr auf 180 °C Heißluft vorheizen.

Mürbteig

Mehl und klein geschnittene Butter in eine Schüssel geben und rasch zerbröseln. Zuerst die trockenen, dann die feuchten Zutaten untermengen. In wenigen Sekunden zu einem Teig verkneten. Zu langes Kneten macht den Teig zäh. Zwei Drittel des Teiges zwischen zwei Bögen Backpapier in der Größe der Kuchenform ausrollen oder mit nassen Händen in die Form drücken. Mit Marmelade bestreichen. Aus dem restlichen Drittel kleinfingerdicke Teigrollen formen und gitterförmig über die Marmelade setzen. Rundherum am Rand entlang ebenfalls eine kleinfingerdicke Teigrolle legen. Mit Ei bestreichen und mit Mandelsplittern bestreuen. Im Backrohr 40–60 Minuten backen. Der Kuchen ist gar, wenn bei der Stäbchenprobe kein Teig mehr am Stäbchen kleben bleibt.

pro Stück

kJ	kcal	Eiweiß (g)	Fett (g)	KH (g)	BE
1243.48	296.59	4.90	16.61	31.76	2.65
994.24	237.58	4.93	16.65	16.22	1.35

> Tipp! <

Ist der Teig zum Verarbeiten zu weich, stellen Sie ihn für ein paar Minuten in den Tiefkühler.
Der ungebackene Kuchen kann tiefgekühlt werden. Bei Verwendung den tiefgekühlten Kuchen in das vorgeheizte Backrohr schieben. Die Backzeit verlängert sich um ca. 10 Minuten.

Zwetschken-Topfen-Grieß-Torte

1 Torte à 15 Stück

Mürbteig

100 g weiche Butter
80 g Zucker ➤ 7 g Süßstoff
1 Ei
Schale von ½ Bio-Zitrone
Mark von ½ Vanilleschote
240 g Weizenvollkornmehl
½ Pkg. Weinsteinbackpulver (8 g)
Wasser nach Bedarf

Topfenbelag

1 Becher Sauerrahm (250 g)
3 Becher Magertopfen (750 g)
4 Eier
125 g Weizengrieß
1 Pkg. Vanillepuddingpulver oder 40 g Maisstärke
250 g Zucker ➤ 22 g Süßstoff
Mark von ½ Vanilleschote
Schale von ½ Bio-Zitrone
Saft von 1 Zitrone
Schale von 1 Bio-Orange

Zum Belegen

800 g Obst, z. B. Zwetschken

Eine große, runde Kuchenform und das Obst vorbereiten. Backrohr auf 170 °C Heißluft vorheizen.

Mürbteig

Alle Zutaten der Reihe nach in eine Schüssel geben. Zum Schluss das Backpulver mit dem Mehl vermengen und darüberstreuen. In wenigen Sekunden zu einem glatten, weichen Teig verkneten. Zu langes Kneten macht den Teig zäh! Den Teig mit der nassen Hand gleichmäßig in die Form drücken. Mit einer Gabel mehrmals einstechen und 12 Minuten vorbacken.

Belag

Alle Zutaten verrühren. Den Belag rasch auf dem vorgebackenen Mürbteig verteilen. Mit dem Obst belegen. Im Backrohr 1–1½ Stunden backen. Die Kerntemperatur soll bei 95 °C liegen.

> Tipp! <

Falls der Kuchen bräunt, aber noch nicht durchgebacken ist, decken Sie ihn mit einem ofenfesten Teller oder Alufolie ab.

pro Stück

kJ	kcal	Eiweiß (g)	Fett (g)	KH (g)	BE
1401.91	334.97	11.81	10.52	47.23	3.93
1045.32	249.87	11.81	10.52	25.27	2.10

Pfirsich-Topfen-Torte

1 Torte à 15 Stück

Mürbteig

100 g weiche Butter
80 g Zucker ➤ 7 g Süßstoff
1 Ei
Schale von ½ Bio-Zitrone
Mark von ½ Vanilleschote
240 g Weizenvollkornmehl
½ Pkg. Weinsteinbackpulver (8 g)
Wasser nach Bedarf

Belag

50 g weiche Butter
200 g Zucker ➤ 17 g Süßstoff
3 Eier
4 Pkg. Magertopfen (1 kg)
1 Pkg. Vanillepuddingpulver oder 40 g Maisstärke
Schale von ½ Bio-Zitrone
Saft von 1 Bio-Zitrone
Mark von ½ Vanilleschote

Zum Belegen

800 g beliebiges Obst, z. B. Pfirsiche

Zubereitung wie Zwetschken-Topfen-Grieß-Torte von Seite 121.

✗ **Variation!**

Anstatt das Obst mitzubacken, können Sie das Obst auch pürieren oder hacken, mit 50 g Zucker oder für Diabetiker 5 g Süßstoff vermischen und mit 7 Blatt Gelatine eindicken. Den fertig gebackenen, ausgekühlten Kuchen in eine mit Frischhaltefolie ausgekleidete Form setzen und mit dem Obstbrei überziehen.

pro Stück

kJ	kcal	Eiweiß (g)	Fett (g)	KH (g)	BE
1251.15	298.80	12.27	10.39	38.62	3.22
951.13	227.20	12.27	10.39	19.99	1.66

Brombeer-Topfen-Torte *1 Torte à 15 Stück*

Mürbteig
100 g weiche Butter
80 g Zucker ➤ 7 g Süßstoff
1 Ei
Schale von ½ Bio-Zitrone
240 g Weizenvollkornmehl
½ Pkg. Weinsteinbackpulver (8 g)
Wasser nach Bedarf

Topfenbelag
200 ml Milch (200 g)
6 EL Öl (50 g)
4 Eier
2 Pkg. Magertopfen (500 g)
180 g Zucker ➤ 16 g Süßstoff
Saft und Schale von 1 Bio-Zitrone
Mark von ½ Vanilleschote
1 Pkg. Vanillepuddingpulver oder 40 g Maisstärke

Brombeerbelag
1 Pkg. Tortengelee (11 g)
¼ l Wasser (250 g)
800 g Brombeeren
40 g Zucker ➤ 3 g Süßstoff
Mark von ½ Vanilleschote

> Tipp! <

Anstatt Brombeeren können Sie auch anderes Obst verwenden, z. B. Himbeeren, Heidelbeeren, Ribiseln etc.

Zubereitung wie Zwetschken-Topfen-Grieß-Torte von Seite 121. Nur anstatt Obst den Brombeerbelag nach dem Backen auf dem Kuchen verteilen.

Brombeerbelag

Wasser und Tortengelee verrühren und aufkochen. Ca. 15 Sekunden kochen lassen. Vom Herd nehmen, restliche Zutaten untermengen. Ca. 2 Minuten überkühlen lassen. Auf dem Kuchen verteilen.

pro Stück

kJ	kcal	Eiweiß (g)	Fett (g)	KH (g)	BE
1241.35	296.37	9.23	12.17	36.55	3.05
920.10	219.71	9.23	12.17	16.59	1.38

Heidelbeer-Topfen-Torte *1 Torte à 15 Stück*

Mürbteig
70 g weiche Butter
60 g Zucker ➤ 6 g Süßstoff
1 Ei
Mark von ½ Vanilleschote
Schale von ½ Bio-Zitrone
200 g Weizenvollkornmehl
½ Pkg. Weinsteinbackpulver (8 g)

Topfenbelag
1 Becher Sauerrahm (250 g)
2 Becher Magertopfen (500 g)
300 ml Milch (300 g)
2 Eier
140 g Zucker ➤ 12 g Süßstoff
1 Pkg. Vanillepuddingpulver
oder 40 g Maisstärke
Schale von ½ Bio-Zitrone
Mark von ½ Vanilleschote

Heidelbeerbelag
¼ l Wasser (250 g)
½ Pkg. Vanillepuddingpulver oder 20 g Maisstärke
800 g Heidelbeeren, frisch oder tiefgefroren
20 g Zucker ➤ 2 g Süßstoff

Zubereitung wie Zwetschken-Topfen-Grieß-Torte von Seite 121. Nur anstatt Obst den Heidelbeerbelag nach dem Backen auf dem Kuchen verteilen.

Heidelbeerbelag
Zwei Drittel des Wassers aufkochen. Das restliche Wasser mit dem Puddingpulver verrühren und unter Rühren einkochen, bis es kräftig blubbert. Vom Herd nehmen. Restliche Zutaten untermischen. 3 Minuten abkühlen lassen und auf dem Kuchen verteilen.

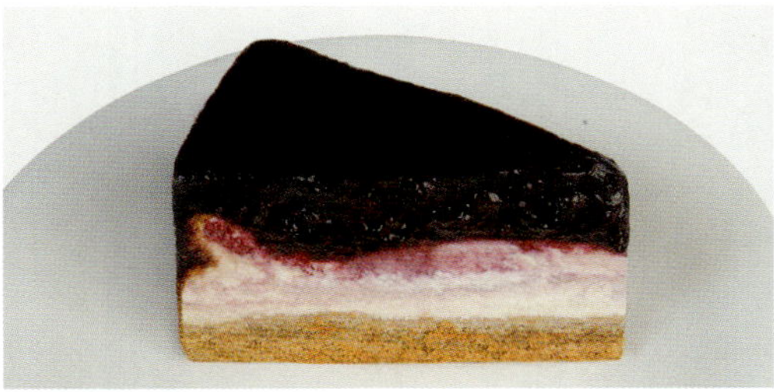

pro Stück

kJ	kcal	Eiweiß (g)	Fett (g)	KH (g)	BE
1047.37	250.39	8.45	8.91	33.19	2.77
812.43	194.32	8.45	8.91	18.55	1.55

> Tipp! <

Anstatt Heidelbeeren können Sie auch anderes Obst verwenden.

Kokos-Topfen-Torte
1 Torte à 15 Stück

Mürbteig

½ Pkg. Weinsteinbackpulver (8 g), 200 g Weizenvollkornmehl, 70 g flüssige Butter, 70 g Zucker ➤ 7 g Süßstoff, 1 Ei

Belag

2 Pkg. Magertopfen (500 g), 1 Becher Naturjoghurt (250 g), ¼ Becher Öl (50 g), ¾ Becher Kokosmilch (175 g), 2 gut gehäufte EL Haferkleie (30 g), 2 Eier, Saft und Schale von 1 Bio-Limette, Mark von 1 Vanilleschote, evtl. 2 EL Kokoslikör, 130 g Zucker ➤ 13 g Süßstoff, 1½ Pkg. Vanillepuddingpulver oder 60 g Maisstärke

Zum Bestreuen

50 g Beeren, z. B. Himbeeren, 1 EL frische Kokosnuss, deren Fruchtfleisch mit einem Kartoffelschäler in dünne Scheiben gehobelt wird

Zubereitung wie Zwetschken-Topfen-Grieß-Torte von Seite 121.

pro Stück

kJ	kcal	Eiweiß (g)	Fett (g)	KH (g)	BE
991.75	236.64	8.10	9.70	28.96	2.41
779.44	185.97	8.10	9.70	15.65	1.30

Gedeckter Apfelkuchen nach Andrea
1 Kuchen à 12 Stück

Mürbteig

100 g Weizenvollkornmehl, 200 g glattes Weizenmehl, 100 g flüssige Butter, 50 g Sauerrahm, 90 g Zucker ➤ 9 g Süßstoff, beliebige Gewürze, z. B. Zimt, Bio-Zitronenschale, Vanille

Apfelfülle

800 g säuerliche Äpfel, z. B. Boskoop, in Scheiben oder Stifte hobeln, ersatzweise anderes Obst, z. B. Birnen, Zwetschken, Marillen, 1 TL Zimt, 2 Msp. Nelkenpulver, Vanille, Saft von 1 Bio-Zitrone, ca. 90 g Zucker ➤ 9 g Süßstoff, evtl. 3 EL Rosinen oder andere Trockenfrüchte, die über Nacht in 5 EL Wasser und 1 EL Rum eingeweicht wurden ➤ für Diabetiker nicht empfehlenswert

Zubereitung wie bei Gerstenstrudel auf Seite 119 beschrieben. Die Backzeit beträgt ca. 40 Minuten. Für die Apfelfülle alle Zutaten vermengen.

pro Stück

kJ	kcal	Eiweiß (g)	Fett (g)	KH (g)	BE
1037.11	247.92	3.14	8.29	39.67	3.30
798.27	190.92	3.14	8.29	24.70	2.06

Kartoffelschnecken

12 Stück

Kartoffelteig

300 g **mehlige** Kartoffeln, gekocht, heiß oder vom Vortag, reiben oder passieren
50 g Haferkleie, grobe Haferkleie mit der Kaffeemühle fein mahlen
ca. 100 g Zucker oder Honig ➤ 40 g Zucker und 6 g Süßstoff
beliebige Gewürze lt. Rezept auf Seite 224ff
4 EL Öl (30 g)
1 Ei
250 g Weizenvollkornmehl
½ Pkg. Weinsteinbackpulver (8 g)

Zum Füllen

150 g Marmelade oder für Diabetiker Marmelade lt. Rezept auf Seite 211

> Tipp! <

Den Teig so rasch wie möglich verarbeiten und ins Backrohr schieben, dann gehen die Schnecken am schönsten auf.

Ein Backblech mit Backpapier auskleiden. Backrohr auf 170 °C Heißluft vorheizen.

Für den Teig alle trockenen Zutaten mit den Gewürzen vermengen. Den Teig kräftig! würzen, sonst schmeckt das Gebäck fad. Ei und Öl rasch unterkneten. Zu langes Kneten macht den Teig zäh. Den Teig zwischen zwei Backfolien zu einem Rechteck ausrollen, mit Marmelade bestreichen, zu einem Strudel einrollen. 12 Scheiben herunterschneiden. Mit der nassen Hand flach drücken. Eventuell mit Eiklar bestreichen. Auf das Backblech legen und im Backrohr 20–30 Minuten backen. Die Schnecken sind fertig gebacken, wenn bei der Stäbchenprobe kein Teig mehr am Stäbchen klebt.

pro Stück

kJ	kcal	Eiweiß (g)	Fett (g)	KH (g)	BE
731.14	174.40	4.25	3.83	30.21	2.52
608.24	145.24	4.27	3.83	22.55	1.88

Süße Kuhhäute

5 Portionen

Kartoffelteig

150 g **mehlige** Kartoffeln, kochen, durch eine Kartoffelpresse drücken oder sehr fein reiben
ca. 130 g Weizenvollkornmehl
1 Prise Salz, Mark von ½ Vanilleschote
Schale von 1 Bio-Zitrone, ½ TL Zimt
1 gut gehäufter EL Zucker (20 g)
➤ 2 g Süßstoff
1 kleines Ei
evtl. etwas Milch, falls der Teig zu fest ist
evtl. 1 EL Rum, 1 EL Öl zum Backen (8 g)

Fülle

1 große Tasse Milch (200 g), aufkochen, 100 g Mohn
30 g Zucker ➤ 4 g Süßstoff
1 TL Zimt, Saft von 1 Zitrone
Mark von ½ Vanilleschote
50 g Marmelade ➤ Marmelade lt. Rezept auf Seite 211

Belag

20 g Butter, bräunen
1 EL Staubzucker (15 g), für Diabetiker ohne Zucker

Fülle

Alle Zutaten verrühren, kräftig würzen.

Kartoffelteig

Mehl, Kartoffeln und Gewürze locker vermischen. Restliche Zutaten untermischen und in wenigen Sekunden zu einem glatten Teig verkneten. Zu langes Kneten macht den Teig zäh. Den Teig in 3 Teile teilen. Die Teigstücke zwischen zwei Bögen Backpapier nacheinander zu Fladen ausrollen. Fett in einer Pfanne erhitzen und die Fladen wie Palatschinken beidseitig backen.
Tipp: Sie können die Fladen auch in einem Waffeleisen backen.

Ausfertigen

Die noch warmen Fladen mit der Mohnfülle füllen und übereinandersetzen. Mit brauner Butter überziehen und mit Staubzucker bestreuen. Sofort servieren.

✗ **Achtung!** Wenn Sie keine mehligen Kartoffeln verwenden, wird der Teig zäh. Sie erkennen mehlige Kartoffeln u. a. daran, dass sie beim Kochen meist etwas aufplatzen, sich mit der Hand gut zerdrücken lassen und zerfallen und die gekochten Kartoffeln beim Reiben püreeartig werden. Speckige Kartoffeln behalten die Form und werden beim Reiben gummiartig.

pro Portion

kJ	kcal	Eiweiß (g)	Fett (g)	KH (g)	BE
1464.95	349.75	10.32	16.54	39.44	3.29
1222.28	291.97	10.34	16.54	24.34	2.03

Mohntorte mit Äpfeln

jeweils 1 Torte à 12 Stück

Topfenteig

½ Pkg. Magertopfen (125 g)
4 EL Öl (32 g)
5 EL Milch (40 g)
50 g Staubzucker ➤ 5 g Süßstoff
Mark von 1 Vanilleschote
Schale von 1 Bio-Zitrone
Wasser nach Bedarf (ca. 6 EL)
250 g Weizenvollkornmehl
1 Pkg. Weinsteinbackpulver (16 g)

Variante 1 mit Mohn-Topfen-Apfel-Belag ohne Guss

Topfenbelag

¼ l Milch (250 g)
20 g Weizenvollkornmehl
20 g Grieß
1 Pkg. Vanillepuddingpulver oder 40 g Maisstärke
1 Pkg. Magertopfen (250 g)
beliebige Gewürze lt. Seite 224ff
70 g Zucker ➤ 7 g Süßstoff

Mohnbelag

100 g Mohn
50 g Marillenmarmelade ➤ Marmelade lt. Rezept auf Seite 211, Zimt, Vanille
Bio-Zitronenschale, Bio-Orangenschale
evtl. Rum
500 g Äpfel, ungeschält blättrig oder in Stifte hobeln

Variante 1:

Topfenbelag

Zwei Drittel der Milch aufkochen. Die restliche Milch mit dem Mehl, dem Grieß und dem Puddingpulver verrühren. Unter Rühren in die Milch einkochen, bis es kräftig blubbert. Vom Herd nehmen. Zugedeckt min. 10 Minuten quellen lassen. Restliche Zutaten untermixen oder pürieren.

Mohnbelag

Die Hälfte des Topfenbelags mit den Zutaten des Mohnbelags vermischen, die Äpfel untermengen.

pro Stück – Variante 1

kJ	kcal	Eiweiß (g)	Fett (g)	KH (g)	BE
1100.93	262.82	9.51	8.49	36.67	3.06
927.28	221.43	9.52	8.49	25.80	2.15

Variante 2 mit Mohn-Apfel-Belag und Guss

Mohn-Apfel-Belag

¼ l Milch (250 g)
100 g Mohn
100 g beliebige Marmelade ➤ Marmelade lt. Rezept auf Seite 211
70 g Zucker, Honig ➤ 7 g Süßstoff
1–2 TL Zimtpulver
2 Msp. Nelkenpulver
Saft und Schale von 1 Bio-Zitrone oder Bio-Orange
Mark von 1 Vanilleschote
500 g Äpfel, ungeschält blättrig oder in Stifte hobeln

Guss

300 ml Milch (300 g)
2 Eier
½ TL Zimt
1 EL Zucker (15 g) ➤ 2 g Süßstoff

Zum Bestreuen für beide Varianten

1 EL Mandelsplitter (15 g)

Variante 2: Mohn-Apfel-Belag

Alle Zutaten bis auf die Milch vermischen. Milch aufkochen und die kochend heiße Milch über die restlichen Zutaten gießen. Gut verrühren. Zugedeckt 10 Minuten ausquellen lassen. Die Äpfel untermischen.

Guss

Alle Zutaten mit dem Schneebesen verquirlen.

Zubereitung für beide Varianten

Eine große, runde Kuchenform, den Belag und für Variante 2 den Guss vorbereiten. Backrohr auf 175 °C Heißluft vorheizen

Topfenteig

Alle Zutaten der Reihe nach in eine Schüssel geben. Zum Schluss das mit Backpulver vermengte Mehl hinzufügen. In wenigen Sekunden zu einem glatten Teig verkneten. Zu langes Kneten macht den Teig zäh. Den Teig rasch mit der nassen Hand in die Form drücken. Den Mohnbelag darüber verteilen. Mit dem Topfenbelag oder Guss abdecken. Mit den Mandelsplittern bestreuen.

✗ **Achtung!** Schnell arbeiten, sonst wird der Kuchen speckig. Im Backrohr 60–80 Minuten backen. Der Kuchen ist fertig gebacken, wenn bei der Stäbchenprobe kein Teig mehr am Stäbchen kleben bleibt. Kerntemperatur 95 °C.

pro Stück – Variante 2

kJ	kcal	Eiweiß (g)	Fett (g)	KH (g)	BE
1048.04	250.08	8.51	10.20	30.49	2.54
906.83	216.49	8.53	10.20	21.64	1.80

Apfeltaschen

Teig reicht für mindestens 10 Stück Kleingebäck

Topfenteig

375 g Weizenvollkornmehl
250 g Magertopfen
125 g Butter
beliebige Gewürze lt. Seite 224ff

Apfelfülle

50 g Brösel, in 10 g Butter rösten
500 g säuerliche Äpfel, z. B. Boskoop – ungeschält stifteln oder in Scheiben hobeln
Saft und Schale von 1 Bio-Zitrone oder Bio-Limette
Mark von 1 Vanilleschote
1 TL Zimt
2 Msp. Nelkenpulver
50 g Zucker ➤ 5 g Süßstoff
evtl. 1 EL Rum

Variationen

Malaga: 1 Handvoll Rosinen, die zugedeckt über Nacht in 1 EL Rum und 5 EL kochend heißem Wasser eingeweicht wurden ➤ für Diabetiker nicht ideal

Früchte: Anstatt Äpfeln können Sie folgende Obstsorten verwenden: Birnen, Marillen, Süßkirschen, Pflaumen, Mirabellen, Ringlo, Zwetschken

Topfenteig

Alle Zutaten in wenigen Sekunden verkneten. Zu langes Kneten macht den Teig zäh. In den Kühlschrank stellen.
Das Backrohr auf 180 °C Heißluft vorheizen.
Die Fülle vorbereiten. Dazu Brösel in Butter rösten und mit den restlichen Zutaten vermischen. Den Teig zwischen zwei Bögen Backpapier ausrollen. Beliebige Formen ausradeln. Füllen, den Rand mit Eiklar bestreichen und zusammenklappen. Teigränder fest zusammendrücken. An der Oberseite bis zur Fülle hinein mit einem scharfen Messer einschneiden, aber nicht durchschneiden! Eventuell mit Eiklar bestreichen und im Backrohr 15–30 Minuten goldgelb backen.

Formen

Rechteckige Apfeltaschen: Rechtecke von 15 cm Breite und ca. 10 cm Länge aus dem Teig radeln. Die Fülle auf einer Hälfte auftragen, dabei den Rand ca. 1 cm frei lassen. Den Rand mit Eiklar bestreichen. Die zweite Teighälfte darüberklappen, die Teigränder fest zusammendrücken. Die Oberseite mit einem scharfen Messer gerade

Gesamtmenge Teig

kJ	kcal	Eiweiß (g)	Fett (g)	KH (g)	BE
9465.44	2261.08	74.52	113.42	235.44	19.61

Gesamtmenge Fülle

kJ	kcal	Eiweiß (g)	Fett (g)	KH (g)	BE
3115.06	744.72	7.15	11.55	149.64	12.46
2318.91	554.72	7.15	11.55	99.74	8.30

> Tipp! <

Wenn Sie einen Gitterschneider oder Stipproller zur Verfügung haben, können Sie die Hälfte der Teigstücke VOR dem Füllen damit einschneiden. Dadurch entstehen besonders schöne Muster.

oder schräg im Abstand von 1 cm der Breite nach einschneiden, so kann beim Backen der Dampf aus den Äpfeln entweichen und der Teig reißt nicht. Zudem ergibt dies ein schönes Muster. Eventuell mit Eiklar bestreichen. Backen.
Anstatt die Kante seitlich zu setzen, können Sie die Tasche auch so drehen, dass die Kante unten in der Mitte liegt.

Halbmonde: Anstatt Rechtecke stechen oder radeln Sie Kreise aus. Tipp! Legen Sie eine kleine Kaffeeuntertasse oder eine Kompottschüssel verkehrt herum auf den Teig, dann können Sie mit einem Teigrad schöne Kreise ausradeln.

Dreiecke: Radeln Sie Quadrate von 12 x 12 cm aus. Die Fülle in die Mitte setzen, den Rand mit Eiklar bestreichen und diagonal einklappen, sodass Dreiecke entstehen. Die Teigränder fest zusammendrücken

Beeren-Öl-Streuselkuchen nach Lisi

1 Kuchen à 12 Stück

Topfenteig
1 Pkg. Magertopfen (250 g)
beliebige Gewürze lt. Rezept auf Seite 224ff
10 EL Milch (80 g)
10 EL Öl (80 g)
6 EL Zucker (90 g) ➤ 20 g Zucker und 7 g Süßstoff
180 g Weizenvollkornmehl
200 g glattes Mehl
1 Pkg. Weinsteinbackpulver (16 g)

Obstbelag
1 kg gemischte Beeren

Streusel
50 g Zucker, auch für Diabetiker
50 g geröstete, geriebene oder gehackte Mandeln
50 g Weizenvollkornmehl
50 g glattes Weizenmehl
evtl. Zimt
50 g flüssige Butter

Eine große, runde Kuchenform oder zwei Kastenkuchenformen, das Obst und die Streusel vorbereiten. Backrohr auf 170 °C Heißluft vorheizen.

Streusel
Alle trockenen Zutaten vermischen. Die flüssige Butter mit einer Fleischgabel locker untermengen, sodass Knollen, also Streusel, entstehen. Nicht zu lange rühren, sonst wird ein Teigklumpen daraus.

Teig
Alle Zutaten der Reihe nach in eine Schüssel geben. Zum Schluss das mit Backpulver vermengte Mehl hinzufügen. In wenigen Sekunden zu einem glatten Teig verkneten. Zu langes Kneten macht den Teig zäh. Den Teig rasch mit der nassen Hand in die Form/en drücken. Die Beeren darüber verteilen und mit den Streuseln abdecken. Schnell arbeiten, sonst wird der Kuchen speckig. Im Backrohr 40–60 Minuten backen. Der Kuchen ist fertig gebacken, wenn bei der Stäbchenprobe kein Teig mehr am Stäbchen kleben bleibt.

> Tipp! <

Anstatt mit Streuseln kann der Kuchen auch mit einem Guss aus 300 ml Milch (300 g), 2 Eiern und beliebigen Gewürzen überzogen werden. Dazu für den Guss alle Zutaten mit dem Schneebesen verquirlen. Die Backzeit verlängert sich um ca. 10 Minuten.

pro Stück

kJ	kcal	Eiweiß (g)	Fett (g)	KH (g)	BE
1550.83	370.48	8.49	13.50	52.92	4.41
1457.94	348.31	8.49	13.50	47.09	3.92

Germteig

Germteig Grundrezept

Menge reicht für einen Zopf oder mindestens 10 Stück Kleingebäck

Variante 1: Vollkorngermteig

½ Würfel frische Hefe (20 g)
500 g Weizenvollkornmehl
mindestens 120 ml lauwarme Milch oder lauwarmes Wasser (120 g)
6 EL Öl (50 g)
2 Eier
70 g Zucker ➤ 7 g Süßstoff
Gewürze

Variante 2: Germteig halb Vollkorn, halb Weißmehl

Wie Variante 1, allerdings anstatt 500 g Weizenvollkornmehl 250 g glattes und 250 g Weizenvollkornmehl verwenden.

Alle Zutaten sollen handwarm sein. Auf keinen Fall über 40 °C, da sonst die Hefe abstirbt und das Gebäck nicht mehr aufgeht. Sind die Zutaten zu kalt, dauert es wesentlich länger, bis der Teig aufgeht. Der Teig wird aber genauso locker und schön wie bei Verwendung von vorgewärmten Zutaten.

✗ **Wichtig!** Hefe – egal ob frische Hefe oder Trockenhefe – verträgt nur Mehl, Wasser (maximal lauwarm) und höchstens eine Prise Zucker! Also keine anderen Zutaten direkt über die Hefe geben. Ansonsten verklebt die Hefe oder stirbt ab. Ergebnis: Der Teig geht kaum oder gar nicht auf.
Damit der Teig gelingt, können Sie aus einer der zwei Zubereitungsvarianten auswählen.

Teigherstellung

Variante 1: Hefe und Mehl vermischen, dabei die frische Hefe mit der Hand ein wenig zerbröckeln. Die restlichen Zutaten hinzufügen.
Variante 2: Hefe und lauwarmes Wasser in eine große Rührschüssel geben. Verrühren. Restliche Zutaten der Reihe nach hinzufügen.

Gesamtmenge Variante 1

kJ	kcal	Eiweiß (g)	Fett (g)	KH (g)	BE
10549.86	2519.92	77.41	77.18	375.05	31.26
9435.25	2253.92	77.41	77.18	305.19	25.43

Gesamtmenge Variante 2

kJ	kcal	Eiweiß (g)	Fett (g)	KH (g)	BE
10844.86	2589.92	75.34	75.13	398.82	33.23
9730.25	2323.92	75.34	75.13	328.96	27.41

Gut verkneten. Vollkornteig soll weich und etwas klebrig sein, also nicht so fest wie herkömmlicher Germteig aus Weißmehl. Eventuell noch Wasser hinzufügen. Je weicher der Teig, desto lockerer das Vollkorngebäck. Ein fester Teig führt zu einem trokkenen, bröseligen Vollkorngebäck.

✗ **Achtung!** Die Flüssigkeitsangaben sind nur Richtwerte! Die tatsächlich benötigte Menge hängt vom Mehl, den Eiern etc. ab und kann jedes Mal variieren.

Gehen lassen

Den Teig **luftdicht** zudecken, z. B. in einer Germteigschüssel oder mit einer Frischhaltefolie abgedeckt, da die Oberfläche sonst austrocknet und sich harte Krusten bilden.

An einem warmen Ort so lange rasten lassen, bis sich das Teigvolumen fast verdoppelt hat. Dauert je nach Temperatur 20 Minuten bis ca. 1 Stunde. Bei Temperaturen von 30 bis 50 °C geht der Teig besonders schnell auf. Bei Temperaturen über 50 °C stirbt die Hefe ab, der Teig geht nicht mehr auf. Bei Kühlschranktemperaturen vermehrt sich die Hefe sehr langsam, das ist von Vorteil, wenn Sie den Teig am Vortag vorbereiten möchten. Dazu den Teig am Vorabend in den Kühlschrank stellen und am nächsten Vormittag verarbeiten. Wenn es schnell gehen soll, können Sie den Teig im warmen Wasserbad oder im geöffneten, auf maximal 50 °C eingeschalteten Backrohr gehen lassen.

Verarbeiten

Den Teig nach dem Aufgehen 1-mal ganz kurz zusammenkneten. Nicht zu lange kneten, das verändert die Konsistenz des fertigen Gebäcks zum Nachteil. Beliebig formen und evtl. füllen.

Das geformte Gebäck auf ein mit Backpapier ausgelegtes Backblech setzen und mit einem Geschirrtuch abdecken, sonst trocknet das Gebäck zu sehr aus. Ein leichtes Antrocknen ist kein Problem, da sich an der Oberfläche sowieso eine Kruste bildet.

✗ **Achtung!** Auf dem Blech muss noch ausreichend Platz zum Aufgehen bleiben. Also immer mehrere Zentimeter Abstand zwischen den rohen Gebäckstücken halten. Bei Zimmertemperatur so lange rasten lassen, bis sich das Gebäck um mindestens ein Drittel vergrößert hat. Dauert mindestens 10 Minuten. Wird das Gebäck im Rohr gebacken, bestreichen Sie es vor dem Backen mit Wasser, darüber dann evtl. mit Milch oder Eiklar. Milch verleiht einen matten, Eiklar einen schimmernden Glanz.

Backtemperatur: Backrohr auf 170 °C Heißluft oder 180 °C Unter-/Oberhitze vorheizen. Tipp: Moderne Backrohre verfügen über ein spezielles Programm zum Backen von Hefeteig.

Backdauer: ca. 15 bis 60 Minuten, je nach Größe des Gebäcks. Anfängliche Dampfzufuhr ist empfehlenswert. Verwenden Sie die Dampffunktion Ihres Backrohrs oder sprühen Sie zu Beginn der Backzeit etwas Wasser in das Rohr, z. B. mit der Dampftaste oder einer Wassersprühflasche aus dem Baumarkt. Die bekannte Wasserschale im Rohr macht wenig Sinn, da das Wasser zu spät verdunstet. Der Dampf muss zu Beginn aufsteigen, um das Gebäck zu lockern. Später Dampf schadet der Krustenbildung.

Garprobe: Die Oberfläche des Gebäcks soll hell gebräunt sein, die Kruste weich bleiben. Bei der Stäbchenprobe darf kein Teig mehr am Stäbchen kleben.
✗ **Achtung!** Süßes Germteiggebäck nur hell backen, zu lange Backzeit trocknet das Gebäck aus. Sollte das Gebäck schon gebräunt sein, aber noch Teig am Stäbchen haften, decken Sie es mit einer Kuchenform oder Alufolie (glänzende Seite nach außen) ab und schalten Sie die Temperatur auf 150 °C zurück. So lange backen, bis kein Teig mehr am Stäbchen klebt.
Bei gefülltem Germteig soll die Kerntemperatur der Fülle bei 90 °C liegen, bei sehr feuchten Füllen, z. B. Topfenfülle, bei 95 °C.

> Tipps und Tricks <

- Germteig wird **feinporiger**, wenn Sie ihn langsam kneten.
- Bei **Vollkornteig** gilt, **je weicher** der Vollkorn-Germteig, desto lockerer wird das Gebäck. Ein fester Teig lässt sich zwar leichter formen, schmeckt aber trocken.
- Am besten **heben, teilen und formen** Sie klebrige Vollkornteige mit einer harten **Kunststoff-Teigkarte** ohne Stiel.
- **Für besonders schön geformtes Vollkorn-Germteiggebäck** muss der Teig gut formbar sein, darf also nicht kleben. Damit das Gebäck trotzdem nicht trocken schmeckt, bepinseln Sie den Teig **vor** dem Backen mehrmals mit reichlich lauwarmem Wasser. Zusätzlich können Sie noch fingerdick lauwarmes Wasser auf das Blech gießen. Nach ca. 15 Minuten das überschüssige Wasser abschütten.

✗ **Achtung!** *Nicht mit einem Geschirrtuch abdecken, das Tuch würde am feuchten Gebäck kleben bleiben.*

✗ **Hinweis:** Falls das überschüssige Wasser vor dem Backen nicht vollständig vom Blech entfernt wurde, stockt es beim Backen mit dem Eiweiß aus dem Getreide ab und ähnelt einem gestockten Eiklar, allerdings nur leicht milchig. Falls das passiert, brechen oder schneiden Sie die gestockten Stellen nach dem Backen weg.

> Verwenden Sie zum **Ausrollen und Formen von Germteig** so wenig Mehl wie möglich, am besten gar keines. Mehl verändert den Geschmack des Gebäcks zum Nachteil, Vollkornteige werden trocken. Zusätzlich erschwert das Mehl z. B. das Formen einer Teigrolle, da der Teig wegrutscht. Mein Tipp: Formen Sie den Teig, als ob Sie rohe Eier formen müssten. Das heißt, nur mit sanftem Druck. **Achtung Diabetiker! Jedes zusätzlich verwendete Mehl fließt in die BE-Berechnung mit ein.**

> **Teig zur Rolle formen, ohne dass der Teig reißt:** Den Teig ein paar Zentimeter lang ausrollen, einige Sekunden rasten lassen, weiterrollen, rasten lassen, den Vorgang so lange wiederholen, bis die gewünschte Teigrollenlänge erreicht ist. Verwendung z. B. für Brezen oder Grissini. Warum reißt der Teig? Die in vielen Getreidesorten, z. B. Weizen, vorhandenen Glutenfasern reißen, wenn sie überdehnt werden, sich also die Fasern nicht immer wieder zusammenziehen können. Daher den Teig rasten lassen! Das Zusammenziehen der Glutenfasern können Sie mit freiem Auge beobachten. **Zeitspartipp:** Würden Sie jeden Teigstrang einzeln ausrollen und warten, bis sich die Fasern zusammengezogen haben, würde das endlos dauern. Teilen Sie daher den Teig in die gewünschten Stücke und rollen Sie die Stücke nacheinander ein wenig aus. Bis Sie das letzte Teigstück ausgerollt haben, konnte das erste ausreichend lange rasten und Sie können wieder beim ersten Teigstück beginnend ausrollen. Den Vorgang so lange wiederholen, bis Sie bei allen Teigstücken die gewünschte Teigstranglänge erreicht haben. Dasselbe Prinzip gilt auch beim **Auswalken von Germteig.**

> Hefeteig kann **in verschiedenen Formen gebacken** werden. Als Backform eignen sich z. B. Blumen-Tontöpfe, ofenfeste Kaffeetassen, Glühweinbecher, ofenfestes Glas, Metallschüsseln oder Kochtöpfe und Pfannen mit ofenfesten Griffen. Die Formen mit Backpapier auskleiden, z. B. Blumenübertöpfe oder Formen mit glatter Oberfläche, z. B. Kaffeetassen, befetten und bemehlen oder ebenfalls mit Backpapier auskleiden.

> **Teigschüssel reinigen:** Schaben Sie mit einer harten Teigkarte ohne Stiel möglichst den ganzen Teig heraus. Lassen Sie die Schüssel ein paar Minuten trocknen und schaben Sie dann mit der Teigkarte noch den eingetrockneten Rest weg. Jetzt können Sie die Schüssel reinigen, ohne dass Ihr Spültuch voller Teig ist.

> **Fertiges Germteiggebäck eignet sich hervorragend zum Tiefkühlen.** Vor Verwendung ca. 1 Stunde bei Zimmertemperatur auftauen lassen oder mit Wasser bestreichen und bei 160 °C Heißluft 5–10 Minuten aufbacken.

Feiner Germteig *Menge für 1 großen Zopf oder mind. 10 Stück Kleingebäc*

Ca. 50 g lauwarmes Wasser, ¾ Würfel frische Hefe (30 g), 300 g glattes Weizenmehl, 300 g Weizenvollkornmehl, 100 g Zucker ➤ 10 g Süßstoff, 5 Eidotter, 30 g weiche Butter, 50 g Öl, 200–250 g lauwarme Milch, 2 EL Rum (16 g), Schale und Saft von 1 Bio-Zitrone, Mark von 1 Vanilleschote, 1 kleine Prise Salz, beliebige weitere Gewürze lt. Rezept auf Seite 224ff.

Zubereitung laut Grundrezept Seite 134.

Gesamtmenge

kJ	kcal	Eiweiß (g)	Fett (g)	KH (g)	BE
10035.53	2397.14	71.29	12.42	491.27	40.93
8443.23	2017.14	71.29	12.42	391.47	32.61

Germteig für Obstkuchen *1 große, runde Kuchenform*

¼ Würfel frische Hefe (10 g), 200 g Weizenvollkornmehl, 1 Ei, 3 EL Öl (24 g), ca. 100 ml lauwarme Milch (ca. 100 g), 60 g Zucker ➤ 6 g Süßstoff, Gewürze lt. Rezept auf Seite 224ff.

Zubereitung laut Grundrezept Seite 134.

Den weichen Teig mit nassen Händen in die vorbereitete Form drücken. Mit einem Geschirrtuch zugedeckt so lange gehen lassen, bis sich das Teigvolumen um mindestens ein Drittel vergrößert hat. Den Teig vor dem Backen mit Wasser bestreichen. Belegen. Im vorgeheizten Backrohr bei 170 °C Heißluft 20–45 Minuten backen. Stäbchenprobe als Garprobe. Falls der Kuchen schon dunkel gebräunt, aber noch nicht fertig gebacken ist, decken Sie den Kuchen mit Alufolie ab und schalten Sie die Temperatur auf 160 °C zurück. So lange backen, bis kein Teig mehr am Stäbchen kleben bleibt.

Gesamtmenge

kJ	kcal	Eiweiß (g)	Fett (g)	KH (g)	BE
5137.28	1226.82	34.40	37.94	185.06	15.43
4181.90	998.82	34.40	37.94	125.18	10.43

Germteig mit Haferkleie – für Vollkorneinsteiger

Menge für 1 Zopf oder mind. 10 Stück Kleingebäck

½ Würfel frische Hefe (20 g), 400 g glattes Weizenmehl, 50 g Haferkleie (falls die Haferkleie sehr grob ist, mahlen Sie sie in der elektrischen Kaffeemühle fein), 2 Eier, 3 EL Öl (24 g), mindestens 100 ml Milch (100 g), 70 g Zucker oder Honig ➤ 7 g Süßstoff, Gewürze lt. Rezept auf Seite 224ff.

Zubereitung laut Grundrezept Seite 134.

Gesamtmenge

kJ	kcal	Eiweiß (g)	Fett (g)	KH (g)	BE
9377.68	2237.62	70.92	49.35	372.85	31.06
8263.07	1971.62	70.92	49.35	302.99	25.24

Germteig mit Vollkornanteil – für Vollkorneinsteiger

Menge für 1 Zopf oder mind. 10 Stück Kleingebäck

½ Würfel frische Hefe (20 g), 400 g glattes Weizenmehl, 100 g Weizenvollkornmehl, 2 Eier, 3 EL Öl (24 g), mindestens 150 ml lauwarme Milch (150 g), 70 g Zucker oder Honig ➤ 7 g Süßstoff, Gewürze lt. Rezept auf Seite 224ff

Zubereitung laut Grundrezept Seite 134.

Gesamtmenge

kJ	kcal	Eiweiß (g)	Fett (g)	KH (g)	BE
10150.18	2423.62	75.08	49.21	414.51	34.54
9035.57	2157.62	75.08	49.21	344.65	28.71

Germteigzopf mit Butter

1 Zopf oder mind. 10 Stück Kleingebäck

½ Würfel frische Hefe (20 g), 400 g glattes Weizenmehl, 100 g Weizenvollkornmehl, 2 Eier, eine Prise Salz, 80 g sehr weiche oder geschmolzene Butter, 200–300 ml lauwarme Milch (200–300 g), 70 g Zucker ➤ 7 g Süßstoff, Schale und Saft von 1 Bio-Zitrone, Mark von 1 Vanilleschote, evtl. 2 EL Rosinen, die Sie über Nacht in einer Mischung aus 1 EL Rum und 5 EL Wasser einweichen (für Diabetiker nicht geeignet), Eiklar zum Bestreichen (dazu am besten ⅓ vom Eiklar der 2 Eier beiseitestellen), evtl. Mandelsplitter zum Bestreuen

Zubereitung laut Grundrezept Seite 134.
Aus dem Teig einen Zopf formen und auf ein mit Backpapier ausgelegtes Backblech legen. Mit einem Geschirrtuch zugedeckt so lange gehen lassen, bis sich das Teigvolumen um mindestens ein Drittel vergrößert hat. Zuerst mit lauwarmem Wasser und dann mit Eiklar bestreichen. Eventuell mit Mandelsplittern bestreuen und im vorgeheizten Backrohr bei 180 °C Ober-/Unterhitze 30–35 Minuten backen. Der Zopf ist fertig gebacken, wenn Sie mit einem Stäbchen in die Mitte des Zopfes stechen und kein Teig mehr am Stäbchen kleben bleibt. Ist der Zopf schon dunkel gebräunt, aber noch nicht fertig gebacken, decken Sie den Zopf mit Alufolie ab und schalten Sie die Temperatur auf 160 °C zurück. So lange backen, bis kein Teig mehr am Stäbchen kleben bleibt.

> Tipp! <

Dieser Teig eignet sich besonders gut zur Herstellung von Zöpfen in Form von Geburtstagszahlen, Jahreszahlen oder anderen beliebigen Formen.

Gesamtmenge

kJ	kcal	Eiweiß (g)	Fett (g)	KH (g)	BE
12027.01	2872.02	77.58	94.01	424.14	35.34
10912.40	2606.02	77.58	94.01	354.28	29.52

Briocheteig

Menge für 7 Stück

¼ Würfel frische Hefe (10 g)
250 g Weizenvollkornmehl
1 Ei und 1 Eidotter
6 EL Öl (50 g)
2 EL Zucker (30 g) ➤ 3 g Süßstoff
mindestens 50 g lauwarme Milch
1 kleine Prise Salz, Schale von 1 Bio-Zitrone, Mark von 1 Vanilleschote

Brioche: Kleines Germteiggebäck, klassischer Bestandteil des französischen Frühstücks.
Form: Große, geriffelte Kugel unten und kleine, glatte Kugel oben oder in Österreich als Briochekipferl.

Zubereitung laut Grundrezept Seite 134.
Brioche können mit einer beliebigen Fülle gefüllt werden, z. B. mit Nussfülle, siehe Seite 215ff.

Gesamtmenge

kJ	kcal	Eiweiß (g)	Fett (g)	KH (g)	BE
6399.92	1528.64	41.72	69.53	183.33	15.28
5922.23	1414.64	41.72	69.53	153.39	12.78

Piroggen

Menge für 7 Stück

¼ Würfel frische Hefe (10 g)
250 g Weizenvollkornmehl
mindestens 100 g lauwarme Milch oder Wasser
1 Ei
2 EL Öl (16 g)
1 kleine Prise Salz
Mark von 1 Vanilleschote
Schale von 1 Bio-Zitrone
40 g Zucker ➤ 4 g Süßstoff

Piroggen: Gefüllte Germteigtaschen aus der russischen Küche. Piroggen können mit einer beliebigen Fülle gefüllt werden, z. B. mit Nussfülle, siehe Seite 215ff.

Zubereitung laut Grundrezept Seite 134.

Gesamtmenge

kJ	kcal	Eiweiß (g)	Fett (g)	KH (g)	BE
5151.34	1230.32	40.11	31.20	194.87	16.24
4514.42	1078.32	40.11	31.20	154.95	12.91

Kuchen nach Panettone-Art

1 Kuchen à 16 Stück

Trockenfrüchte

150 g Trockenfrüchte, gehackt,
➤ nur 30 g Trockenfrüchte
2 EL Rum (16 g)
5 EL Wasser (40 g)

Germteig

½ Würfel frische Hefe (20 g), in Stücke brechen
100 g Weizenvollkornmehl
400 g Weizenmehl, glatt
2 Eier, 2 Eidotter
100 g Zucker ➤ 10 g Süßstoff
50 g Öl
40 g weiche Butter oder flüssige Butter
30 g geröstete, gehackte Nüsse oder Mandeln
Schale von je 1 Bio-Zitrone und Bio-Orange, Mark von 1 Vanilleschote
ca. 100 ml lauwarme Milch (ca. 100 g)
lauwarmes Wasser nach Bedarf

Trockenfrüchte

Alle Zutaten vermischen und über Nacht quellen lassen.

Germteig

Die Hefe mit den Mehlen vermischen. Die restlichen Zutaten und die eingeweichten Trockenfrüchte hinzufügen. So viel lauwarmes Wasser unterkneten, dass ein sehr weicher, glatter Teig entsteht. Den Teig ca. 10 Minuten bei kleiner Stufe in der Küchenmaschine kneten. In eine Germteigschüssel füllen und zugedeckt so lange gehen lassen, bis sich das Teigvolumen fast verdoppelt hat. Der Teig einmal kurz zusammenkneten.
In die Panettoneform füllen. Mit einem Geschirrtuch abdecken und noch einmal so lange gehen lassen, bis sich das Teigvolumen um mindestens die Hälfte erhöht hat. Gut mit lauwarmem Wasser bestreichen. Im vorgeheizten Backrohr bei 170 °C auf der untersten Schiene 30–45 Minuten backen.
✗ **Achtung!** Bei der Stäbchenprobe in die MITTE des Kuchens, d. h. tief hinunterstechen, da der Kuchen von außen nach innen gart.
Haltbarkeit: ca. 14 Tage
Aufbewahrung: Keksdose oder große Kuchenhaube

pro Stück

kJ	kcal	Eiweiß (g)	Fett (g)	KH (g)	BE
989.81	236.28	6.01	8.36	33.35	2.78
799.54	190.85	5.82	8.29	22.17	1.85

Gefüllter Gugelhupf

ca. 12 Stück

> Tipp! <

Zwei Strudel übereinander wirken besonders dekorativ. Dazu den Teig ca. 3 mm dick ausrollen, halbieren und zwei Strudel einrollen. Mit Wasser bestreichen und übereinander in die Form setzen.

z. B. Nuss-, Mohn-, Topfengugelhupf

Beliebigen süßen Germteig lt. Grundrezept auf Seite 134ff verwenden.

Beliebige Fülle zum Mitbacken von Seite 215ff.

Eine Gugelhupfform befetten und bemehlen. Den aufgegangenen Teig zwischen zwei Bögen Backpapier beliebig dick ausrollen. Mit der Fülle bestreichen. Wie einen Strudel einrollen. In die Gugelhupfform setzen. Mit einem Geschirrtuch zugedeckt mind. 30 Minuten an einem warmen Ort rasten lassen. Backen wie im Grundrezept auf Seite 135f beschrieben.

Savarin

ca. 12 Stück

Sirup

300 ml Wasser (300 g)
Schale und Saft von ½ Bio-Zitrone (10 g)
Schale und Saft von ½ Bio-Orange (30 g)
1 Zimtstange
3 Nelken
1 Sternanis

80 g Zucker ➤ 8 g Süßstoff
evtl. 2 EL Rum oder Orangenlikör

Mit Sirup getränkter Germteigkranz

Beliebiges Germteig-Grundrezept verwenden, z. B. Germteig mit Vollkornanteil von Seite 139, allerdings keinen Zucker in den Teig mischen, da der Savarin mit einem Zuckersirup getränkt wird.

Sirup-Gesamtmenge

kJ	kcal	Eiweiß (g)	Fett (g)	KH (g)	BE
1502.10	358.50	0.26	0.14	86.67	7.22
228.26	54.50	0.26	0.14	6.83	0.57

> Tipp! <

Savarin wird oft mit Fruchtsalat serviert, den man in die Mitte der Kranzform füllt.

Anstatt eines großen Savarins können Sie auch mehrere kleine Savarins in kleinen Savarinformen backen.

Der Savarin kann mit einer beliebigen Fülle lt. Rezept auf Seite 215ff gefüllt werden. Dazu den Teig zu einer ca. 15 cm breiten Platte ausrollen, zur Hälfte mit der Fülle bestreichen, dabei den Rand ca. 1 cm frei lassen. Den Teigrand mit Wasser oder Eiklar bestreichen, die zweite ungefüllte Teighälfte darüberklappen. Die Teigränder fest zusammendrücken, sonst geht die Nahtstelle beim Backen auf. Mit der Nahtstelle nach oben in die Form setzen, da der Savarin gestürzt wird und dann die Nahtstelle unten ist.

Eine Savarinform vorbereiten. Ersatzweise eine Kranzkuchen- oder Gugelhupfform verwenden.

Den aufgegangenen Teig zu einer Rolle in der Länge des Umfangs der Form rollen. In die Form setzen. Etwas andrücken. Mit einem Geschirrtuch zudecken und so lange gehen lassen, bis sich das Teigvolumen fast verdoppelt hat. Dauert 20–50 Minuten. Den aufgegangenen Savarin mit Wasser bestreichen und im auf 160 °C Heißluft vorgeheizten Backrohr 20–45 Minuten backen, je nach Größe der Form. Aus der Form stürzen. Noch warm mit einem dünnen Spieß oder Zahnstocher kleine Löcher in den Savarin drücken.

Sirup

Wasser aufkochen, Gewürze hinzufügen und zugedeckt ca. 10 Minuten köcheln lassen. Vom Herd nehmen. Restliche Zutaten untermischen. Den heißen Sirup durch ein Sieb auf den Kuchen gießen. Der Teig soll den Sirup vollständig aufsaugen.

Kluababrot aus der Kitzbühler Gegend

2 Brote, 20 Scheiben

Für Diabetiker nicht empfehlenswert

Früchteteig Stufe 1

250 g Dörrbirnen = „Kluaban", einmal mit wenig Wasser aufkochen, abseihen, Wasser für den Teig aufheben, Früchte grob schneiden
125 g Feigen, grob geschnitten
125 g Äpfel, getrocknet
100 g Rosinen
Schale von 1 Bio-Zitrone
1 EL Zimt, gemahlen
½ TL Nelkenpulver
evtl. 6 EL Rum oder Schnaps (50 g)
150 ml Wasser (150 g) – Abtropfwasser von den Dörrbirnen, mit zusätzlichem Wasser auf 150 ml auffüllen

Früchteteig Stufe 2

200 g Weizenvollkornmehl
¾ Würfel Hefe (30 g)
2 EL lauwarmes Wasser (16 g)
200 g beliebige Nüsse, geröstet

Teig zum Ummanteln

ca. 130 ml lauwarmes Wasser (130 g)
¼ Würfel Hefe (10 g)
200 g Weizenvollkornmehl
1 kleine Prise Salz

Früchteteig Stufe 1

Alle Zutaten vermischen, mit Wasser übergießen und über Nacht zugedeckt durchziehen lassen.

Früchteteig Stufe 2

Hefe in dem Wasser auflösen. Mit den restlichen Zutaten zum Früchteteig Stufe 1 geben. Alles gut durchkneten. Zugedeckt an einem warmen Ort ca. 2 Stunden gehen lassen.

Teig zum Ummanteln

Hefe mit dem lauwarmen Wasser verrühren, mit den restlichen Zutaten zu einem glatten Teig verkneten. Zugedeckt an einem warmen Ort 1 Stunde gehen lassen.
Den Teig zum Ummanteln in zwei Hälften teilen und zu je ca. 2 mm dünnen Fladen ausrollen. Jeweils die Hälfte der Fülle auf den Teig geben und zu einem Laib formen. Mit dem Teig ummanteln und mit einem Keksausstecher an der Oberseite bis zur Früchtemasse durchdrücken. Wenn Sie zu wenig tief durchdrücken, reißt der Teig, da die Luft nicht entweichen kann. Beliebig verzieren. Eventuell mit Ei bestreichen. Im Backrohr auf unterster Schiene bei ca. 170 °C Heißluft ca. 1 Stunde backen.

pro Scheibe

kJ	kcal	Eiweiß (g)	Fett (g)	KH (g)	BE
885.76	211.54	4.63	7.49	31.28	2.61

Schnellvariante der Fülle

Trockenfrüchte mit kochendem Wasser übergießen und in einem Mixglas grob zerkleinern. Restliche Zutaten untermengen. Teig zum Ummanteln herstellen. Wie oben beschrieben füllen und sofort backen. Nach dem Backen mindestens 1 Tag durchziehen lassen. Erst dann anschneiden.

Historisches

Das Wort Kluababrot leitet sich vom Wort „Kluaba" ab, was nichts anderes bedeutet als gedörrte Birnen. Früher gab es auf jedem Bauernhof einen Birnbaum der Sorte „Speabian". Diese sehr sauren, fast schon bitter schmeckenden Birnen wurden nach entsprechender Lagerung getrocknet. Die Birnen verzauberten nicht nur durch den ausgezeichneten Geschmack nach dem Dörren, sondern spendeten den Bewohnern wertvolle Vitamine und Mineralien. Aufgrund der Zusammensetzung und des langsamen Wachstums konnten die Birnen alle Substanzen geschickt „verpacken". Das heißt, sie gaben ihren Wirkstoffreichtum erst nach gutem Kauen frei. Ein schneller Vitaminverlust, z. B. durch Lagerung, so wie wir es von den heutigen Obstsorten aus dem Supermarkt gewohnt sind, war nicht möglich.

Kluababrot für die Gesundheit

Möchte man alle gesundheitsfördernden Aspekte aufzählen, müsste man ein Buch darüber schreiben. Cholesterinsenkend aufgrund der cholesterinbindenden Wirkung der Zutaten, blutdruckregulierend aufgrund des hohen Mineralstoffgehaltes, antiverstopfend aufgrund der vielen löslichen und unlöslichen Ballaststoffe, darmsanierend aufgrund der prebiotischen Wirkung, stimmungsmachend aufgrund der Fülle an Nervenvitaminen, gegen Frühjahrsmüdigkeit aufgrund des „konservierten" Vitamin C, wärmend aufgrund der idealen Zutatenzusammenstellung u.v.a.m.
Im Original wird Kluababrot mit frischer Bauernbutter gegessen. So können die fettlöslichen Vitamine aus dem Brot besser aufgenommen werden als ohne Butter.

Einfacher Stollen

1 Stollen, 15 Scheiben

Über Nacht einweichen
160 g Trockenfrüchte, hacken
➤ 50 g Trockenfrüchte und 100 g frische oder tiefgefrorene Beeren, die Beeren nicht einweichen
6 EL Wasser (50 g)
2 EL Rum (16 g)

Germteig
½ Würfel frische Hefe (20 g)
ca. 6 EL lauwarmes Wasser (50 g)
200 g Weizenvollkornmehl
40 g Nüsse oder Mandeln, geröstet, ganz oder gehackt
80 g Zucker ➤ 10 g Süßstoff
40 g weiche oder flüssige Butter
Saft und Schale von 1 Bio-Zitrone,
Mark von 1 Vanilleschote
1 TL Zimt
1 Msp. Nelken
1 Msp. Kardamom
1 Msp. Ingwer
ca. 6 EL lauwarme Milch (50 g)

Zum Bestreichen
10 g Butter, flüssig
10 g Staubzucker, auch für Diabetiker

Zubereitung für beide Stollen

Für den Teig die Hefe mit dem Wasser verrühren. Die restlichen Zutaten zusammen mit den über Nacht eingeweichten Trockenfrüchten hinzufügen. ➤ Bei der Diabetikervariante zusätzlich das Beerenobst untermischen. So viel lauwarmes Wasser unterkneten, dass ein weicher, glatter Teig entsteht. Den Teig in eine Germteigschüssel füllen und luftdicht zugedeckt so lange an einem warmen Ort gehen lassen, bis sich das Teigvolumen fast verdoppelt hat. Dauert mindestens 1 Stunde. Den Teig einmal kurz zusammenkneten. Nicht lange kneten, sonst wird das Gebäck weniger flaumig. Aus dem Teig einen Stollen formen. Dazu den Teig in der Breite des Nudelwalkers ca. 2 cm dick ausrollen. In der Mitte soll der Teig dünner sein als am Rand.

pro Scheibe

kJ	kcal	Eiweiß (g)	Fett (g)	KH (g)	BE
598.84	143.02	2.82	4.60	21.63	1.80
446.38	106.63	2.69	4.56	12.52	1.04

Orangenstollen

1 großer Stollen, 30 Scheiben

Über Nacht einweichen

300 g Trockenfrüchte, hacken ➤ 50 g Trockenfrüchte und 200 g frische oder tiefgefrorene Beeren, die Beeren nicht einweichen
100 ml Wasser (100 g) ➤ für Diabetiker 50 g Wasser
5 EL Rum (40 g)

Germteig

1 Würfel frische Hefe (42 g)
ca. 160 g lauwarmes Wasser
350 g Weizenvollkornmehl
400 g glattes Weizenmehl
100 g kandierte Früchte ➤ bei der Diabetikervariante weglassen
150 g geröstete Nüsse oder Mandeln, gehackt oder ganz
80 g Zucker ➤ 10 g Süßstoff
1 Apfel, mit Schale grob raspeln (150 g)
150 g weiche oder flüssige Butter
Schale von 2–3 Bio-Orangen, Saft von 1 Orange (60 g), Mark von 1 Vanilleschote, 2 EL Zimt, 2 Msp. Nelken, ¼ TL Kardamom

Zum Bestreichen

10 g Butter, flüssig
10 g Staubzucker, auch für Diabetiker

Haltbarkeit: ca. 1 Woche
Aufbewahrung: Keksdose oder große Kuchenhaube, bei 6 bis 10 °C

Zuerst ein Drittel der Teigplatte zur Mitte hin einschlagen. Dann die andere Seite der Teigplatte ca. 2 cm überlappend darüberklappen. Mit dem Nudelwalker auf jeder Seite einmal hineindrücken, sodass die typische Stollenform entsteht. Das Backrohr auf 170 °C Heißluft vorheizen. Den Stollen mit einem Geschirrtuch abdecken und noch einmal so lange gehen lassen, bis sich das Teigvolumen um mindestens die Hälfte erhöht hat. Den Stollen gut mit lauwarmem Wasser bestreichen. Im vorgeheizten Backrohr 35–50 Minuten backen. Wenn möglich, in den ersten paar Minuten der Backzeit für Dampfzufuhr sorgen. Der Stollen ist durchgebacken, wenn bei der Stäbchenprobe kein Teig mehr am Spieß kleben bleibt. Den noch heißen Stollen dünn mit flüssiger Butter bestreichen und mit Staubzucker bestreuen.

pro Scheibe

kJ	kcal	Eiweiß (g)	Fett (g)	KH (g)	BE
859.03	205.16	4.73	7.42	28.74	2.40
699.64	167.10	4.56	7.36	19.52	1.63

Apfelbrot

1 Brot, 15 Scheiben

Für Diabetiker nicht empfehlenswert

Fülle

250 g Trockenfrüchte, gehackt
2 EL Rum (16 g)
5 EL Wasser (40 g)
90 g Honig
400 g Äpfel, ungeschält grob raspeln
3 EL Lebkuchengewürz lt. Rezept auf Seite 231
Saft und Schale von 1 Bio-Zitrone
Mark von 1 Vanilleschote
70 g Nüsse, geröstet
150 g Weizenvollkornmehl
50 g Haferkleie
½ Würfel Hefe (20 g)
Wasser nach Bedarf

Teig zum Ummanteln

1 Prise Salz (1 g)
100 g Weizenmehl, glatt
8 EL Wasser (60 g)
¼ Würfel Hefe (10 g)

Fülle

Alle Zutaten der Fülle in eine Schüssel geben und gut vermengen. Es soll eine Masse entstehen, die sich formen lässt. Über Nacht im Kühlschrank luftdicht zugedeckt ziehen lassen.

Schnellvariante: Alle Zutaten bis auf die Nüsse in einem Mixglas grob mixen. Nüsse untermengen. Sofort weiterverarbeiten.

Teig zum Ummanteln

Alle Zutaten vermengen.
Den Teig zum Ummanteln zu einem ca. 2 mm dünnen Fladen ausrollen. Die Fülle auf den Teig geben und zu einem Laib formen. Mit dem Teig ummanteln und mit einem Keksausstecher an der Oberseite bis zur Früchtemasse durchdrücken, damit beim Backen der Dampf aus der Früchtemasse entweichen kann. Wenn Sie zu wenig tief durchdrücken, reißt der Teig, da die Luft nicht entweichen kann. Beliebig verzieren. Eventuell mit Ei bestreichen. Im Backrohr auf unterster Schiene bei ca. 170 °C ca. 1 Stunde backen.

pro Scheibe

kJ	kcal	Eiweiß (g)	Fett (g)	KH (g)	BE
762.52	182.09	3.91	4.02	31.37	2.61

> Tipp! <

Die Alternative zum Kletzen- oder Früchtebrot, geht schnell, schmeckt ausgezeichnet und ist sehr gesund!

Rhabarberkuchen mit Guss

1 Kuchen à 12 Stück

Germteig

¼ Würfel frische Hefe (10 g)
150 g glattes Weizenmehl
100 g Weizenvollkornmehl
2 gut gehäufte EL Zucker (35 g)
➤ 4 g Süßstoff, 1 Ei, 3 EL Öl (24 g)
ca. 8 EL lauwarme Milch (ca. 60 g)
beliebige Gewürze lt. Rezept auf Seite 224ff

Rhabarber

1,5 kg Rhabarber (1500 g), schälen und roh in fingerbreite Stücke schneiden

Guss

½ Becher Sauerrahm (125 g)
½ Becher Milch (125 g), 2 Eier
1 Pkg. Vanillepuddingpulver oder 40 g Maisstärke, 60 g Zucker ➤ 6 g Süßstoff, beliebige Gewürze, z. B. Mark von 1 Vanilleschote, Saft und Schale von 1 Bio-Limette, 1 EL gehackte Zitronenmelissenblätter, Zimt

Germteig

Alle Zutaten der Reihe nach in eine Schüssel geben und zu einem weichen Germteig verkneten. Luftdicht zugedeckt so lange gehen lassen, bis sich das Volumen des Teiges fast verdoppelt hat. Dauert ca. 1 Stunde.
In der Zwischenzeit eine große, runde Kuchenform, die Rhabarberstücke und den Guss vorbereiten.

Guss

Alle Zutaten verrühren.

Backrohr auf 170 °C Heißluft vorheizen. Den Germteig mit nassen Händen in die Form drücken. Mit einem Geschirrtuch zudecken und an einem warmen Ort noch einmal 15 Minuten gehen lassen. Die Rhabarberstücke auf dem Germteigboden verteilen. Mit dem Guss überziehen. Bei 170 °C Heißluft ca. 1 Stunde backen. Der Kuchen ist fertig gebacken, wenn bei der Stäbchenprobe kein Teig mehr am Stäbchen kleben bleibt. Die Kerntemperatur des Gusses soll bei 95 °C liegen.

> Tipp! <

Ist der Kuchen schon braun, aber noch nicht fertig durchgebacken, decken Sie den Kuchen mit einem ofenfesten Teller oder einer Alufolie ab. Fertig backen.

pro Stück

kJ	kcal	Eiweiß (g)	Fett (g)	KH (g)	BE
807.38	192.92	5.56	5.98	27.57	2.29
681.76	162.94	5.56	5.98	19.66	1.64

Puddingkuchen

1 Kuchen à 12 Stück

Germteig

¼ Würfel frische Hefe (10 g)
200 g glattes Weizenmehl
50 g Weizenvollkornmehl
2 gut gehäufte EL Zucker (35 g)
➤ 4 g Süßstoff, 1 Ei, 3 EL Öl (24 g)
ca. 8 EL Milch (ca. 60 g)
beliebige Gewürze lt. Seite 224ff

Creme

½ l Milch (500 g), 2 Pkg. Vanillepuddingpulver oder 70 g Maisstärke
2 Becher Sauerrahm (500 g)
1 Becher Naturjoghurt (250 g)
130 g Zucker ➤ 12 g Süßstoff
Mark von 1 Vanilleschote
Saft und Schale von ½ Bio-Zitrone oder Bio-Orange

Belag

300 g beliebiges Obst, z. B. Brombeeren

Tortengelee

8 EL Wasser (60 g)
¼ Pkg. Tortengelee (3 g)

> Tipp! <

Ist der Kuchen schon braun, aber noch nicht fertig durchgebacken, decken Sie den Kuchen mit einem ofenfesten Teller oder Alufolie ab. Zurückschalten. Fertig backen.

Germteig

Zubereitung siehe Grundrezept Seite 134.

Ausfertigen

Den Germteig mit nassen Händen in die Form drücken. Mit einem Geschirrtuch zugedeckt ca. 15 Minuten an einem warmen Ort rasten lassen. Die Creme auf dem Germteigboden verteilen. Mit dem Obst belegen. Im Backrohr bei 160 °C Heißluft gut 1 Stunde backen. Nach dem Auskühlen mit dem Tortengelee überziehen.

Creme

Zubereitung siehe Grundrezept Seite 81 Variante A.

Tortengelee

Lt. Packungsanleitung zubereiten, nicht süßen.

pro Stück

kJ	kcal	Eiweiß (g)	Fett (g)	KH (g)	BE
1205.27	288.90	6.78	11.57	38.50	3.21
985.89	236.55	6.78	11.57	24.78	2.07

Mohnkuchen mit Streuseln

1 Kuchen à 12 Stück

Germteig

1 kleines Eck frische Hefe (ca. 6 g)
100 g Weizenvollkornmehl
1 gehäufter EL Zucker (15 g)
➤ 2 g Süßstoff
3 EL Öl (24 g)
ca. 50 g lauwarme Milch (50 g)
beliebige Gewürze lt. Seite 224ff

500 g beliebiges Obst zum Belegen, z. B. Marillen

Mohnfülle

½ l Milch (500 g), 80 g Weizengrieß, wenn möglich Vollkorn
1 Pkg. Mohn (200 g), 150 g Zucker oder Honig ➤ 12 g Süßstoff
2 EL Zimt oder Lebkuchengewürz, Saft und Schale von je 1 Bio-Zitrone und Bio-Orange, Mark von 1 Vanilleschote
1 Apfel, mit Schale grob raspeln (150 g)
2 Eier

Streusel

60 g Butter, schmelzen
90 g Weizenvollkornmehl, 1 TL Zimt
30 g Zucker, auch für Diabetiker

Germteig

Zubereitung siehe Grundrezept Seite 134.

Mohnfülle

Milch aufkochen, den Grieß unter Rühren einrieseln. Zurückschalten und unter Rühren ca. 3 Minuten blubbern lassen. Vom Herd nehmen. Zugedeckt mind. 10 Minuten quellen lassen. Die restlichen Zutaten untermixen.

> Tipp! <

Die Fülle schmeckt saftiger, wenn sie am Vortag zubereitet wird.

Streusel

Butter schmelzen. Restliche Zutaten mit einer Fleischgabel locker untermengen, sodass grobe Krümel entstehen.

Ausfertigen

Backrohr auf 170 °C Heißluft vorheizen. Den Germteig mit nassen Händen in die Form drücken. Mit einem Geschirrtuch zudecken und an einem warmen Ort noch einmal 15 Minuten gehen lassen. Das Obst auf dem Germteigboden verteilen. Mit der Mohnfülle abdecken. Die Streusel darüber verteilen. Im Backrohr bei 170 °C Heißluft ca. 1 Stunde backen. Stäbchenprobe. Die Kerntemperatur der Mohnfülle soll bei 95 °C liegen.

pro Stück

kJ	kcal	Eiweiß (g)	Fett (g)	KH (g)	BE
1424.40	340.01	9.03	16.32	38.78	3.23
1203.28	287.24	9.03	16.32	25.06	2.09

Milchreiskuchen

1 Kuchen à 12 Stück

Germteig

⅓ Würfel frische Hefe (14 g)
150 g glattes Weizenmehl
150 g Weizenvollkornmehl
80 g Zucker ➤ 8 g Süßstoff
1 Ei
3 EL Öl (24 g)
ca. 150 ml Milch (ca. 150 g)
beliebige Gewürze lt. Seite 224ff

500 g beliebiges Obst zum Belegen – frisch oder tiefgefroren, z. B. rote Stachelbeeren

Milchreis

100 g Vollkornreis, am besten Rundkornreis
mindestens ¼ l Wasser (250 g)
¼ l Milch (250 g), 15 g Butter
100 g Zucker ➤ 8 g Süßstoff
2 Eier, 1 Pkg. Vanillepuddingpulver oder 40 g Maisstärke
Mark von 1 Vanilleschote, Saft und Schale von 1 Bio-Zitrone, evtl. Zimt, evtl. Nelkenpulver

Germteig

Alle Zutaten der Reihe nach in eine Schüssel geben und zu einem weichen Germteig verkneten. Luftdicht zugedeckt so lange gehen lassen, bis sich das Volumen des Teiges fast verdoppelt hat. Dauert ca. 1 Stunde.

Eine große, runde Kuchenform vorbereiten. Backrohr auf 170 °C Heißluft vorheizen.
Den Germteig mit nassen Händen in die Form und am Rand fingerbreit nach oben drücken. Zugedeckt 15 Minuten rasten lassen. Das Obst auf dem Germteigboden verteilen. Mit dem lauwarmen oder kalten Milchreis überziehen. Im Backrohr bei 170 °C Heißluft 40–60 Minuten backen. Der Kuchen ist fertig gebacken, wenn bei der Stäbchenprobe kein Teig mehr am Stäbchen kleben bleibt. Die Kerntemperatur soll bei 95 °C liegen.

Milchreis

Wasser aufkochen, Reis hinzufügen und zugedeckt auf kleiner Flamme weich kochen. Eventuell noch Wasser nachgießen. Die Milch mit dem Puddingpulver verrühren und unter Rühren in den Reis einkochen. Vom Herd nehmen. Überkühlen lassen und die restlichen Zutaten untermengen.

pro Stück

kJ	kcal	Eiweiß (g)	Fett (g)	KH (g)	BE
1137.74	271.65	6.57	6.34	45.99	3.83
897.15	214.24	6.57	6.34	31.02	2.59

Zebra-Topfentorte

1 Torte à 14 Stück

Germteig
ca. 7 EL warmes Wasser (ca. 50 g)
¼ Würfel frische Hefe (10 g)
150 g Weizenvollkornmehl
2 gehäufte EL Zucker (35 g)
➤ 3 g Süßstoff
Schale von 1 Bio-Zitrone
Mark von ½ Vanilleschote
7 EL Milch (ca. 50 g)
3 EL Öl (25 g)
1 kleines Ei, Größe S oder M

Topfenmasse
Schale von 1 Bio-Zitrone, Saft von 2 Bio-Zitronen
Mark von ½ Vanilleschote
100 g Öl
5 Eier, 240 g Zucker ➤ 20 g Süßstoff
3 Pkg. Magertopfen (750 g)
1 Pkg. Vanillepuddingpulver oder 40 g Maisstärke
40 g Haferkleie (= 2 gehäufte EL), grobe Haferkleie in der elektrischen Kaffeemühle oder Moulinette mahlen

Zum Färben
1 EL ungesüßtes Kakaopulver (15 g)
evtl. 1 TL Zimt

Zum Belegen
800 g Heidelbeeren, Himbeeren, Kirschen oder anderes Obst

Eine große, runde Kuchenform vorbereiten. Backrohr auf 170 °C Heißluft vorheizen.

Germteig
Zubereitung siehe Grundrezept Seite 134. Den Germteig mit nassen Händen in die Form drücken. Zugedeckt 15 Minuten gehen lassen.

Topfenmasse
Alle Zutaten verrühren.
Ein Drittel der Masse entnehmen und das Kakaopulver untermischen.

Ausfertigung
Das Obst auf dem Teig verteilen. Abwechselnd 4 EL helle Topfenmasse und 2 EL dunkle Topfenmasse in die Mitte der Kuchenform gießen, bis die Masse aufgebraucht ist. Nicht verstreichen! Auf der untersten Schiene 1–1½ Stunden backen. Stäbchenprobe. Kerntemperatur 95 °C.

pro Stück

kJ	kcal	Eiweiß (g)	Fett (g)	KH (g)	BE
1311.85	312.95	11.93	12.61	37.08	3.09
995.71	237.51	11.93	12.61	17.47	1.46

Böhmischer Germknödel *4 Stück*

Germteig
¼ Würfel frische Hefe (10 g)
50 g Weizenvollkornmehl
200 g glattes Weizenmehl
1 Ei
ca. 140 ml lauwarme Milch (ca.140 g)
1 Prise Salz, Mark von 1 Vanilleschote,
Saft und Schale von 1 Bio-Zitrone
80 g Zucker ➤ 7 g Süßstoff

Zum Füllen
ca. 80 g Marmelade, z. B. Powidl
➤ Marmelade lt. Rezept auf Seite 211

Germteigzubereitung siehe Grundrezept Seite 134. Aus dem Teig 4 Knödel formen, jeden Knödel beliebig füllen. Auf eine perforierte Dampfgarform oder auf Backpapier setzen. Mit einem Geschirrtuch abdecken und noch einmal an einem warmen Ort so lange gehen lassen, bis sich das Knödelvolumen um die Hälfte vergrößert hat. Dauert 10–30 Minuten. Im Dampfgarer bei 90 °C oder in leicht gesalzenem Wasserbad ca. 20 Minuten garen.

pro Stück

kJ	kcal	Eiweiß (g)	Fett (g)	KH (g)	BE
1517.04	362.06	9.70	3.51	71.50	5.96
1129.32	269.79	9.74	3.52	47.27	3.94

Kirschen-Germknödel *20 kleine Knödel*

20 Kirschen zum Füllen (ca. 300 g)

Germteig
½ Würfel frische Hefe (20 g)
100 g Weizenvollkornmehl
300 g glattes Weizenmehl
150 g Vollkorntoastbrot, in kleine Würfel schneiden
1 Ei
1 Prise Salz
Mark von 1 Vanilleschote
Saft und Schale von 1 Bio-Zitrone
80 g Zucker ➤ 7 g Süßstoff
ca. 200–250 ml lauwarme Milch (ca. 200–250 g)

Zubereitung wie Böhmischer Germknödel, nur anstatt 4 Knödeln 20 Knödel formen. Dazu den Teig zu einer großen Rolle formen, 20 Stücke abschneiden, flach drücken und die Kirschen damit ummanteln.

> Tipp! <

Der Teig kann am Vortag vorbereitet werden. Über Nacht in einer ausreichend großen Schüssel im Kühlschrank gehen lassen. Warum bei 90 °C garen? Der Knödel bekommt eine schönere Form als bei 100 °C. Die Knödel lösen sich besser vom Dampfgarblech, wenn Sie einen Streifen Backpapier oder Frischhaltefolie unterlegen.

pro Stück

kJ	kcal	Eiweiß (g)	Fett (g)	KH (g)	BE
496.89	118.58	3.69	1.27	22.61	1.89
432.68	103.25	3.69	1.27	18.62	1.55

Brandteig

Brandteig – verschieden gefüllt

Brandteig für alle Formen

⅛ l Wasser (125 g)
2 EL Öl (16 g)
1 Prise Salz
70 g Weizenvollkornmehl
1–2 Eier

Wasser und Öl aufkochen, salzen. Mehl mit einem Kochlöffel unterrühren. Unter Rühren so lange kochen, bis eine **kräftige** Kruste am Topfboden entsteht und sich der Teig vom Topf in Form eines Klumpens löst. Den Teig vom Herd nehmen, auskühlen lassen. Nach und nach die Eier mit der Küchenmaschine oder dem Mixer einkneten. Gibt man die Eier zu schnell dazu, bindet die Masse nicht mehr. In diesem Fall pürieren Sie den Teig mit dem Pürierstab. Den Teig luftdicht zugedeckt bei Zimmertemperatur ca. 30 Minuten rasten lassen.

Ein Backblech mit Backpapier auslegen. Das Backrohr auf 190 °C Heißluft vorheizen.
Den Teig in einen Spritzbeutel füllen. Die entsprechende Form auf das Backblech dressieren. Mit Wasser besprenkeln. Im Backrohr 10 Minuten bei 190 °C backen, danach auf ca. 170 °C zurückschalten und in 10–20 Minuten fertig backen. Große Gebäckstücke länger backen. Wird das Gebäck zu braun, schalten Sie auf 160 °C zurück. Backrohr während des Backens nicht öffnen, sonst fällt das Gebäck zusammen. Nach dem Backen 10 Minuten im Backrohr abkühlen lassen. Im Backrohr gebackener Brandteig soll innen noch cremig sein.
✗ **Achtung!** Zu kurz gebackener Brandteig fällt nach dem Backen zusammen.
Garprobe: Die Oberfläche des Gebäcks soll schön braun und knusprig sein. Beim Klopfen auf die Unterseite klingt das Gebäck hohl.

Kaffee-Brandteigkrapferl

ca. 7 Stück

Kaffeecreme

⅛ l Milch (125 g)
2 EL lösliches Kaffeepulver (10 g)
⅛ l Wasser (125 g)
1 Pkg. Vanillepuddingpulver oder 40 g Maisstärke

3 gut gehäufte EL Zucker (50 g)
➤ 5 g Süßstoff
1 Becher Ricotta (250 g), ersatzweise Topfen oder ungesalzener Frischkäse vom Bauernmarkt

Brandteigkrapferl

Den Brandteig von Seite 156 in einen Spritzbeutel mit Sterntülle füllen. Fingerlange Stäbchen (= Eclairs oder Liebesknochen), Kreise oder Häufchen auf das Backblech dressieren.
Nach dem Backen die ausgekühlten Krapferl in der Mitte auseinanderschneiden.

Kaffeecreme

Milch und Kaffeepulver aufkochen. Das Wasser mit dem Puddingpulver verrühren und unter Rühren so lange in die Kaffeemilch einkochen, bis es kräftig blubbert. Vom Herd nehmen, überkühlen lassen. Restliche Zutaten untermengen, evtl. pürieren.
Die Creme etwas anstocken lassen, in einen Spritzbeutel füllen und die Krapferl damit füllen. Sofort genießen, sonst weichen die Krapferl auf.

> Tipp! <

Die Krapferl nach dem Füllen sofort genießen, sonst weichen sie auf.

pro Stück

kJ	kcal	Eiweiß (g)	Fett (g)	KH (g)	BE
777.28	186.09	5.62	8.69	21.08	1.76
663.54	158.94	5.62	8.69	13.95	1.16

Kokosschwäne

ca. 5 Stück

Kokoscreme

¼ l Milch (250 g)
40 g Maisstärke
¼ l Kokosmilch (250 g)
3 gut gehäufte EL Zucker (50 g)
➤ 5 g Süßstoff
2 EL Kokosflocken (20 g)
evtl. 1 EL Kokoslikör

> Tipp! <

Anstatt Kokosmilch aus der Dose und Kokosflocken aus der Packung können Sie eine frische Kokosnuss verwenden. Dazu die Kokosmilch aus der Nuss und die Hälfte des Fruchtfleisches in einem wattstarken Standmixer pürieren. Es entsteht feinflockige Kokosmilch.

Brandteigschwäne

Aus dem Brandteig von Seite 156 Schwäne backen. Dazu den Teig in einen Spritzbeutel mit gezackter oder glatter Tülle füllen. Für den Körper ein eiförmiges Häufchen und für den Hals ein „S" auf das Blech dressieren. ✗ **Achtung!** Die Hälse haben eine kürzere Backzeit. Backen Sie daher die Hälse extra.
Nach dem Auskühlen die Körper in der Mitte durchschneiden, den oberen Deckel halbieren, sodass zwei Flügel entstehen. Die Creme in einen Spritzbeutel füllen und auf den Körper dressieren. Die Flügel seitlich und den Hals vorne in die Creme stecken. Sofort servieren, sonst weichen die Schwäne auf.

Kokoscreme

Zwei Drittel der Milch aufkochen. Die restliche Milch mit der Maisstärke verrühren und unter Rühren so lange in die Milch einkochen, bis es kräftig blubbert. Vom Herd nehmen, überkühlen lassen. Restliche Zutaten untermengen, evtl. pürieren. Die Creme vor dem Dressieren etwas anstocken lassen.

pro Stück

kJ	kcal	Eiweiß (g)	Fett (g)	KH (g)	BE
937.76	223.64	4.94	9.11	30.34	2.53
778.53	185.64	4.94	9.11	20.36	1.70

Krapferl mit Stracciatellacreme

ca. 7 Stück

Stracciatellacreme

1 Becher Naturjoghurt (250 g)
1 Becher Sauerrahm (250 g)
3 gut gehäufte EL Staubzucker (50 g)
➤ 5 g Süßstoff
Mark von 1 Vanilleschote

4 Blatt Gelatine, in 1 l kaltem Wasser ca. 10 Minuten einweichen, vor Verwendung die Gelatine gut ausdrücken
4 EL kochend heißes Wasser zum Auflösen der Gelatine

1 EL Schokostreusel (15 g), auch für Diabetiker

> Tipp! <

Zum Verfeinern der Creme können Sie folgende Zutaten untermischen:

- ½ Banane – in kleine Würfel schneiden und mit dem Saft von ½ Zitrone vermischen
- Geröstete und karamellisierte Mandelstifte, dazu 2 EL Mandelstifte ohne Fett in einer Pfanne anrösten, 1 TL Zucker und 1 TL Butter hinzufügen und unter Rühren karamellisieren lassen. Aus der Pfanne nehmen, auf ein Backpapier gießen und auskühlen lassen
- 1 EL Kokoslikör

Brandteigkrapferl

Den Brandteig von Seite 156 in einen Spritzbeutel mit Sterntülle füllen. Fingerlange Stäbchen (= Eclairs oder Liebesknochen), Kreise oder Häufchen auf das Backblech dressieren. Backen.

Stracciatellacreme

Alle Zutaten bis auf die Gelatine glatt rühren. Die Gelatine in dem kochend heißen Wasser auflösen, nicht kochen! Die Creme nach und nach unter kräftigem Rühren zur Gelatine gießen. Schokostreusel untermengen. Die Creme vor dem Dressieren etwas anstocken lassen.

pro Stück

kJ	kcal	Eiweiß (g)	Fett (g)	KH (g)	BE
766.09	183.86	5.66	10.22	17.05	1.42
652.35	156.72	5.66	10.22	9.92	0.83

Mohrenkopf (Indianer) *ca. 7 Stück*

Vanillecreme

¼ l Milch (250 g)
1½ Pkg. Vanillepuddingpulver oder
60 g Maisstärke
1 Becher Sauerrahm (250 g)
3 gut gehäufte EL Staubzucker (50 g)
➤ 5 g Süßstoff
Mark von 1 Vanilleschote
Saft und Schale von einer Bio-Zitrone
nach Geschmack

200 g Himbeeren oder Kirschen zum
Belegen

Schokoladesauce

3 EL Milch (25 g)
2 EL Wasser (16 g)
50 g Zartbitterschokolade, in kleine
Stücke schneiden, auch für Diabetiker
1 EL eiskalte Butter (15 g)

Brandteigkrapferl

Zum Dressieren des Teiges eine glatte Tülle verwenden. Krapferl aus dem Teig von Seite 156 auf das Backblech dressieren. Backen wie oben beschrieben.
Die Krapferl auskühlen lassen. Halbieren. Die Oberseite in die Schokoladesauce tunken. Den Boden der Krapferl mit der Creme füllen, mit dem Obst belegen. Die in Schokoladesauce getunkte Oberseite als Deckel daraufgeben. Sofort servieren, sonst weichen die Mohrenköpfe auf.

Vanillecreme

Zwei Drittel der Milch aufkochen. Die restliche Milch mit dem Puddingpulver verrühren und unter Rühren so lange in die Milch einkochen, bis es kräftig blubbert. Es entsteht ein sehr fester Pudding. Vom Herd nehmen, überkühlen lassen. Restliche Zutaten untermengen, mit dem Pürierstab pürieren. Die Creme vor dem Dressieren etwas anstocken lassen.

Schokoladesauce

Wasser und Milch aufkochen. Auf sehr kleine Flamme zurückschalten. Die Schokolade unter Rühren in der Wassermilch auflösen. Nicht kochen! Vom Herd nehmen und die eiskalte Butter unterrühren.

pro Stück

kJ	kcal	Eiweiß (g)	Fett (g)	KH (g)	BE
1102.78	264.22	5.36	14.24	28.01	2.34
989.05	237.08	5.36	14.24	20.89	1.74

Vanillekrapferl

mind. 20 Stück

Vanillecreme

5 Blatt Gelatine – in 1 l kaltem Wasser 10 Minuten einweichen
4 EL kochend heißes Wasser zum Auflösen der Gelatine
1 Becher Magertopfen (250 g)
1 Becher Naturjoghurt (250 g)
hausgemachter Vanillepudding aus 200 ml Milch (200 g) und 15 g Maisstärke oder 1 Becher Vanillepudding (200 g)
Mark von 1 Vanilleschote
beliebige Gewürze lt. Seite 224ff
50 g Zucker ➤ 5 g Süßstoff

200 g beliebiges Beerenobst

Brandteigkrapferl

Doppelte Menge Brandteig von Seite 156 zubereiten. Aus dem Brandteig kleine Krapferl backen. Auskühlen lassen und halbieren. Mit Vanillecreme füllen.

Vanillecreme

Alle Zutaten bis auf die Gelatine verrühren. Die eingeweichte und ausgedrückte Gelatine in dem kochend heißen Wasser auflösen, nicht kochen! Die Creme nach und nach unter kräftigem Rühren zur Gelatine gießen.

Variation Trüffelcreme

Mischen Sie anstatt Beeren fein gehackte Trüffelpilze unter.

Vanillecreme Gesamtmenge – berechnet mit Himbeeren

kJ	kcal	Eiweiß (g)	Fett (g)	KH (g)	BE
3873.51	924.07	62.57	17.11	118.84	9.91
3077.36	734.07	62.57	17.11	68.94	5.75

Brandteigtorte

1 kleine Torte à 8 Stück

Für eine große Torte die doppelte Menge verwenden

Vanillecreme

¼ l Milch (250 g)
1 Pkg. Vanillepuddingpulver oder 40 g Maisstärke
Mark von 1 Vanilleschote
1 Becher Ricotta (250 g), ersatzweise Topfen oder ungesalzener Frischkäse vom Bauernmarkt
3 gut gehäufte EL Zucker (50 g)
➤ 5 g Süßstoff
Saft und Schale von ½ Bio-Zitrone

Zum Belegen

500 g Obst, z. B. Heidelbeeren

> Tipp! <

Wenn Sie die oberste Teigplatte vor dem Auflegen in Tortenstücke schneiden, lässt sich die Torte besser durchschneiden.

Brandteig

Aus dem Teig von Seite 156 drei runde Böden backen. Dazu den Teig in einen Spritzsack mit glatter Tülle füllen und kreisförmig von innen heraus je eine Schnecke auf das Blech dressieren. Backen.
Die Brandteigböden auskühlen lassen.

Ausfertigen

Den ersten Boden mit Creme bestreichen und mit Obst belegen. Den zweiten Boden daraufsetzen. Wieder mit Creme bestreichen und mit Obst belegen. Mit der dritten Platte abdecken. Etwas andrücken und 10 Minuten ziehen lassen. Nicht länger, sonst weicht die Torte zu sehr auf. Sofort servieren!

Vanillecreme

Zubereitung laut Grundrezept A von Seite 81. Die Creme vor dem Dressieren etwas anstocken lassen.

Variation

Backen Sie anstatt 3 Böden einen Boden und aus dem restlichen Teig kleine Krapferl. Den Boden mit der Creme bestreichen, die Krapferl kranzförmig auf der Creme verteilen, in der Mitte mit Obst belegen, z. B. mit Kirschen.

pro Stück

kJ	kcal	Eiweiß (g)	Fett (g)	KH (g)	BE
819.65	196.09	5.61	8.52	23.27	1.94
720.13	172.34	5.61	8.52	17.03	1.42

Kekse

Bunte Busserl – Blitzschnelle Löffelkekse

50 Stück

Teig

1 Ei, Größe L
6 EL Öl (50 g)
60 g Naturjoghurt
beliebige Gewürze lt. Rezept auf Seite 224ff
evtl. 3 EL lösliches Kaffeepulver oder
1 EL ungesüßtes Kakaopulver (15 g)
80 g Zucker ➤ 40 g Zucker und 4 g Süßstoff
50 g Mohn, Kürbiskerne, beliebige Nüsse oder 25 g Kokosflocken
1 Pkg. Vanillepuddingpulver oder 35 g Maisstärke
150 g Weizenvollkornmehl
½ Pkg. Weinsteinbackpulver (8 g)

Zubereitung für alle Löffelkekse

Backblech mit Backpapier auslegen. Backrohr vorheizen.
Heißluft: 170 °C, ca. 10 Minuten, bis zu 4 Bleche können auf einmal gebacken werden, oder Unter-/Oberhitze: 180 °C, ca. 12 Minuten, nur 1 Blech kann eingeschoben werden.
Für den Teig alle Zutaten der Reihe nach in eine Schüssel geben. Zum Schluss das Backpulver über das Mehl sieben und in das Mehl einmengen. Die Masse mit einem Kochlöffel RASCH verrühren.
Mit zwei Löffeln rasch kleine Häufchen auf das Blech setzen. Je schneller Sie arbeiten, desto schöner gehen die Kekse auf. Beliebig ausfertigen. Backen.

> Tipp! <

Je weniger der Teig gerührt wird, desto flaumiger die Kekse.
Alle Kekse, die Backpulver enthalten, sollten innerhalb von 5 Minuten in das vorgeheizte Backrohr geschoben werden, sonst gehen sie nicht mehr so schön auf.
Die Kekse sind 1 Monat haltbar.
In der Keksdose aufbewahren!

pro Stück, berechnet mit Haselnüssen

kJ	kcal	Eiweiß (g)	Fett (g)	KH (g)	BE
145.11	34.66	0.76	1.66	4.16	0.35
132.37	31.62	0.76	1.66	3.36	0.28

Löffelkeksvariationen

Birnen-Bussis mit Ingwer

23 Stück

Teig

6 EL Öl (50 g), 50 g Zucker
➤ 5 g Süßstoff, 1 Ei, ½ Birne (70 g), in kleine Würfel schneiden, Mark von 1 Vanilleschote, Schale von 1 Bio-Zitrone, 2 Msp. Ingwer oder 1 haselnussgroßes Stück frisch geriebener Ingwer
130 g Weizenvollkornmehl
¼ Pkg. Weinsteinbackpulver (4 g)

Zubereitung wie Seite 164.

Haltbarkeit: 1 Woche

pro Stück

kJ	kcal	Eiweiß (g)	Fett (g)	KH (g)	BE
213.17	50.90	0.96	2.56	6.04	0.50
178.56	42.64	0.96	2.56	3.87	0.32

Griechische Orangenkekse

20 Stück

Teig

1 Ei
4 EL Olivenöl
Saft von ½ und Schale von 1 Bio-Orange (30 g)
½ TL Zimt, 2 Msp. Nelken
½ Msp. Ingwerpulver
30 g Zucker, auch für Diabetiker
100 g Weizenvollkornmehl
⅓ Pkg. Weinsteinbackpulver (6 g)

Zum Verzieren

30 g Schokoladeglasur, auch für Diabetiker
20 kleine Walnüsse oder Walnussstücke (40 g)

Zubereitung wie Seite 164.
Die Kekse nach dem Backen mit der Schokoladeglasur verzieren und mit je einer Walnuss belegen.
Haltbarkeit: 1 Woche

pro Stück

kJ	kcal	Eiweiß (g)	Fett (g)	KH (g)	BE
247,31	59,08	1,32	3,36	5,89	0,49

Orangenhäufchen

50 Stück

Teig

Schale von 2 Bio-Orangen, Mark von 1 Vanilleschote, 1 Ei, 60 g Sauerrahm
60 g weiche Butter, 90 g Zucker
➤ 50 g Zucker und 4 g Süßstoff
250 g Weizenvollkornmehl
½ Pkg. Weinsteinbackpulver (8 g)

Zum Ausfertigen

Eiklar zum Bestreichen, gehackte Kürbiskerne zum Wälzen, beliebige Marmelade zum Füllen ➤ für Diabetiker Marmelade lt. Rezept auf Seite 211

Zubereitung wie Seite 164.
Die Häufchen vor dem Backen mit Eiklar bestreichen und an der Oberseite in Kürbiskernen wälzen. Mit einem nassen Kochlöffelstiel oder dem kleinen Finger eine Vertiefung in die Mitte drücken. Backen. Die Vertiefung nach dem Backen mit heißer Marmelade füllen.
Haltbarkeit: 1 Monat

pro Stück – ohne Lebensmittel zum Ausfertigen

kJ	kcal	Eiweiß (g)	Fett (g)	KH (g)	BE
147.82	35.34	0.74	1.41	4.89	0.41
135.08	32.30	0.74	1.41	4.09	0.34

Marillenhäufchen

50 Stück

Teig

1 Ei
60 g Sauerrahm
60 g weiche Butter
80 g Zucker ➤ 40 g Zucker und 4 g Süßstoff
beliebige Gewürze lt. Rezept auf Seite 224ff, evtl. Marillenlikör
100 g ungeschwefelte Marillen oder andere Trockenfrüchte, fein hacken, ➤ 50 g Marillenmarmelade lt. Rezept auf Seite 211, ½ Pkg. Vanillepuddingpulver oder 20 g Maisstärke
200 g Weizenvollkornmehl
½ Pkg. Weinsteinbackpulver (8 g)

Zubereitung wie Seite 164.
Eventuell nach dem Backen mit einem Tupf heißem Marillengelee und gerösteten Mandelsplittern verzieren. Haltbarkeit: 1 Monat

pro Stück

kJ	kcal	Eiweiß (g)	Fett (g)	KH (g)	BE
143.86	34.39	0.67	1.27	4.95	0.41
115.18	27.54	0.58	1.26	3.39	0.28

Nuss-Löffelkekse mit Zimt

32 Stück

Teig

100 g Sauerrahm, 2½ EL Öl (20 g)
80 g Zucker ➤ 8 g Süßstoff
1 Ei, 70 g geröstete und geriebene oder grob gehackte Nüsse, z. B. Haselnüsse, Walnüsse, Mandeln, 1 TL Zimt, 1 Msp. Nelkenpulver, Mark von 1 Vanilleschote, Schale von 1 Bio-Mandarine, 170 g Weizenvollkornmehl
⅓ Pkg. Weinsteinbackpulver (6 g)
32 ganze Nüsse zum Verzieren (35 g)

Zubereitung wie Seite 164.
Mit zwei Teelöffeln Häufchen auf das Blech setzen. Mit je einer Nuss verzieren. Backen.
Haltbarkeit: 3 Wochen

pro Stück

kJ	kcal	Eiweiß (g)	Fett (g)	KH (g)	BE
254.51	60.87	1.31	3.42	6.22	0.52
214.70	51.37	1.31	3.42	3.72	0.31

Walnusskekse

40 Stück

Teig

50 g weiche Butter, 30 g Sauerrahm
1 Ei, 70 g Zucker ➤ 30 g Zucker und 4 g Süßstoff, 50 g Walnüsse, geröstet, gehackt, beliebige Gewürze lt. Rezept auf Seite 224ff, 160 g Weizenvollkornmehl, ⅓ Pkg. Weinsteinbackpulver (6 g)

40 kleine Walnüsse oder Walnussstücke zum Verzieren (80 g)

> Tipp! <

Falls die Walnuss nach dem Backen herunterfällt, kleben Sie sie mit kochend heißer Marmelade wieder auf die Häufchen.

Zubereitung wie Seite 164.
Mit zwei Teelöffeln Häufchen auf das Blech setzen. Mit je einer Nuss verzieren. Backen.
Haltbarkeit: 1 Monat

pro Stück

kJ	kcal	Eiweiß (g)	Fett (g)	KH (g)	BE
197.52	47.20	0.96	2.84	4.47	0.37
181.59	43.40	0.96	2.84	3.47	0.29

Kürbiskern-Ricotta-Dukaten *50 Stück*

Teig
½ Becher Ricotta (125 g)
50 g weiche Butter (Almbutter)
1 Ei
1 EL Kürbiskernöl (8 g)
Schale von 1 Bio-Orange
2 EL Orangensaft (16 g)
Mark von 1 Vanilleschote
80 g Staubzucker ➤ 50 g Zucker und 3 g Süßstoff
150 g Kürbiskerne, gehackt
40 g Weizenvollkornmehl
⅓ Packung Weinsteinbackpulver (6 g)

Zum Bestreuen
15 g gehackte Kürbiskerne

Zubereitung wie Seite 164.
Mit 2 Teelöffeln kleine Häufchen auf das Backblech setzen. Abstand lassen, da die Häufchen auseinanderfließen. Mit Kürbiskernen bestreuen. Im vorgeheizten Backrohr backen.
Haltbarkeit: 1 Monat

pro Stück

kJ	kcal	Eiweiß (g)	Fett (g)	KH (g)	BE
401.63	96.01	2.79	6.73	6.18	0.52
379.92	90.83	2.79	6.73	4.82	0.40

Kürbiskernweckerl mit Orange *22 Stück*

Teig
80 g weiche Butter, 60 g Zucker ➤ 6 g Süßstoff, 1 Ei, 50 g geröstete und gehackte Kürbiskerne, Mark von 1 Vanilleschote, Schale von 2 Bio-Orangen, 100 g Weizenvollkornmehl
⅓ Pkg. Weinsteinbackpulver (6 g)

Zum Wälzen
Ca. 30 g gehackte Kürbiskerne

Zubereitung wie Seite 164.
Mit 2 Teelöffeln Häufchen oder Kugeln auf das Blech setzen, an der Oberseite in Kürbiskernen wälzen oder mit Kürbiskernen bestreuen. Backen.
Haltbarkeit: 3 Wochen

pro Stück

kJ	kcal	Eiweiß (g)	Fett (g)	KH (g)	BE
320.67	76.60	1.73	5.05	6.14	0.51
277.24	66.24	1.73	5.05	3.42	0.29

Malagabusserl

40 Stück

Teig

50 g Rosinen, fein hacken, über Nacht in 1 EL Rum (8 g) und 3 EL Wasser einweichen, wenn es schnell gehen soll, kochend heißes Wasser verwenden
➤ nur 20 g Rosinen verwenden
50 g weiche Butter
40 g Sauerrahm, 1 Ei
beliebige Gewürze lt. Rezept auf Seite 224ff, 60 g Zucker ➤ 30 g Zucker und 3 g Süßstoff, 1 Pkg. Vanillepuddingpulver oder 40 g Maisstärke
120 g Weizenvollkornmehl
⅓ Pkg. Weinsteinbackpulver (6 g)

Zubereitung wie Seite 164.
Haltbarkeit: 1 Monat

pro Stück

kJ	kcal	Eiweiß (g)	Fett (g)	KH (g)	BE
151.53	36.22	0.58	1.41	5.09	0.42
130.23	31.14	0.57	1.41	3.85	0.32

Stollenbussis

36 Stück

Teig

Ca. 10 EL lauwarme Milch (80 g)
4 EL Öl (30 g), z. B. Haselnussöl
1 Ei
80 g Zucker ➤ 8 g Süßstoff
Saft und Schale von 1 Bio-Zitrone
Schale von 1 Bio-Orange
Mark von 1 Vanilleschote
50 g Nüsse, geröstet und grob gehackt
50 g beliebiges Dörrobst, über Nacht in 2 EL Rum (16 g) einweichen – zudecken!
➤ nur 20 g Dörrobst verwenden
200 g Weizenvollkornmehl
½ Pkg. Weinsteinbackpulver (8 g)

Zubereitung wie Seite 164.
Haltbarkeit: 3 Wochen

pro Stück

kJ	kcal	Eiweiß (g)	Fett (g)	KH (g)	BE
217.76	52.01	1.10	2.06	6.91	0.58
171.98	41.08	1.07	2.05	4.14	0.35

Espressoküsse

50 Stück

Teig

100 g weiche Butter
80 g Sauerrahm
90 g Zucker ➤ 40 g Zucker und 5 g Süßstoff
1 Ei
1 Pkg. Vanillepuddingpulver oder 40 g Maisstärke
1–2 EL lösliches Kaffeepulver (5–10 g)
190 g Weizenvollkornmehl
½ Pkg. Weinsteinbackpulver (8 g)

Zum Bestreuen

Lösliches Kaffeepulver

Zubereitung wie Seite 164.
Mit zwei Teelöffeln kleine Häufchen auf das Blech setzen. Kaffeepulver in ein Sieb geben und über die Kekse streuen. Backen.
Haltbarkeit: 4 Wochen

pro Stück

kJ	kcal	Eiweiß (g)	Fett (g)	KH (g)	BE
173.96	41.60	0.65	2.11	4.99	0.42
158.04	37.80	0.65	2.11	3.99	0.33

Eierlikör-Schoko-Taler

30 Stück

Teig

100 g Sauerrahm
80 g Zucker ➤ 8 g Süßstoff
2 Eier
5 EL Eierlikör (40 g), auch für Diabetiker
Mark von 1 Vanilleschote
30 g Zartbitterschokolade, grob hacken, auch für Diabetiker
130 g Weizenvollkornmehl
⅓ Pkg. Weinsteinbackpulver (6 g)

Zubereitung wie Seite 164.
Mit 2 Teelöffeln kleine Häufchen auf das Blech setzen. Abstand lassen, da die Häufchen auseinanderfließen. Backen.
Haltbarkeit: 1 Woche

pro Stück

kJ	kcal	Eiweiß (g)	Fett (g)	KH (g)	BE
167.02	39.97	1.10	1.31	5.90	0.57
125.01	29.97	1.10	1.31	3.24	0.30

Biskuit-Rührmassen

Zubereitung für alle Biskuit-Rührmassen

Backrohr auf 170° C Heißluft vorheizen. Backblech mit Backpapier auslegen. Bis zu 4 Bleche können auf einmal gebacken werden.
Für die Masse Ei und Zucker dickschaumig rühren. Restliche Zutaten locker unterheben.
Beliebig formen und ausfertigen. Backen.

Knusprige Nussbiskotti *30 Stück*

Biskuitmasse
1 Ei
50 g Staubzucker, auch für Diabetiker
60 g Mehl, glatt
80 g Weizenvollkornmehl
120 g Rosinen oder andere gehackte Trockenfrüchte ➤ nur 30 g Rosinen
130 g Haselnüsse, ganz, im Backrohr geröstet
Schale von 1 Bio-Zitrone
Schale von 1 Bio-Orange
2 EL Rum (16 g)
Mark von 1 Vanilleschote

Zubereitung Biskuitmasse siehe oben.
Aus der festen Masse mit nassen Händen 3 Rollen mit einem Durchmesser von ca. einem 2-Euro-Stück formen. Im Tiefkühler 1 Stunde einfrieren. Mit einem scharfen Messer oder einem elektrischen Messer Scheiben herunterschneiden. In 15–25 Minuten knusprig backen. Sind die Kekse zu weich, noch einmal in das Backrohr schieben.
Haltbarkeit: 1 Monat

pro Stück

kJ	kcal	Eiweiß (g)	Fett (g)	KH (g)	BE
276.18	65.96	1.30	3.12	7.71	0.64
238.77	57.02	1.23	3.11	5.72	0.48

> Tipp! <

Aufbewahrung: 10 Minuten auskühlen lassen, luftdicht verschließen, z. B. in einer Germteigschüssel, die Kekse werden sonst weich und zäh. Notfalls noch einmal aufbacken.

Elisenbusserl

70 Stück

Biskuitmasse

4 Eier
150 g Staubzucker
➤ 60 g Staubzucker und 8 g flüssiger Süßstoff
230 g Nüsse, geröstet und grob gemahlen oder gehackt
70 g gehackte, ungeschwefelte Trockenfrüchte ➤ nur 20 g Trockenfrüchte
1 EL Lebkuchengewürz
Mark von 1 Vanilleschote
100 g Weizenmehl, glatt
150 g Weizenvollkornmehl
½ Pkg. Weinsteinbackpulver (8 g)

Zubereitung Biskuitmasse wie Seite 171.
Mit einem Teelöffel kleine Häufchen auf das Backblech setzen. 10–15 Minuten backen.
Haltbarkeit: 1 Monat

> Tipp! <

Verzieren Sie die gebackenen Busserl mit Schokoladeglasur und gehackten Nüssen oder Pistazien. Sie können den Teig auch wie einen Kuchen in einer Tortenform backen.

pro Stück

kJ	kcal	Eiweiß (g)	Fett (g)	KH (g)	BE
206.44	49.29	1.14	2.54	5.47	0.46
177.18	42.31	1.12	2.53	3.72	0.31

Mokka-Schoko-Busserl

35 Stück

Biskuitmasse

1 Ei
50 g Staubzucker
200 g Mandeln, geröstet und grob gemahlen
100 g dunkle Schokolade, grob gemahlen
3 EL lösliches Kaffeepulver oder für Kinder 1 EL ungesüßtes Kakaopulver (15 g)
70 g Weizenvollkornmehl

Zubereitung Biskuitmasse wie Seite 171.
Aus der bröseligen, festen Masse mit nassen Händen kleine Häufchen formen. Etwas zusammendrücken. 10–15 Minuten backen. Eventuell noch warm in ungezuckertem Kakaopulver wälzen. Haltbarkeit: 1 Monat

pro Stück

kJ	kcal	Eiweiß (g)	Fett (g)	KH (g)	BE
260.96	62.30	1.75	4.23	4.36	0.36

> Tipp! <

Verzieren Sie die Busserl nach dem Auskühlen mit je einem kleinen Tupf weißer Schokolade, auf die Sie eine Schoko-Kaffeebohne oder für Kinder eine Schokoperle setzen.

Kartoffelwürfel

40 Stück

Biskuitmasse

2 Eier
Mark von 1 Vanilleschote
Schale von ½ Bio-Zitrone
Schale von ½ Bio-Orange
2 EL Rum
1 TL Lebkuchengewürz
90 g Staubzucker ➤ 50 g Zucker und 4 g Süßstoff
100 g gegarte, kalte oder warme, **mehlige** Kartoffeln, fein reiben
100 g geröstete, grob gehackte Walnüsse
100 g Weizenvollkornmehl
100 g glattes Mehl
½ Pkg. Weinsteinbackpulver (8 g)

Zum Verzieren

Marmelade zum Bestreichen
Schokoladeglasur
Walnüsse
oder vor dem Backen mit Mandelsplittern bestreuen

> Tipp! <

Die Masse kann in einer runden Kuchenform gebacken und als Kartoffelkuchen serviert werden.
Der Kuchen ist fertig gebacken, wenn bei der **Stäbchenprobe** kein Teig mehr am Stäbchen kleben bleibt.

Zubereitung Biskuitmasse wie Seite 171.
Die Masse auf das Backblech streichen. 10–20 Minuten backen. Auskühlen lassen. In Würfel schneiden. Beliebig verzieren.
Haltbarkeit: 1 Woche

pro Stück

kJ	kcal	Eiweiß (g)	Fett (g)	KH (g)	BE
201.62	48.18	1.24	2.02	6.21	0.52
185.70	44.38	1.24	2.02	5.22	0.43

Variationen:

Walnusswürfel

Kuchen in Würfel schneiden, mit heißer Marmelade bestreichen. In Schokolade tunken. Mit je einer Walnuss verzieren.

Erdapfelhaus

Je zwei Würfel mit heißer Marmelade zusammensetzen und mit Schokoladeplättchen das Dach aufsetzen. Zum Befestigen Marmelade verwenden. Die Marmelade leicht überkühlen lassen, bevor Sie die Schokoplättchen aufsetzen, sonst schmilzt die Schokolade.

Eiklarmassen

Ideale Eiklar-Resteverwertung!

> Tipp <

Eiklarmassen aufbewahren: 10 Minuten auskühlen lassen, **luftdicht** verschließen, z. B. in einer Germteigschüssel, die Kekse werden sonst weich und zäh. Notfalls noch einmal aufbacken.

Nussbusserl-Fladen

11 Stück

Die Menge bezieht sich auf 1 Eiklar und kann beliebig multipliziert werden.

Biskuitmasse

1 Eiklar (40 g)
25 g Staubzucker, auch für Diabetiker
40 g geriebene Haselnüsse
10 g Weizenvollkornmehl
beliebige Gewürze lt. Rezept auf Seite 224ff

Backblech mit Backpapier auslegen. Backrohr auf 160 °C Heißluft vorheizen.

Für die Masse Eiklar und Staubzucker dickschaumig aufschlagen. Restliche Zutaten locker untermengen. Mit einem Esslöffel aus der weichen Masse Häufchen auf das Blech setzen. Abstand halten, da die Plätzchen auseinanderfließen. Im Backrohr bei Heißluft 160 °C ca. 10 Minuten hellgelb backen. Beliebig verzieren.
Haltbarkeit: 1 Monat

✗ **Hinweis:** Es können bis zu 4 Bleche auf einmal gebacken werden.

pro Stück

kJ	kcal	Eiweiß (g)	Fett (g)	KH (g)	BE
160.48	38.34	0.93	2.42	3.25	0.27

Orientalische Orangen-Walnuss-Bussis

20 Stück

Biskuitmasse

2 Eiklar (80 g)
40 g Zucker, auch für Diabetiker
80 g geröstete, gehackte Walnüsse
Schale von 1 Bio-Orange
2 Msp. Zimt
1 kleine Msp. Nelkenpulver

Backblech mit Backpapier auslegen. Backrohr auf 90–100 °C Heißluft vorheizen.

Biskuitmasse

Eiklar und Zucker dickschaumig rühren. Die restlichen Zutaten locker untermengen. Mit zwei Teelöffeln kleine Häufchen auf das Backblech setzen. Im Backrohr 3 Stunden trocknen.
Haltbarkeit: 1 Monat, Aufbewahrung: siehe S. 174.

pro Stück

kJ	kcal	Eiweiß (g)	Fett (g)	KH (g)	BE
155.22	37.10	0.97	2.64	2.41	0.20

Mandelhäufchen

20 Stück

Biskuitmasse

2 Eiklar (80 g)
50 g flüssiger Honig oder 40 g Staubzucker ➤ 20 g Honig oder Staubzucker und 3 g Süßstoff
Saft und Schale von ½ Zitrone
Mark von 1 Vanilleschote
60 g Mandeln, geröstet, grob gehackt
60 g Mandeln, geröstet, fein gemahlen
40 g Weizenvollkornmehl
3 gut gehäufte Msp. Weinsteinbackpulver

evtl. Mandelsplitter zum Bestreuen

Backblech mit Backpapier auslegen. Backrohr auf 170 °C Heißluft vorheizen.
Für die Masse das Eiklar halbsteif schlagen. Den Honig (oder Staubzucker) langsam dazurieseln lassen und weiterschlagen, bis eine feste Masse entsteht. Hinweis! Das Eiklar kann nach Zugabe von Honig wieder flüssig werden. Macht aber nichts, das Endergebnis ändert sich dadurch nicht. Die restlichen Zutaten vorsichtig unterheben. Dabei das Mehl mit dem Backpulver vermengen.
Mit einem Esslöffel Häufchen auf das Blech setzen. Eventuell mit Mandelsplittern bestreuen.
In 10–12 Minuten goldbraun backen.
Haltbarkeit: 1 Monat, Aufbewahrung: siehe S. 174.

pro Stück

kJ	kcal	Eiweiß (g)	Fett (g)	KH (g)	BE
216.89	51.80	1.91	3.28	3.69	0.31
198.85	47.50	1.90	3.28	2.54	0.21

Kokoskekse

11 Stück

Masse

1 Eiklar (40 g)
25 g Staubzucker, auch für Diabetiker
40 g Kokosflocken
10 g Weizenvollkornmehl
Mark von ½ Vanilleschote
Schale von ½ Bio-Zitrone

Backblech mit Backpapier auslegen. Backrohr auf 160 °C Heißluft vorheizen.
Für die Masse Eiklar und Staubzucker dickschaumig aufschlagen. Restliche Zutaten untermengen. Masse in einen Spritzsack füllen und Busserl auf das Backblech dressieren. 10 Minuten hellgelb backen. Beliebig verzieren.
Haltbarkeit: 1 Monat, Aufbewahrung: siehe Seite 174.

pro Stück

kJ	kcal	Eiweiß (g)	Fett (g)	KH (g)	BE
150.80	36.01	0.73	2.33	3.07	0.26

Knusprige Kokosbussis

15 Stück

Busserlmasse

2 Eiklar (insgesamt 80 g)
40 g Zucker, auch für Diabetiker
40 g Kokosflocken
Schale von 1 Bio-Zitrone
Mark von 1 Vanilleschote

Backblech mit Backpapier auslegen. Backrohr auf 90–100 °C Heißluft vorheizen.

Busserlmasse

Eiklar und Zucker dickschaumig rühren. Die restlichen Zutaten locker untermengen. Mit zwei Teelöffeln kleine Häufchen auf das Backblech setzen. Im Backrohr 3 Stunden trocknen.
Haltbarkeit: 1 Monat, Aufbewahrung: siehe Seite 174.

pro Stück

kJ	kcal	Eiweiß (g)	Fett (g)	KH (g)	BE
124.48	29.73	0.76	1.70	2.87	0.24

Kekse zum Kneten und Formen

Einfaches Mürbteiggebäck – Grundrezept

45 Stück

Mürbteig
240 g Weizenvollkornmehl
2 g Natron (½ gestrichener TL)
80 g Zucker ➤ 50 g Zucker und 3 g Süßstoff, 100 g weiche Butter, 1 Ei
beliebige Gewürze lt. Rezept auf Seite 224ff
evtl. Wasser, falls der Teig zu fest ist
evtl. Eiklar zum Bestreichen

> Energie sparen <

Um Mürbteigkekse nicht Blech für Blech backen zu müssen, frieren Sie die geformten Kekse zusammen mit dem Backpapier und dem Blech ein. Sind die Kekse einmal gefroren, können Sie diese lagenweise auf Backpapier ohne Blech übereinander im Tiefkühler stapeln. Schalten Sie einen Back-Tag ein und backen Sie alle Kekse auf einmal. Schieben Sie die gefrorenen Kekse in das vorgeheizte Backrohr. Bei Verwendung von Heißluft können Sie bis zu vier Bleche auf einmal backen.
Stellen Sie im Winter den Keksteig und die Kekse vor dem Backen anstatt in den Kühlschrank auf den kalten Balkon.

Backblech mit Backpapier auslegen. Backrohr vor dem Backen auf 180 °C Heißluft vorheizen.
Für den Teig alle Zutaten in wenigen Sekunden! verkneten. Zu langes Kneten macht den Teig zäh. Beliebige Formen herstellen, evtl. füllen und auf das Backblech setzen. Ist der Teig für die Verarbeitung zu weich, kurz in den Tiefkühler stellen. Eventuell die geformten Kekse mit Eiklar bestreichen. 10–15 Minuten backen.
Die ausgekühlten Kekse beliebig verzieren.
Haltbarkeit: 1 Monat

> Tipp <

Die fertig geformten Kekse vor dem Backen 1 Stunde oder über Nacht in den Tiefkühler stellen und gefroren in das vorgeheizte Backrohr schieben, dann behalten die Kekse die Form viel besser und werden viel mürber.

pro Stück, ohne Fülle

kJ	kcal	Eiweiß (g)	Fett (g)	KH (g)	BE
176.07	42.06	0.77	2.10	5.01	0.42
165.46	39.53	0.77	2.10	4.35	0.36

Füllen für Kekse zum Mitbacken

Nussfülle mit Eiklar

2 Eiklar
40 g Zucker, auch für Diabetiker
100 g Nüsse
beliebige Gewürze

Eiklar und Zucker dickschaumig rühren. Restliche Zutaten unterheben.

Gesamtmenge, berechnet mit Haselnüssen

kJ	kcal	Eiweiß (g)	Fett (g)	KH (g)	BE
3600.20	860.00	19.76	65.22	50.07	4.18

Nuss- oder Kokosfülle

50 g kochend heiße Milch
100 g Nüsse oder 50 g Kokosflocken
20 g Zucker ➤ 2 g Süßstoff
Mark von 1 Vanilleschote, Saft und Schale von ½ Bio-Zitrone oder Bio-Orange, Zimt, evtl. Rum

Alle Zutaten verrühren.

Gesamtmenge, berechnet mit Haselnüssen

kJ	kcal	Eiweiß (g)	Fett (g)	KH (g)	BE
3228.90	771.00	12.53	66.81	31.93	2.66
2910.44	695.00	12.53	66.81	11.97	1.00

Mohnfülle

50 g kochend heiße Milch, 100 g Mohn
20 g Zucker ➤ 2 g Süßstoff
20 g Marillenmarmelade
➤ Marmelade lt. Rezept auf Seite 211
Mark von 1 Vanilleschote, Saft und Schale von ½ Bio-Zitrone oder Bio-Orange, Zimt, evtl. Rum

Alle Zutaten verrühren.

Gesamtmenge

kJ	kcal	Eiweiß (g)	Fett (g)	KH (g)	BE
2560.40	611.05	21.99	43.97	32.72	2.73
2172.69	518.78	22.03	43.97	8.49	0.71

Überraschungskugeln

Mürbteig

300 g Weizenvollkornmehl
200 g Butter, 100 g Staubzucker
➤ 50 g Staubzucker und 5 g Süßstoff,
Gewürze, evtl. Milch, evtl. 1 kleines Ei

Mürbteig
Alle Zutaten in wenigen Sekunden im Thermomix oder in einem Standmixer vermischen, sodass Klumpen entstehen. KURZ zu einem glatten Teig zusammenkneten. Zu langes Kneten macht den Teig zäh.

Nussfülle

2 EL Milch (15 g)
1 gut gehäufter EL Nüsse (20 g)
1 TL Brösel (5 g)
1 TL Zucker (5 g) ➤ 1 g Süßstoff
1 TL Marillenmarmelade (5 g)
➤ Marmelade lt. Rezept auf Seite 211
1 TL Rum (5 g)
2 Msp. Zimt, 1 Schuss Zitronensaft
Bio-Zitronenschale

Mohnfülle

2 EL Milch (15 g)
1 gut gehäufter EL Mohn (20 g)
1 TL Brösel (5 g)
1 TL Zucker (5 g) ➤ 1 g Süßstoff
1 TL Marillenmarmelade (5 g)
➤ Marmelade lt. Rezept auf Seite 211
1 TL Rum (5 g)
2 Msp. Zimt, 1 Schuss Zitronensaft
Bio-Zitronenschale

> Tipp <

Formen Sie von der Fülle kleine Kugeln in der Größe von großen Haselnüssen, setzen Sie diese auf ein Backblech und lassen Sie die Kugeln im Tiefkühler gefrieren, bevor Sie sie in den Teig setzen. Die harten Kugeln lassen sich leichter mit dem Mürbteig umhüllen als die weiche Fülle.
Bleibt Teig über, probieren Sie eine der folgenden Varianten aus.

Fülle

Alle Zutaten verrühren.

Mürbteig vor der Verarbeitung ca. 30 Minuten in den Kühlschrank stellen. Kleine Kugeln formen. In die Mitte jeder Kugel eine Vertiefung eindrücken. Die Kugeln mit Mohn- oder Nussfülle füllen. Mind. 30 Minuten tiefkühlen. Eventuell mit Eiklar bestreichen und in Mohn oder geriebenen Nüssen wälzen. Im auf 180 °C Heißluft vorgeheizten Backrohr backen. Auskühlen lassen. Nach Belieben mit Schokoglasur verzieren.

Gesamtmenge Mürbteig

kJ	kcal	Eiweiß (g)	Fett (g)	KH (g)	BE
11803.44	2820.08	35.72	173.55	280.79	23.40
11007.29	2630.08	35.72	173.55	230.89	19.24

Gesamtmenge Nussfülle

kJ	kcal	Eiweiß (g)	Fett (g)	KH (g)	BE
827.23	197.41	3.21	13.65	12.84	1.07
735.53	175.59	3.22	13.65	6.79	0.57

Gesamtmenge Mohnfülle

kJ	kcal	Eiweiß (g)	Fett (g)	KH (g)	BE
681.90	162.71	5.07	9.07	11.77	0.98
579.73	138.39	5.08	9.08	5.71	0.48

Mürbteiggebäck – Variationen

Mürbteig zubereiten wie im Grundrezept auf Seite 177 beschrieben. Den Teig vor der Verarbeitung ca. 30 Minuten in den Kühlschrank stellen.

Orangenstangerl

Den Mürbteig zwischen zwei Bögen Backpapier ausrollen. Eventuell mit Eiklar bestreichen. Mit einem Teigrad den Teig in ca. 3 cm lange und 1½ cm breite Streifen schneiden. Backen.
Nach dem Backen je 2 Streifen mit heißer Marmelade zusammensetzen. Die Enden in heiße Marmelade oder Schokoladeglasur und anschließend in geriebene Nüsse tunken.

Mandarinen-Nuss-Kistchen

Den Mürbteig ½ cm dick ausrollen und Streifen von ca. 2 cm Breite herunterschneiden. Mit einem nassen Kochlöffelstiel oder Holzstab in die Mitte eine Rille eindrücken. Mit Eiklar bestreichen. Die Rille mit Nussfülle auffüllen. Backen. Sofort nach dem Backen schräge oder gerade Stücke abschneiden.

Mohnkistchen

Wie Mandarinen-Nuss-Kistchen, allerdings mit Mohnfülle auffüllen.

Geschichtete Nüsse

Den Mürbteig zwischen zwei Bögen Backpapier 2 mm dick ausrollen. Die Hälfte des Teiges mit Nussfülle bestreichen. Die zweite Hälfte über die Fülle klappen, evtl. mit Eiklar bestreichen, backen. Nach dem Backen noch warm in Würfel schneiden, nach Belieben mit Schokoglasur verzieren.

Mohn-, Mandel-, Nusstascherl

Den Teig zwischen zwei Bögen Backpapier 2 mm dick ausrollen. Mit einem runden Ausstecher Kekse ausstechen. Jeweils ein Häufchen beliebige Fülle in die Mitte setzen. Rundherum mit Wasser bestreichen und zusammenklappen. Die Teigränder fest zusammendrücken. Mit Eiklar bestreichen. In Mohn, Mandeln, Nüssen oder Kürbiskernen wälzen. Backen.

Bällchen

Aus dem Mürbteig Bällchen formen. Mit Eiklar bestreichen. In beliebigen Zutaten wälzen. Backen. Oder nach dem Wälzen mit einem nassen Kochlöffelstiel eine Vertiefung in die Mitte der Bällchen drücken, backen. Nach dem Backen die Vertiefung mit heißer Marmelade auffüllen.

Leuchtende Augen

Den Mürbteig zwischen zwei Bögen Backpapier 3 m
dick ausrollen. Mit einem runden Ausstecher Kekse u
mit einem Ringausstecher Ringe ausstechen. Die runc
Kekse mit Wasser bestreichen. Je einen Ring daraufs
Mit Eiklar bestreichen. Backen. Nach dem Backen di
tiefung mit heißer Marmelade auffüllen.

Gefüllte Schnecken

Den Mürbteig zwischen zwei Bögen Backpapier ca. 2 mm dick ausrollen. Mit einer beliebigen Fülle, z. B. Nussfülle, bestreichen. Wie einen Strudel dicht einrollen. Im Tiefkühler 1 Stunde gefrieren lassen. Scheiben herunterschneiden, backen. Nach dem Backen evtl. mit heißer Marmelade dünn bestreichen und die Ränder in z. B. Nüssen wälzen.

Schwarz-Weiß-Schnecken

Zwei Mürbteige zubereiten. In einen Teig 1 EL ungesüßtes Kakaopulver kneten. Jede Teigplatte zwischen zwei Bögen Backpapier 2 mm dünn ausrollen. Übereinanderlegen.
Die beiden Teigplatten dicht einrollen, 30 Minuten tiefkühlen, Scheiben abschneiden, mit Eiklar bestreichen, backen.

Spritzgebäck – Grundrezept

Mürbteig zum Dressieren

200 g zimmerwarme Butter
120 g Staubzucker ➤ 60 g Staubzucker und 6 g Süßstoff
2 zimmerwarme ganze Eier oder 1 Ei und 2 Eidotter
300 g Weizenvollkornmehl
Gewürze lt. Rezept auf Seite 224ff

> Tipp <

Alle Zutaten am Vortag aus dem Kühlschrank nehmen, damit sie die gleiche Temperatur aufweisen und dadurch der Teig nicht gerinnt!

Butter flaumig schlagen, Zucker einrühren, Eier nach und nach untermischen. Den Teig mindestens 10 Minuten rühren. Restliche Zutaten untermengen.

Wenn die Eier ausflocken, war der Temperaturunterschied der Zutaten zu groß. In diesem Fall die restlichen Zutaten hinzufügen, dann bindet die Masse wieder. Nur noch wenige Sekunden verrühren, sonst wird der Teig zäh.

Den Teig in einen Spritzsack füllen und beliebige Formen auf ein Backblech dressieren. Das Blech mit den Teiglingen vor dem Backen mindestens 1 Stunde kalt stellen, z. B. im Gefrierschrank, Kühlschrank oder im Winter auf dem Balkon, sonst verliert der Teig beim Backen die Form.

Heißluft: 180 °C, 10–15 Minuten. Backrohr vorheizen.

Haltbarkeit: 1 Monat

Teig - Gesamtmenge

kJ	kcal	Eiweiß (g)	Fett (g)	KH (g)	BE
12788.84	3055.08	48.62	184.75	301.45	25.12
11833.45	2827.08	48.62	184.75	241.57	20.13

Kränzchen

Mürbteig zubereiten wie im Grundrezept (s. o.) beschrieben. Mit einer Sterntülle kleine Kränzchen auf ein Blech dressieren, backen und ausgekühlt mit weißer Schokoladenglasur verzieren.

Walnusshäufchen

Mürbteig zubereiten wie im Grundrezept auf Seite 183 beschrieben. Kleine Häufchen auf ein Blech dressieren, backen. Ausgekühlt zur Hälfte in Schokoglasur tunken. Je eine Walnuss ebenfalls zur Hälfte tunken und versetzt auf die Kekse setzen.

Husarengupf

Mürbteig zubereiten wie im Grundrezept auf Seite 183 beschrieben. Mit einer Sterntülle kleine Kugerln auf ein Blech dressieren. Mit einem nassen Kochlöffelstiel je eine Vertiefung in die Mitte drücken. Backen. Auskühlen lassen. Je einen Tupf heiße Marmelade in die Vertiefung setzen.

Häufchen

Mürbteig zubereiten wie im Grundrezept auf Seite 183 beschrieben. Mit einer kleinen Sterntülle kleine Häufchen kranzförmig auf ein Blech dressieren, backen.

Stäbchen

Mürbteig zubereiten wie im Grundrezept auf Seite 183 beschrieben. Mit einer Sterntülle kleine Stäbchen auf ein Blech dressieren, backen. Auskühlen lassen. Mit Schokoladenglasur verzieren oder in heiße Marmelade und anschließend in Nüsse, Mohn, Kokosflocken etc. tauchen.

Kipferl

Mürbteig zubereiten wie im Grundrezept auf Seite 183 beschrieben. Mit einer Sterntülle kleine Kipferl auf ein Blech dressieren, backen. Auskühlen lassen. Mit Schokoladenglasur verzieren.

Liebestaler

55 Stück

Teig

250 g Weizenvollkornmehl
½ gestrichener TL Natron (2 g)
50 g geröstete, gehackte Walnüsse
90 g Zucker ➤ 50 g Zucker und 4 g Süßstoff
2 EL Lebkuchengewürz oder eine Mischung aus Zimt, Nelken, Ingwer, Orangenschale, Muskat, Pfeffer, Saft und Schale von ½ Bio-Zitrone
60 g weiche Butter
30 g Sauerrahm
1 Ei

Zum Verzieren

Marillenmarmelade, gemahlene Walnüsse, evtl. Schokoglasur

Backblech mit Backpapier auslegen.

Mehl mit dem Natron vermischen. Alle Zutaten in wenigen Sekunden zu einem glatten, weichen Teig verkneten. ✗ **Achtung!** Langes Kneten macht den Teig zäh! Eine Rolle formen. 30 Minuten tiefkühlen. Backrohr auf 170 °C Heißluft oder 180 °C Unter-/Oberhitze vorheizen. Scheiben von der Rolle abschneiden. Auf das Backblech setzen, bei Heißluft 10 Minuten oder bei Unter-/Oberhitze ca. 12 Minuten backen. Nach dem Backen mit kochend heißer Marillenmarmelade bestreichen. Den Rand rundherum in Nüssen wälzen. Nach Belieben mit Schokoglasurtupfen verzieren.
Haltbarkeit: 1 Monat

pro Stück – ohne Verzierung berechnet

kJ	kcal	Eiweiß (g)	Fett (g)	KH (g)	BE
156.99	37.52	0.79	1.80	4.52	0.38
145.41	34.76	0.79	1.80	3.79	0.32

Mohn-Zimt-Kugeln

90 Stück

Teig

120 g Weizenvollkornmehl
100 g glattes Weizenmehl
150 g weiche Butter
100 g Mohn
70 g Staubzucker ➤ 40 g Zucker und 3 g Süßstoff
1 Eidotter
Saft und Schale von 1 Zitrone
Mark von 1 Vanilleschote
1 leicht gehäufter EL Zimt
ca. 4 EL eiskaltes Wasser

Zum Ausfertigen

ca. 1 Eiklar
ca. 15 g Mohnkörner zum Bestreuen

Backblech mit Backpapier auslegen. Backrohr auf 170 °C Heißluft vorheizen.

Für den Teig alle Zutaten der Reihe nach in eine Schüssel geben und in wenigen Sekunden – am besten mit der Küchenmaschine – zu einem glatten Teig verkneten. Nicht zu lange kneten, sonst wird der Teig zäh. Kleine Kugeln formen, in Eiklar und Mohn tauchen, auf das Backblech setzen und 12–15 Minuten backen.
Haltbarkeit: 1 Monat

> Tipp <

So geht das Ausfertigen besonders schnell: In eine große flache Schüssel oder einen Suppenteller das Eiklar geben und mit wenig Wasser versprudeln. In eine zweite Schüssel den Mohn. Die Kugeln evtl. vorher im Tiefkühler frieren, dann behalten sie die Form besser. Die Kugeln zuerst im Eiklar, dann im Mohn schütteln, bis sie rundherum bedeckt sind.

pro Stück

kJ	kcal	Eiweiß (g)	Fett (g)	KH (g)	BE
128.12	30.61	0.62	2.04	2.47	0.21
122.82	29.35	0.62	2.04	2.14	0.18

Mohnkipferl mit Kardamom *35 Stück*

Knetteig

50 g weiche Butter
50 g Sauerrahm
70 g Zucker ➤ 7 g Süßstoff
1 Ei
1 TL Zimt, 2 Msp. Kardamompulver,
Schale von ½ Bio-Orange
100 g Weizenvollkornmehl
100 g Mohn
½ Pkg. Weinsteinbackpulver (8 g)

Zum Eintauchen

Ca. 15 g Mohnsamen

Backblech mit Backpapier auslegen. Backrohr auf 170 °C Heißluft oder 180 °C Unter-/Oberhitze vorheizen.

Alle Zutaten der Reihe nach in eine Schüssel geben. Zum Schluss das Backpulver mit dem Mehl vermischen. In wenigen Sekunden mit einem Kochlöffel zu einem Knetteig vermengen. Kipferl formen. Die Spitzen der Kipferl in Mohn tauchen. Bei Heißluft ca. 10 Minuten, bei Unter-/Oberhitze ca. 12 Minuten backen.
Haltbarkeit: 3 Wochen

pro Stück

kJ	kcal	Eiweiß (g)	Fett (g)	KH (g)	BE
200.94	48.03	1.23	3.02	4.01	0.33
169.10	40.43	1.23	3.02	2.02	0.17

Schoko-Ricotta-Kugeln *20 Stück*

Teig
50 g Ricotta
1 EL Öl (8 g), z. B. Kürbiskernöl
50 g Zucker ➤ 5 g Süßstoff
20 g Zartbitterschokolade, grob hacken, auch für Diabetiker
1 TL ungesüßtes Kakaopulver (5 g)
1 Ei
Mark von 1 Vanilleschote
Schale von ½ Bio-Orange
1 Msp. Zimt
130 g Weizenvollkornmehl
¼ Pkg. Weinsteinbackpulver (4 g)

Backblech mit Backpapier auslegen. Backrohr vorheizen.

Zubereitung

Für den Teig alle Zutaten der Reihe nach in eine Schüssel geben. Zum Schluss das Backpulver unter das Mehl mengen. In wenigen Sekunden mit dem Kochlöffel zu einem festen Teig vermengen. Mit nassen Händen Kugeln formen. Eventuell in Schokostreuseln wälzen. Backen.

Backen

Heißluft: 170 °C, ca. 10 Minuten, bis zu 4 Bleche können auf einmal gebacken werden, oder Unter-/Oberhitze: 180 °C, ca. 12 Minuten, nur 1 Blech kann eingeschoben werden.

✗ Achtung!

Den Teig rasch verarbeiten und in das Backrohr schieben, am besten innerhalb von 5 Minuten, dann gehen die Kekse besonders schön auf.

Haltbarkeit: 3 Wochen
Aufbewahrung: Keksdose

pro Stück

kJ	kcal	Eiweiß (g)	Fett (g)	KH (g)	BE
201.39	48.13	1.39	1.56	7.05	0.59
161.58	38.63	1.39	1.56	4.55	0.38

Mohnkekse

40 Stück

Teig

1 Ei
½ Becher Sauerrahm (125 g)
beliebige Gewürze lt. Rezept auf Seite 224ff
70 g Zucker ➤ 30 g Zucker und 4 g Süßstoff
½ Becher Mohn (50 g), ersatzweise beliebige Nüsse oder ¼ Becher Kokosflocken
1 Becher Weizenvollkornmehl (140 g)
⅓ Packung Weinsteinbackpulver (6 g)

Zum Ausfertigen

40 g Mohn zum Wälzen
80 g Marmelade zum Verzieren, für Diabetiker Marmelade lt. Rezept auf Seite 211

Backblech mit Backpapier auslegen. Backrohr auf 170 °C Heißluft oder 180 °C Unter-/Oberhitze vorheizen.

Für den Teig alle Zutaten der Reihe nach in eine Schüssel geben. Zum Schluss das Backpulver über das Mehl sieben und in das Mehl einmengen. Die Masse mit einem Kochlöffel RASCH verrühren. Kleine Kugeln formen, in Mohn tauchen, mit einem nassen Kochlöffelstiel je ein Loch in die Mitte der Kekse eindrücken und bei Heißluft ca. 10 Minuten, bei Unter-/Oberhitze ca. 12 Minuten backen.

Nach dem Backen in die Vertiefung einen Tupf kochend heiße Marmelade füllen.
Haltbarkeit: 1 Monat

> Tipp <

Je weniger der Teig gerührt wird, desto flaumiger die Kekse.
Falls die Vertiefung nach dem Backen zu klein ist, einfach noch einmal in die ofenwarmen Kekse eine Vertiefung eindrücken.

pro Stück

kJ	kcal	Eiweiß (g)	Fett (g)	KH (g)	BE
160.77	38.44	1.13	1.65	4.73	0.39
137.92	33.02	1.13	1.65	3.30	0.28

Lebkuchen

Marillenlebkuchen

30 Stück

Für Diabetiker nicht ideal

Fülle – am Vortag vorbereiten

140 g getrocknete Marillen oder anderes Dörrobst, z. B. Dörräpfel, Dörrbirnen, Feigen, Datteln, Rosinen – ungeschwefelte Früchte verwenden!
9 EL Wasser (70 g)
2 EL Rum (15 g)

Alle Zutaten vermischen und zugedeckt über Nacht einweichen. Am nächsten Tag faschieren oder pürieren.
Backblech mit Backpapier auslegen. Backrohr auf 170 °C Heißluft vorheizen.

Lebkuchenteig

150 g Weizenvollkornmehl
90 g Roggenmehl
½ gestrichener TL Natron (2 g)
Saft und Schale von ½ Bio-Zitrone
70 g Zucker
3 EL Öl (24 g)
1 Ei
10 g Honig
1 EL Lebkuchengewürz
15 g Preiselbeermarmelade
ca. 5 EL Wasser (40 g)

Mehle mit dem Natron vermischen. Restliche Zutaten untermengen und rasch zu einem glatten Teig verkneten. ✗ **Achtung!** Langes Kneten macht den Teig zäh. Den Teig zwischen zwei Bögen Backpapier ausrollen. 60 runde Kekse ausstechen. Auf 30 Kekse je ein Häufchen von der Fülle setzen. Rundherum mit Wasser bestreichen und mit dem zweiten Keks abdecken. Teigränder fest zusammendrücken. Mit Eiklar bestreichen, mit Nüssen verzieren, 10–15 Minuten backen.
Haltbarkeit: 1 Monat.

Zum Ausfertigen

Eiklar zum Bestreichen
Pinienkerne oder andere Nüsse zum Verzieren

pro Stück – ohne Garnitur

kJ	kcal	Eiweiß (g)	Fett (g)	KH (g)	BE
249.56	59.59	1.26	1.18	10.35	0.86

Pflaumenlebkuchen

Wie Marillenlebkuchen, allerdings für die Fülle Dörrpflaumen verwenden. ✗ **Achtung!** Vor dem Faschieren der Pflaumen auf mögliche Kerne überprüfen!
Anstatt mit Pinienkernen werden die Pflaumenlebkuchen nach dem Backen mit Schokoladeglasur verziert.

Lebkuchenbussi mit Marmeladentupf *30 Stück*

Teig
3 EL Öl (25 g)
¼ Becher Sauerrahm (62 g)
1 EL Lebkuchengewürz
Mark von 1 Vanilleschote
70 g Zucker ➤ 7 g Süßstoff
2 Eier
200 g Weizenvollkornmehl
½ Pkg. Weinsteinbackpulver (8 g)

Zum Füllen
Ca. 40 g rote Marmelade ➤ für Diabetiker Marmelade lt. Rezept auf Seite 211

Backblech mit Backpapier auslegen. Backrohr auf 170 °C Heißluft oder 180 °C Unter-/Oberhitze vorheizen.
Für den Teig alle Zutaten der Reihe nach in eine Schüssel geben. Zum Schluss das Backpulver unter das Mehl mengen. In wenigen Sekunden mit dem Kochlöffel zu einem festen Teig vermengen. Mit 2 Teelöffeln Kugeln auf das Blech setzen. In jede Kugel mit einem nassen Kochlöffelstiel je eine Vertiefung eindrücken. Bei Heißluft ca. 10 Minuten, bei Unter-/Oberhitze ca. 12 Minuten backen. Nach dem Backen jede Vertiefung mit einem Tropfen kochend heißer Marmelade füllen. Eventuell die Vertiefungen vor dem Füllen noch einmal eindrücken.
Haltbarkeit: 3 Wochen.

pro Stück

kJ	kcal	Eiweiß (g)	Fett (g)	KH (g)	BE
203.50	48.64	1.28	1.70	6.94	0.58
161.68	38.68	1.28	1.70	4.33	0.36

Lebkuchenberge

45 Stück

Lebkuchenteig
60 g Sauerrahm
70 g weiche Butter
80 g Zucker ➤ 40 g Zucker und 4 g Süßstoff
1 Ei
1 EL Lebkuchengewürz
Schale von 1 Bio-Orange
Saft von ½ Orange
Mark von 1 Vanilleschote
200 g Weizenvollkornmehl
½ Pkg. Weinsteinbackpulver (8 g)

evtl. Eiklar oder Milch zum Bestreichen

Zum Verzieren
45 Mandelhälften

> Tipp <

Falls die Mandeln nach dem Backen herunterfallen, kleben Sie sie mit heißer Marillenmarmelade wieder auf die Lebkuchenberge.

Backblech mit Backpapier auslegen. Backrohr auf 170 °C Heißluft vorheizen.

Lebkuchenteig
Mehl und Backpulver vermischen. Alle Zutaten in wenigen Sekunden zu einem glatten, weichen Teig verrühren. Langes Rühren macht den Teig zäh. Mit 2 Teelöffeln kleine Häufchen oder Würfel auf das Blech setzen. Eventuell mit Eiklar oder Milch bestreichen. Mit je einer Mandelhälfte verzieren. 10–15 Minuten backen.
Haltbarkeit: 1 Monat

pro Stück

kJ	kcal	Eiweiß (g)	Fett (g)	KH (g)	BE
166.49	39.80	0.81	1.99	4.64	0.39
152.33	36.42	0.81	1.99	3.75	0.31

Dominosteine

50 Stück

Lebkuchenteig

150 g Roggenmehl
150 g Weizenvollkornmehl
½ gestrichener TL Natron (2 g)
80 g Zucker ➤ 50 g Zucker und 3 g Süßstoff
2 EL Lebkuchengewürz
2 Eier
ca. 200 ml Wasser (200 g)
Saft und Schale von ½ Bio-Zitrone

Kirschfülle

300 g Kirschmarmelade ➤ für Diabetiker Marillen- oder Beerenmarmelade lt. Rezept auf Seite 211
3 Blatt Gelatine, in 1 l kaltem Wasser ca. 10 Minuten einweichen, vor Verwendung die Gelatine gut ausdrücken

Marzipan

150 g Mandelblättchen oder geschälte Mandeln
50 g Marillenmarmelade
➤ Marillenmarmelade lt. Rezept auf Seite 211
1 Schuss Rosen- oder Kirschwasser

Zum Ausfertigen

250 g Marillengelee ➤ Marillenmarmelade lt. Rezept auf Seite 211
1 Becher Schokoladeglasur (250 g), auch für Diabetiker

Backblech mit Backpapier auslegen. Backrohr auf 170 °C Heißluft vorheizen.

Lebkuchenteig

Mehle mit dem Natron vermischen. Restliche Zutaten untermengen und rasch zu einem glatten Teig verkneten. Zu langes Kneten macht den Teig zäh. Den Teig mit einer nassen Teigkarte auf das Backblech streichen, 10–15 Minuten backen.

Kirschfülle

Die Marmelade erhitzen und vom Herd nehmen. Die Gelatine unter Rühren in der heißen Marmelade auflösen. Die Marmelade auf den Lebkuchen streichen. Im Kühlschrank stocken lassen.

pro Stück

kJ	kcal	Eiweiß (g)	Fett (g)	KH (g)	BE
350.29	83.47	2.06	2.51	12.85	1.07
295.22	70.48	2.08	2.51	9.47	0.79

> Tipp <

Befeuchten Sie das Blech, dann rutscht das Papier weniger.

Marzipan

Alle Zutaten in einer Moulinette oder mit dem Pürierstab zu einer feinen Paste verkneten. Zwischen zwei Bögen Backpapier ausrollen. Das Marzipanblatt mithilfe des Backpapiers auf die Kirschfülle setzen. Etwas andrücken. Die Marzipanplatte dünn mit kochend heißem Marillengelee bestreichen. Stocken lassen.

Die Teigplatte mit einem scharfen Messer, am besten einem elektrischen Messer, in kleine Würfel schneiden. Geht am besten, wenn Sie das Messer nach jedem Schnitt in kochend heißes Wasser tauchen und abtrocknen. Jeden Würfel an den Seiten dünn mit kochend heißem Gelee bestreichen und auf einem Gitter stocken lassen. In Schokoglasur tunken oder dünn mit Schokoglasur bestreichen. Eventuell die Würfel im Tiefkühler leicht anfrieren lassen, das erleichtert das Glasieren. Nicht komplett einfrieren, sonst werden die Würfel nach dem Auftauen matschig.

Diverse Kekse

Haselnussblätter

35 Stück

Teig
80 g Zucker, auch für Diabetiker
40 g Butter
150 ml Milch (150 g)
150 g geröstete, grob gehackte Haselnüsse oder andere Nüsse
45 g Weizenvollkornmehl
beliebige Gewürze lt. Rezept auf Seite 224ff

1 EL gehackte Nüsse zum Bestreuen (15 g)

Backblech mit Backpapier auslegen. Backrohr auf 170 °C Heißluft oder 180 °C Unter-/Oberhitze vorheizen.

Teig
Zucker, Butter und Milch zu einem dicken Brei einkochen. Vom Herd nehmen. Restliche Zutaten untermengen. Mit zwei Teelöffeln kleine Häufchen auf das Blech setzen. Abstand halten! Laufen auseinander. Mit Nüssen bestreuen. Bei Heißluft ca. 10 Minuten, bei Unter-/Oberhitze ca. 12 Minuten backen. Haltbarkeit: 1 Monat

pro Stück

kJ	kcal	Eiweiß (g)	Fett (g)	KH (g)	BE
234.15	55.91	0.83	4.22	3.76	0.31

Florentiner nach Dr. Helliger

25 Stück

Für Diabetiker nicht ideal

Teig

⅛ l Rahm (125 g), 60 g Zucker
10 g Weizenvollkornmehl
80 g ungeschwefelte Trockenfrüchte, sehr! fein hacken, 80 g geröstete, grob gehackte Nüsse, Mandeln, Mandelblättchen oder Mandelstifte
evtl. Schokolade zum Glasieren

> Tipps <

Runde Florentiner: Die heißen Florentiner nach dem Backen mit einem befetteten, runden Krapfen- oder Keksausstecher in Form bringen. Oder die Ränder mit einem Messer gerade richten.

Würfel: Die Masse auf ein mit Backpapier ausgelegtes Backblech streichen und nach dem Backen noch warm in Würfel schneiden.

Trockenfrüchte hacken: Je feiner die Trockenfrüchte gehackt werden, umso besser das Endergebnis. Vermischen Sie die Trockenfrüchte mit dem Mehl und hacken Sie das Gemisch in einer Moulinette, dem Thermomix oder in einem Standmixer.

Noch saftiger schmecken die Florentiner, wenn Sie die gehackten Trockenfrüchte über Nacht in 2 EL Rum und 1 EL Wasser einweichen.

Nach einem Rezept von einem der besten Chemiedozenten, Dr. Helliger.

Backblech mit Backpapier auslegen. Backrohr auf 160 °C Heißluft vorheizen.
Für den Teig Rahm, Zucker und Mehl unter ständigem Rühren kochen, bis die Masse dicklich ist. Vom Herd nehmen. Trockenfrüchte und Nüsse untermengen. Mit einem Teelöffel kleine Häufchen in genügend Abstand voneinander (laufen auseinander!) auf das Backblech setzen. 15–25 Minuten backen. Die Farbe der fertig gebackenen Florentiner soll ein mittleres Braun sein. Zu kurz gebackene Florentiner bleiben weich. Falls die Florentiner nach dem Auskühlen zu weich sind, schieben Sie sie noch einmal für ein paar Minuten in das Backrohr.
Eventuell die untere Seite der Florentiner mit dunkler Schokolade glasieren.
Haltbarkeit: 1 Monat, in der Keksdose, die nicht verschlossen wird. In einer verschlossenen Dose werden die Florentiner weich.

pro Stück

kJ	kcal	Eiweiß (g)	Fett (g)	KH (g)	BE
236.48	56.76	0.59	3.72	5.20	0.43

Kipferl nach Burgenländer Art *50 Stück*

Germteig
¼ Würfel frische Hefe (10 g)
ca. 5 EL lauwarmes Wasser (ca. 40 g)
200 g Weizenvollkornmehl
30 g weiche Butter
1 Ei
Mark von 1 Vanilleschote
1 TL Zimt
2 Msp. Nelkenpulver
1 Msp. Anispulver
Schale von 1 Bio-Zitrone

Schneemasse
2 Eiklar
100 g Zucker, auch für Diabetiker

Zum Bestreuen
100 g beliebige Nüsse, geröstet, gehackt, ersatzweise Kürbiskerne oder Mohn

Germteig

Hefe und Wasser verrühren. Restliche Zutaten untermischen und zu einem glatten Teig verkneten. Luftdicht verschließen, z. B. in einer Germteigschüssel oder mit einer Frischhaltefolie abgedeckt, ca. 40 Minuten rasten lassen.
Das Backrohr auf 160 °C Heißluft vorheizen.
Den Teig ca. 2 mm dünn zu einem Rechteck ausrollen. Schneemasse daraufstreichen und mit den Nüssen bestreuen.
Das Teigblatt in 3 Streifen schneiden. Jeden Streifen von der breiten Seite her wie einen Strudel einrollen. Mit einem runden Ausstecher vorsichtig Monde ausstechen. Auf ein mit Backpapier ausgelegtes Backblech setzen und 12–20 Minuten hell backen.

Schneemasse

Eiklar und Zucker steif schlagen.

pro Stück

kJ	kcal	Eiweiß (g)	Fett (g)	KH (g)	BE
170.38	40.70	1.02	2.02	4.61	0.38

Verschiedenes

Palatschinkenteig

Palatschinkentorte

1 Torte à 12 Stück

Palatschinken (ca. 6 Stück)
¼ l Milch (250 g)
100 g Weizenvollkornmehl
beliebige Gewürze lt. Rezept auf Seite 224ff
1 Ei
ca. 4 EL prickelndes Mineralwasser

2 EL Öl (15 g) zum Backen der Palatschinken

Fülle
½ l Milch (500 g)
2 Pkg. Vanillepuddingpulver oder 70 g Maisstärke
1 Becher Sauerrahm (250 g)
70 g Zucker ➤ 7 g Süßstoff
Saft und Schale von ½ Bio-Zitrone
Mark von 1 Vanilleschote
evtl. 1 EL Rum
200 g Marmelade ➤ Marmelade lt. Rezept auf Seite 211

Zwei Backbleche mit Backpapier auskleiden.

Palatschinken

Milch, Mehl und Salz verrühren. 5 Minuten quellen lassen. Das Mehl dickt erst nach ein paar Minuten ein. In der Zwischenzeit die Pfanne vorbereiten. Ei und Mineralwasser rasch locker unter den Teig mengen. In wenig heißem Öl dünne Palatschinken backen. Zum Auskühlen die Palatschinken ÜBEREINANDERLEGEN und zudecken, damit die Palatschinken aufgrund des geringen Fettgehalts beim Backen nicht austrocknen.

pro Stück

kJ	kcal	Eiweiß (g)	Fett (g)	KH (g)	BE
720.34	172.14	4.32	6.00	24.78	2.07
569.75	136.42	4.35	6.00	15.40	1.29

> Tipp <

Anstatt Marmelade können Sie auch beliebiges frisches oder tiefgefrorenes Obst, z. B. Himbeeren, auf einer Cremeschicht verteilen.

Fülle

Zwei Drittel der Milch aufkochen. Die restliche Milch mit dem Puddingpulver verrühren und unter Rühren in die Milch einkochen, bis es kräftig blubbert. Vom Herd nehmen. Überkühlen lassen. Restliche Zutaten untermengen und mixen oder pürieren.
Marmelade erhitzen, damit sie sich besser verstreichen lässt und besser haftet.
Die Palatschinken nebeneinander auf das Blech legen. Die schönste Palatschinke als Deckel auf die Seite geben. Jede Palatschinke zuerst mit heißer Marmelade, dann mit Creme bestreichen. Wer möchte, kann eine Palatschinke auch ausschließlich mit Marmelade bestreichen. 1 Stunde kalt stellen, sodass der Belag stockt. Die Palatschinken vorsichtig übereinanderlegen. Die auf die Seite gegebenen Palatschinke als Deckel darauflegen. Im Kühlschrank 1 Stunde stocken lassen. Würden Sie die Palatschinken sofort aufeinanderschlichten, würde die Fülle herausquillen.

Sauerteig

Hermannkuchen

1 Kuchen à 12 Stück

Sauerteig, dessen Reifung mehrere Tage in Anspruch nimmt.
Der Teig soll leicht säuerlich, aber nicht nach Essig riechen. Riecht der Teig nach Essig, ist er verdorben. Das passiert, wenn es Hermann zu warm, zu trocken oder zu feucht war oder wenn sich Bakterien dazugesellt haben.
✗ **Achtung!** Rühren Sie den Teig täglich mindestens 2-mal um!

Tag 1

100 g Weizenvollkornmehl
1 EL Zucker (15 g), auch für Diabetiker
¼ Würfel frische Hefe (10 g)
ca. 100 ml lauwarmes Wasser (100 g)

Tag 1

Alle Zutaten vermischen, in eine große Schüssel geben, mit einem Geschirrtuch abdecken. Bei ca. 24 °C 24 Stunden reifen lassen. Der Teig geht zuerst auf, fällt dann zusammen und beginnt säuerlich zu riechen. Sollte der Teig nach 24 Stunden noch nicht säuerlich riechen, muss er so lange reifen, bis er säuerlich riecht.

Tag 2

24 Stunden in den Kühlschrank stellen. Zudecken.

Tag 3

140 g Weizenvollkornmehl
ca. 100 ml lauwarmes Wasser (ca. 100 g)

Tag 3

Zum Basisteig mischen und verrühren. Mit einem Geschirrtuch abdecken und bei ca. 24 °C 24 Stunden reifen lassen.

Tag 4 und 5

Im Kühlschrank reifen lassen. Zudecken.

Tag 6 und 7

140 g Weizenvollkornmehl
ca. 100 ml lauwarmes Wasser (ca. 100 g)

Tag 6 und 7

Zum Basisteig mischen und verrühren. Mit einem Geschirrtuch abdecken und bei ca. 24 °C 2 Tage reifen lassen. Der Teig soll leicht säuerlich riechen. Notfalls länger reifen lassen.

Backtag

½ Apfel, ungeschält grob raspeln (70 g)
3 Eier
beliebige Gewürze lt. Rezept auf Seite 224ff
125 ml Öl (125 g)
150 g Zucker ➤ 80 g Zucker und 7 g Süßstoff
280 g Weizenvollkornmehl
1 Pkg. Weinsteinbackpulver (16 g)
Milch oder Wasser nach Bedarf

600 g Obst zum Belegen, z. B. Pfirsichspalten

> Tipps <

Sie können den Teig mit diversen Zutaten verfeinern, z. B. Rosinen, Mohn, Kokosflocken, gerösteten und gehackten beliebigen Nüssen, Kakaopulver, Löskaffeepulver oder anstatt Obst Marmeladehäufchen auf den Teig setzen.

So verwenden Sie den restlichen Teig weiter:
Nehmen Sie ein Viertel des Grundteiges und starten Sie mit Tag 3. Den restlichen Teig können Sie verschenken oder im Kühlschrank für ca. 14 Tage zugedeckt aufbewahren. Alle paar Tage umrühren.

Backtag

Den Teig in 4 Teile teilen. Ein Viertel vom Teig entnehmen. Der restliche Teig kann verschenkt oder im Kühlschrank für weitere Kuchen aufbewahrt werden.
Eine große, runde Kuchenform und das Obst für den Belag vorbereiten. Backrohr auf 170 °C Heißluft vorheizen.
Für den Teig das Viertel vom Ansatz mit den restlichen Zutaten in wenigen Sekunden! verrühren, dabei das Backpulver mit dem Mehl vermengen. Je kürzer Sie rühren, desto flaumiger wird der Kuchen. So viel Milch oder Wasser dazugeben, dass der Teig eine dickflüssige Kuchenteigkonsistenz annimmt.
Den Teig rasch in eine Form füllen, belegen und 40–60 Minuten backen. Stäbchenprobe.

pro Stück

kJ	kcal	Eiweiß (g)	Fett (g)	KH (g)	BE
1193.57	285.27	5.67	12.55	37.18	3.10
1100.69	263.10	5.67	12.55	31.36	2.61

Topfentorte mit Cassis

1 Torte ohne Boden à 12 Stück

Masse

3 Pkg. Magertopfen (750 g)
1 Becher Sauerrahm (250 g)
4 Eier
2 Pkg. Vanillepuddingpulver oder
80 g Maisstärke
180 g Zucker ➤ 15 g Süßstoff
Mark von 1 Vanilleschote
Saft und Schale von 1 Bio-Zitrone oder
½ Bio-Orange

Belag

800 g Schwarze Johannisbeeren oder andere Beeren
1 Pkg. Tortengelee – klar (11 g)
2 EL Zucker (30 g) ➤ 3 g Süßstoff

Eine große, runde Kuchenform vorbereiten. Backrohr auf 170 °C Heißluft vorheizen.
Für die Masse alle Zutaten verrühren. In die Form streichen. Im Backrohr mindestens 1 bis 1½ Stunden backen. Die Kerntemperatur soll bei 95 °C liegen. Aus dem Backrohr nehmen und auskühlen lassen. Die Kuchenform mit Frischhaltefolie auskleiden. Den Topfenboden hineinsetzen. Mit den Beeren abdecken. Das Tortengelee darüber verteilen. Stocken lassen.

Tortengelee

Geleepulver und ¼ l kaltes Wasser aufkochen und unter gelegentlichem Rühren 15 Sekunden kochen. Vom Herd nehmen, ca. 2 Minuten überkühlen. Den Zucker untermischen. Eventuell noch etwas abkühlen lassen, das Gelee muss flüssig bleiben, aber nicht so flüssig wie Wasser, weil es sonst den Kuchen aufweicht. Falls das Gelee eindickt, noch einmal ganz kurz erwärmen, nicht aufkochen!

> Tipp <

Anstatt das Obst nach dem Backen mit dem Gelee auf dem Kuchen zu verteilen, können Sie das Obst – frisch oder tiefgefroren – direkt auf die Masse streuen und mitbacken. In diesem Fall reichen 600 g Obst aus. Das Tortengelee entweder weglassen oder auf ½ Packung reduzieren.

pro Stück

kJ	kcal	Eiweiß (g)	Fett (g)	KH (g)	BE
1000.62	239.19	11.39	5.28	34.58	2.88
719.35	172.06	11.39	5.28	17.11	1.43

Toastbrotkuchen *1 Kuchen à 12 Stk.*

Brotmasse
200 g Vollkorntoastbrot, in Würfel schneiden
6 EL Öl (50 g)
50 g flüssiger Honig oder Zucker ➤ 5 g Süßstoff
beliebige Gewürze lt. Rezept auf Seite 224ff
½ Pkg. Weinsteinbackpulver (8 g)

Zum Bestreichen
400 g weiche, gut streichfähige Preiselbeermarmelade, notfalls mit Wasser verdünnen ➤ Marmelade lt. Rezept auf Seite 211

Topfenbelag
2 Eier
1 Pkg. Magertopfen (250 g)
½ Becher Sauerrahm (125 g)
Mark von 1 Vanilleschote
Saft und Schale von 1 Bio-Zitrone
beliebige weitere Gewürze
50 g Zucker oder Honig ➤ 5 g Süßstoff
1 EL Haferkleie (15 g)
1 Pkg. Vanillepuddingpulver oder 40 g Maisstärke

Eine große, runde Kuchenform oder ein Backblech und den Belag vorbereiten. Backrohr auf 170 °C Heißluft vorheizen.

Topfenbelag
Alle Zutaten verrühren.

Brotmasse
Alle Zutaten innerhalb weniger Sekunden zu einer bröseligen Masse vermengen und RASCH ca. 1 cm hoch in die Kuchenform oder auf das Blech drücken. Marmelade darüber verteilen. Mit der Topfencreme abdecken. Ca. 1 Stunde backen. Kerntemperatur 95 °C.

pro Stück

kJ	kcal	Eiweiß (g)	Fett (g)	KH (g)	BE
862.19	205.42	5.87	7.63	27.87	2.33
630.21	150.53	5.88	7.67	13.37	1.12

Süßes Bröselbrot

1 Kuchen à 12 Stück

Bröselmasse

Ca. 3 Äpfel, mit Schale grob raspeln (400 g)
2 Eier
80 g Zucker ➤ 30 g Zucker und 5 g Süßstoff
80 g geröstete, geriebene oder gehackte beliebige Nüsse
40 g Weizenvollkornmehl
beliebige Gewürze lt. Rezept auf Seite 224ff
100 g Brösel, am besten Vollkornbrösel
1 Pkg. Weinsteinbackpulver (16 g)

Ideale Verwertung von Lageräpfeln!

Ein Backblech mit Backpapier auskleiden. Backrohr auf 170 °C Heißluft vorheizen.
Alle Zutaten der Reihe nach in eine Schüssel geben. Zum Schluss in wenigen Sekunden mit der Hand verkneten, dabei das Backpulver unter die trockenen Zutaten mischen. Aus dem sehr feuchten Teig zwei baguetteähnliche Wecken formen und im Backrohr 35–50 Minuten backen.

pro Stück

kJ	kcal	Eiweiß (g)	Fett (g)	KH (g)	BE
601.87	143.76	3.17	5.68	19.83	1.65
535.53	127.93	3.17	5.68	15.68	1.31

Anhang

Plunderteig *Teig reicht für 2 Strudel bzw. mindestens 15 Stück Kleingebäck*

Germteig

500 g Weizenvollkornmehl, 8 EL Öl (60 g), ca. ¼ l kalte Milch (250 g), 1 ganzes Ei, ½ Würfel frische Hefe (20 g) oder 1 Pkg. Trockenhefe, Gewürze lt. Rezept auf Seite 224ff, 3 EL Zucker (45 g) ➤ 3 g Süßstoff

Alle Zutaten kalt! vermengen. Zu einem glatten Teig verkneten. Eine Kugel formen, diese kreuzweise einschneiden und luftdicht zugedeckt in einer Germteigschüssel oder mit einer Frischhaltefolie abgedeckt 1 Stunde im Kühlschrank rasten lassen. Ein Geschirrtuch wäre zu wenig luftdicht. Die Oberfläche würde austrocknen und dadurch würden im Teig harte Stellen entstehen.

Fettziegel

300 g in Stücke geschnittene Butter, 40 g Weizenvollkornmehl
Mehl und Butter rasch! verkneten, am besten in der Küchenmaschine. Zu einem flachen Ziegel formen, z. B. mithilfe einer Frischhaltefolie. Ca. 30 Minuten im Kühlschrank rasten lassen. Das Gemisch soll zwar kalt, aber noch nicht ganz hart sein, sonst lässt sich der Fettziegel nicht mehr gut in den Teig einarbeiten.

Ausarbeiten des Teiges

Immer rasch arbeiten, der Teig muss kühl bleiben!
Den Teig zu einem ca. DIN-A4-großen Rechteck auswalken, den Fettziegel zwischen zwei Blättern Pergament- oder Backpapier etwa halb so groß ausrollen. Den Fettziegel auf den Teig legen. Den überstehenden Teig darüberklappen. Der Fettziegel muss rundherum gleich dick mit Teig bedeckt sein, sonst tritt später beim Backen stellenweise das Fett aus. Das Teigpaket mit dem Nudelwalker zwischen zwei Bögen Backfolie auf Fingerdicke ausrollen. Der Fettziegel darf nicht zerstört werden, da sonst das Fett beim Backen austritt und der Teig nicht mehr blättrig wird. Sollte das Fett zu weich werden, stellen Sie den Teig für ein paar Minuten in den Tiefkühlschrank. Nun folgt das **Tourieren**. Also der schichtweise Aufbau von Teig- und Fettlagen.

Tour 1 – einfache Tour: Den Teig ca. 1 cm dick zu einem Rechteck ausrollen. Von einer Seite den Teig zur Mitte hin einschlagen, die andere Seite bündig darüberklappen. Es entstehen drei Teigschichten. Den Teig mit Mehl bestäuben und ca. 30 Minuten im Kühlschrank oder 10 Minuten im Tiefkühlschrank rasten lassen. Mehl mit einem Pinsel locker abbürsten und nach der nächsten Tour wiederverwenden

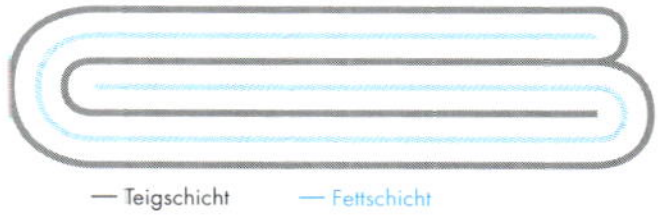

Tour 2 – doppelte Tour: Den Teig ca. 1 cm dick ausrollen. Den Teig von rechts und links zur Mitte hin einschlagen, sodass die beiden Teigenden zusammenstoßen. Den Teig noch einmal zusammenklappen, sodass vier Teigschichten entstehen. Den Teig mit Mehl bestäuben und ca. 30 Minuten im Kühlschrank oder 10 Minuten im Tiefkühlschrank rasten lassen. Mehl mit einem Pinsel locker abbürsten und nach der nächsten Tour wiederverwenden.

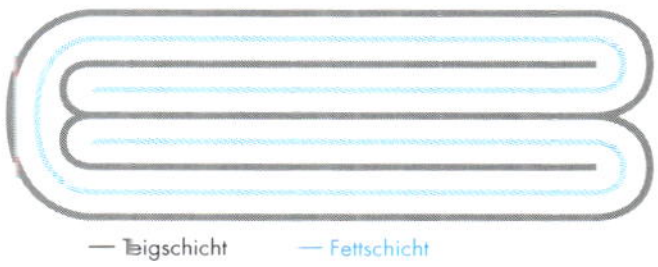

Tour 1 und 2 mindestens 3-mal wiederholen. Je öfter Sie die Touren wiederholen, desto blättriger wird der Teig.

Den Teig ausrollen und beliebig weiterverarbeiten. Den Teig niemals zusammenkneten, sondern immer übereinanderlegen und ausrollen, sonst werden die Schichten zerstört.

Backtemperatur: Backrohr auf 180 °C Heißluft vorheizen oder bei 220 °C Unter-/Oberhitze 5 Minuten anbacken und bei 180 °C Unter-/Oberhitze fertig backen.

Backdauer: ca. 15 Minuten bis 1 Stunde, je nach Größe des Gebäcks. Die geformten Teigstücke vor dem Backen mit Wasser befeuchten. Dazu einen Pinsel in Wasser tauchen und dieses über den Teig sprenkeln oder mit der Wassersprühflasche darübersprühen.

Garprobe: Die Oberfläche des Gebäcks soll schön braun und knusprig sein, die Kerntemperatur der Fülle soll bei großen Gebäckstücken bei mindestens 90 °C, bei Topfenfüllen und sehr feuchten Füllen bei 95 °C liegen. Bei der Stäbchenprobe darf kein Teig mehr am Stäbchen kleben bleiben.

Gesamtmenge

kJ	kcal	Eiweiß (g)	Fett (g)	KH (g)	BE
20311.55	4852.45	81.66	336.34	380.64	31.73
19579.31	4677.70	81.66	336.34	335.73	27.98

Blätterteig *Teig reicht für 1 Strudel bzw. mindestens 10 Stück Kleingebäck*

Strudelteig

250 g fein vermahlenes Weizenvollkornmehl
ca. 120 ml Wasser (ca. 120 g)
1 Prise Salz
3 EL Öl (24 g)
1 EL Weißwein- oder klarer Apfelessig ohne Zucker- oder Mostzusatz (8 g)

Fettziegel

300 g in Stücke geschnittene Butter
100 g Weizenvollkornmehl

> Gut zu wissen! <

Blätterteig besteht aus einem Strudelteig und einem großen Fettstück, dem so genannten „Fettziegel". Er ist der fettreichste Teig.

Strudelteig

Alle Zutaten zu einem glatten, nicht klebrigen, aber weichen Teig verkneten. Den Teig rundherum mit Öl bestreichen und luftdicht zugedeckt in einer Germteigschüssel oder mit einer Frischhaltefolie abgedeckt im Kühlschrank 30 Minuten rasten lassen.

Weitere Zubereitung wie bei Plunderteig von Seite 208 beschrieben, nur anstatt Germteig den Strudelteig verwenden.

Backtemperatur: Backrohr auf 200 °C Heißluft oder 220 °C Unter-/Oberhitze vorheizen. Ist die Temperatur im Backrohr zu kalt, läuft das Fett aus.
Backdauer: ca. 5 Minuten bis 1 Stunde, je nach Größe des Gebäcks und ob ungefüllt oder gefüllt. Den Teig vor dem Backen mit Wasser besprenkeln, dazu einen Pinsel in Wasser tauchen und dieses über den Teig sprenkeln.

Garprobe: Die Oberfläche des Gebäcks soll schön braun und knusprig sein, die Kerntemperatur der Fülle soll bei großen Gebäckstücken bei mindestens 90 °C, bei Topfenstrudel und Strudel mit sehr feuchter Fülle bei 95 °C liegen.

Gesamtmenge

kJ	kcal	Eiweiß (g)	Fett (g)	KH (g)	BE
14714.18	3516.10	41.98	281.62	210.20	17.51

Marmelade

In eine gesunde Bäckerei sollte eine gesunde Marmelade, die zusätzlich durch einen geringen Kaloriengehalt punktet. Aber wie wird eine Marmelade gesund und kalorienarm? Es gibt eine einfache Faustregel: je höher der Fruchtanteil, desto mehr Wirkstoffe und desto weniger Kalorien. Warum? 100 g Obst enthalten – je nach Sorte – 30–50 kcal, 100 g Zucker 400 kcal. Also das 8- bis 13-Fache. Das heißt, eine Marmelade sollte mindestens einen Fruchtanteil von 75 % aufweisen, das entspricht dem Gelierzucker oder Gelierpulver 3:1. Zum Vergleich: Eine Marmelade, die einen Fruchtanteil von 50 % aufweist, entspricht dem Gelierzucker 1:1, also 1 kg Zucker auf 1 kg Frucht. Diabetiker können jede Marmelade komplett ohne Zucker herstellen. Einfach Gelierpulver 3:1 mit dem Obst aufkochen und NACH dem Kochen Süßstoff untermischen.

Marmelade – Grundrezept

1½ kg Obst, 100 ml Wasser (100 g), 1 Pkg. Gelierzucker 3:1 (500 g)

Alle Zutaten verrühren und unter Rühren aufkochen. 6–10 Minuten sprudelnd kochen. Sofort randvoll in saubere Schraubverschlussgläser gießen, rasch verschließen. **Auf dem Deckel stehend lagern.** So ersparen Sie sich das zusätzliche Konservierungsmittel.
Diabetikervariante: Gelierpulver 3:1 (25 g) und ca. 15 g Süßstoff anstatt Gelierzucker verwenden. Süßstoff erst nach dem Kochen hinzufügen, sonst geht evtl. ein Teil der Süßkraft verloren.

Gesamtmenge – berechnet mit Freiselbeeren

kJ	kcal	Eiweiß (g)	Fett (g)	KH (g)	BE
10825.00	2560.00	4.50	7.50	596.50	49.70
2951.05	708.00	4.50	7.55	125.75	10.45

Gesamtmenge – berechnet mit Marillen

kJ	kcal	Eiweiß (g)	Fett (g)	KH (g)	BE
11050.00	2605.00	13.50	1.50	618.10	51.50
3176.05	753.00	13.50	1.55	147.35	12.25

Kompott

Ca. 1 l Wasser
600 g Obst
40 g Zucker ➤ 4 g Süßstoff
beliebige Gewürze, z. B. Zimtrinde, Zitronenschale, Nelken, Vanille, Zitronenmelisse

Wasser aufkochen, Gewürze hinzufügen. Zugedeckt 5 Minuten köcheln lassen. Obst einfügen und je nach Größe der Obststücke weitere 3–15 Minuten zugedeckt köcheln lassen. Eventuell heißes Wasser nachgießen. Vom Herd nehmen, überkühlen und süßen.

> Tipp<

Geben Sie die Gewürze in ein Tee-Ei, dann entfällt nach dem Kochen die lästige Suche nach den Gewürzen.

Gesamtmenge – berechnet mit Marillen

kJ	kcal	Eiweiß (g)	Fett (g)	KH (g)	BE
1740.80	414.00	5.40	0.60	91.16	7.59
1103.88	262.00	5.40	0.60	51.24	4.26

Kompott im Einweckglas

Einwecken ist auch unter den Bezeichnungen Einkochen und Einrexen bekannt. Sie benötigen Einweckgläser, passende Gummiringe, die noch elastisch sein müssen, frisches aromatisches Obst, evtl. Gewürze, Zucker ➤ Süßstoff, Wasser
Und so wird´s gemacht: Einweckgläser und Deckel auf Bruchstellen kontrollieren. Dazu mit dem Finger am Gläser- und Deckelrand entlangfahren. Nur einwandfreie Gläser verwenden, sonst haftet der Deckel nicht.
Gummiringe auf Elastizität überprüfen. Im Zweifelsfall neue Gummiringe verwenden. Gläser, Deckel und Gummiringe sauber waschen. Spülmittelreste oder Glanzspülerreste gut mit Wasser abspülen!
Obst bis ca. 3 cm unter dem Glasrand einfüllen.
Pro 1 Liter Kompottglas 3 EL Zucker (45 g) ➤ 5 g Süßstoff über den Früchten verteilen. Evtl. Gewürze hinzufügen, z. B. Sternanis, Zimtstange, Nelken, Bio-Zitronenschale, Bio-Orangenschale, Eck einer Vanilleschote. Nicht zu viel würzen, schmeckt sonst zu intensiv. Gewürze nur im Ganzen verwenden, gemahlene Gewürze können verklumpen und wirken optisch unansehnlich.
Mit Wasser so weit auffüllen, bis die Früchte vollständig mit Wasser bedeckt sind. Maximal aber 2 cm unter dem Gläserrand.

> **> Tipp<**
>
> Eine kräftige Gummiringfarbe ist meistens der Garant für einen elastischen Gummiring. Unelastische Gummiringe werden in der Farbe blass.

Den Glasrand sowie den Deckel mit einem Küchenpapier säubern und gut trocknen.

✗ **Achtung!** Bei Verschmutzung oder feuchtem Rand hält der Deckel nach dem Einwecken nicht.

Den Gummiring in den Deckel stecken bzw. auf das Glas setzen, je nach Gläsermodell.
Deckel daraufsetzen.
Mit Einweckklammern verschließen. Bei kleinen Klammern zwei Stück verwenden. Bei großen Bogenklammern, die das ganze Glas umspannen, eine Klammer.
Kompott im Dampfgarer, Einkochtopf (Glühweinkessel) oder notfalls im Kochtopf mit Holzbrett, auf das man die Gläser stellt, oder im Backrohr einwecken. Letztere zwei Varianten sind nicht so ideal, da die Gläser, wenn man nicht geübt ist, leicht springen.
Die Einkochdauer richtet sich nach dem verwendeten Gerät und der Konsistenz der Früchte und geht von ca. 30 Minuten – z. B. Erdbeeren – bis ca. 1 Stunde, z. B. harte Früchte wie Quitte.
Einkochtabellen finden Sie im Begleitheft des Dampfgarers, Einkochtopfs oder Backofens.
Vorsicht! Die Gläser sind nach dem Einkochen glühend heiß!

Die heißen Gläser auf ein Geschirrtuch oder Holzbrett stellen und mindestens 12 Stunden auskühlen lassen. Die heißen Gläser niemals auf eine kalte Unterlage stellen, die Gläser könnten springen! Verbrühungsgefahr!
Nach 1 bis 2 Tagen die Klammern entfernen. Nicht vorher, sonst geht das Glas wieder auf!
Bei jedem Glas kontrollieren, ob der Deckel hält.
Das Kompott mindestens 2 Monate durchziehen lassen, dann entfaltet sich das volle Aroma.
Während der Lagerzeit hin und wieder kontrollieren, ob die Deckel noch halten.

Eis

Für Eistorten oder Spaghetti-Eistorten. Dazu das Eis unmittelbar vor dem Servieren durch eine Kartoffelpresse auf den Kuchen oder die Törtchen pressen.
➤ Alle Eiskreationen können ausschließlich mit Süßstoff gesüßt werden.

Fruchteis

500 g Tiefkühlobst (ohne Kerne!)
250 g Milchprodukt
beliebige Gewürze
Zucker ➤ Süßstoff nach Geschmack

> Tipp<

Große Obststücke vor dem Tiefkühlen in kleine Stücke schneiden, z. B. Bananen, Äpfel oder Marillen, sonst lassen sie sich nicht pürieren. Obst entkernen.

Alle Zutaten in einem wattstarken Standmixer oder dem Thermomix fein pürieren. Falls das Eis nicht bindet, einen Schuss Milch hinzufügen. Sofort servieren!

Folgende Obstsorten sind geeignet:
Apfel, Birne, Quitte (vorgaren), Marille, Süßkirsche, Sauerkirsche (Weichsel), Pflaume, Mirabelle, Ringlo, Zwetschke, Pfirsich, Nektarine, alle Sorten von Beeren, z. B. Brombeeren, Himbeeren, Erdbeeren, Sanddornbeeren, Johannisbeeren, Stachelbeeren, Heidelbeeren, Preiselbeeren, kernlose Weintrauben, Ananas, Banane, frische Feigen, Kaki, Mango.

Folgende Milchprodukte sind geeignet:
Magertopfen, Buttermilch, Sauermilch, Acidophilusmilch, Naturjoghurt, Kefir, Sauerrahm, ungesalzener Frischkäse und Ricotta – die Milchprodukte können auch gemischt werden.

Gesamtmenge – berechnet mit Erdbeeren und Naturjoghurt

kJ	kcal	Eiweiß (g)	Fett (g)	KH (g)	BE
1330.00	317.50	14.00	10.00	38.00	3.17

Füllen zum Mitbacken *für Strudel, Taschen etc.*

> Tipp<

Für besonders saftige Füllen: Mischen Sie einen säuerlichen Apfel in die Fülle. Dazu den Apfel mit der Schale grob raspeln.

Hinweis zum Backen: Die Füllen sind fertig gebacken, wenn die Kerntemperatur bei festen Füllen, z. B. Kokos-, Nuss-, Mohn- und Kürbiskernfülle, bei 90 °C, bei feuchten Füllen, z. B. Obst-, Topfen- und Joghurtfülle, bei 95 °C liegt.
➤ Alle Füllen können ausschließlich mit Süßstoff gesüßt werden.

Kokosfülle

Menge zum Füllen eines Germteigstrudels oder 10 Stk. Kleingebäck

¼ l Milch (250 g)
130 g Kokosflocken
50 g Vollkornbrösel
50 g Marillen- oder Orangenmarmelade
➤ Marmelade lt. Seite 211
70 g Zucker oder Honig ➤ 7 g Süßstoff
Mark von 1 Vanilleschote
Saft und Schale von 1 Bio-Zitrone oder Bio-Limette

✗ **Achtung!** Feste Masse, dickt beim Auskühlen nach.
Alle Zutaten bis auf die Milch vermischen. Milch aufkochen und die kochend heiße Milch über die restlichen Zutaten gießen. Gut verrühren. Zugedeckt 10 Minuten ausquellen lassen. Falls die Fülle zu fest ist, mit etwas Milch oder Mineralwasser verdünnen.

Gesamtmenge

kJ	kcal	Eiweiß (g)	Fett (g)	KH (g)	BE
6329.61	1509.74	22.03	92.26	148.06	12.35
5041.87	1203.07	22.13	92.27	67.53	5.63

Nuss-, Mohn- oder Kürbiskernfülle

Menge zum Füllen eines Germteigstrudels oder 10 Stk. Kleingebäck

Variante 1 (feste, aber gut streichfähige Masse)

¼ l Milch (250 g), 200 g geröstete und gehackte oder gemahlene beliebige Nüsse ODER Mohn ODER geröstete und gehackte Kürbiskerne, 50 g Vollkornbrösel, 50 g Marmelade ➤ Marmelade lt. Rezept auf Seite 211, 70 g Zucker oder Honig ➤ 7 g Süßstoff, beliebige Gewürze, z. B. eine Mischung aus 1–2 TL Zimtpulver, 2 Msp. Nelkenpulver, Saft und Schale von 1 Bio-Zitrone, Bio-Limette oder Bio-Orange, Mark von 1 Vanilleschote

Alle Zutaten bis auf die Milch vermischen. Milch aufkochen und die kochend heiße Milch über die restlichen Zutaten gießen. Gut verrühren. Zugedeckt 10 Minuten ausquellen lassen.

Gesamtmenge – berechnet mit Haselnüssen

kJ	kcal	Eiweiß (g)	Fett (g)	KH (g)	BE
8518.11	2032.74	35.74	140.15	158.92	13.26
7230.37	1726.07	35.84	140.16	78.39	6.54

Variante 2 (feste Masse, dickt beim Auskühlen nach)

¼ l Milch (250 g), 100 g geröstete und gehackte oder gemahlene beliebige Nüsse ODER geröstete und gehackte Kürbiskerne ODER Mohn, 100 g Vollkornbrösel, 100 g beliebige Marmelade ➤ Marmelade lt. Rezept auf Seite 211, 70 g Zucker oder Honig ➤ 7 g Süßstoff, 1–2 TL Zimtpulver, 2 Msp. Nelkenpulver, Saft und Schale von 1 Bio-Zitrone oder Bio-Orange, Mark von 1 Vanilleschote

Zubereitung wie Variante 1.

Gesamtmenge – berechnet mit Haselnüssen

kJ	kcal	Eiweiß (g)	Fett (g)	KH (g)	BE
6788.86	1618.87	30.24	76.17	201.54	16.81
5327.99	1271.52	30.44	76.20	110.34	9.21

Variante 3 (feste, aber gut streichfähige Masse)

¼ l Milch (250 g), 40 g Grieß, 100 g geröstete und gehackte oder gemahlene beliebige Nüsse ODER geröstete und gehackte Kürbiskerne ODER Mohn, 50 g beliebige Marmelade ➤ Marmelade lt. Rezept auf Seite 211, ½ geriebener Apfel (ca. 70 g), 40 g Zucker oder Honig ➤ 4 g Süßstoff, beliebige Gewürze, z. B. eine Mischung aus 1–2 TL Zimtpulver, 2 Msp. Nelkenpulver, Saft und Schale von 1 Bio-Zitrone, Bio-Limette oder Bio-Orange, Mark von 1 Vanilleschote

Milch aufkochen, den Grieß einrühren, unter Rühren ca. 5 Minuten köcheln. Vom Herd nehmen und zugedeckt 15 Minuten ausquellen lassen. Mit den restlichen Zutaten vermischen.

Gesamtmenge – berechnet mit Haselnüssen

kJ	kcal	Eiweiß (g)	Fett (g)	KH (g)	BE
5201.61	1241.05	23.87	74.63	118.20	9.86
4391.56	1048.37	23.97	74.65	67.61	5.64

> Tipp<

Tipp für alle warm hergestellten Füllen: Werden die Füllen für einen Germteigstrudel verwendet, können Sie die Füllen lauwarm aufstreichen (Germteig liebt die Wärme), zur Füllung aller anderen Teige, z. B. Plunderteig, muss die Füllung vollständig auskühlen, sonst schmilzt der Teig.

Folgende Marmeladesorten passen zu folgenden Nüssen und Samen

Mohn: Preiselbeere, Himbeere, Marillen, Brombeere, Johannisbeere, Heidelbeere, Erdbeere, Weichsel, Pflaumen, Ringlo, Orangen, Powidl
Nüsse: Quitten, Marillen, Süßkirschen, Sauerkirschen (Weichsel), Pflaumen, Mirabellen, Ringlo, Zwetschken, Brombeere, Himbeere, Erdbeere, Sanddornbeere, Johannisbeere, Stachelbeere, Heidelbeere, Preiselbeere, Holunderbeere, Feigen, Mango, Orangen
Kürbiskerne: Marillen, Pflaumen, Mirabellen, Ringlo, Zwetschken, Brombeere, Himbeere, Erdbeere, Sanddornbeere, Johannisbeere, Stachelbeere, Preiselbeere, Orangen, Powidl
Folgende Nüsse sind geeignet: Haselnuss, Walnuss, Cashewnuss, Paranuss, Macadamianuss, Pekannuss, Mandel, Pistazie, Pinienkerne, Erdnüsse, aber auch Samen wie z. B. Sonnenblumenkerne, Kürbiskerne oder Sesam. Nüsse und Samen vor Verwendung im Backrohr bei Grillfunktion oder bei 200 °C Heißluft ohne Fett rösten. ✗ **Achtung!** Geht sehr schnell.

Variationen

Malaga: Rumrosinen untermischen. Dazu 1 Handvoll Rosinen über Nacht in 5 EL kochend heißem Wasser und 1–2 EL Rum zugedeckt einweichen. In die Fülle mischen. Anstatt Rosinen können Sie jede beliebige andere Trockenfrucht verwenden, z. B. klein gehackte Dörrpflaumen, Feigen oder Aprikosen. Diese Variante ist für Diabetiker nicht ideal.
Obstfülle: Nuss-, Mohn- oder Kürbiskernfülle mit 200–500 g Früchten (entkernen, große Früchte in kleine Würfel hacken oder in Streifen hobeln) vermischen. Verwenden Sie nur reife, vollaromatische Früchte! Folgende Obstsorten sind gut geeignet: Apfel, Birne, Quitte, Marille, Süßkirsche, Sauerkirsche (Weichsel), Pflaume, Mirabelle, Ringlo, Zwetschke, Pfirsich, Nektarine, kernlose Weintrauben, Banane, frische Feigen, alle Sorten von Beeren, z. B. Brombeeren, Himbeeren, Erdbeeren, Sanddornbeeren, Johannisbeeren, Stachelbeeren, Heidelbeeren, Preiselbeeren und Holunderbeeren.

Topfenfülle

> Tipp<

Anstatt Topfen können Sie ungesalzenen Frischkäse (erhältlich auf Bauernmärkten oder direkt ab Hof) oder Ricotta verwenden.

Zubereitung für Varianten 1–6: Alle Zutaten verrühren. Kräftig würzen.

Variante 1 – mit Butter: (weiche, aber streichfähige Creme)

1 Pkg. Magertopfen (250 g), 1 Ei, 50 g sehr weiche oder flüssige Butter, ca. 70 g Zucker ➤ 7 g Süßstoff, Mark von 1 Vanilleschote, Saft und Schale von 1 Bio-Zitrone oder Bio-Limette, evtl. 1 EL Rum oder beliebige Gewürze lt. Seite 224ff.

Gesamtmenge

kJ	kcal	Eiweiß (g)	Fett (g)	KH (g)	BE
3898.36	930.12	37.87	47.88	86.53	7.21
2783.75	664.12	37.87	47.88	16.67	1.38

Variante 2 – mit Öl: (mittelfeste, gut streichfähige Creme, dickt beim Backen nach)

4 EL Öl (30 g), 2 Eier, 1 Pkg. Magertopfen (250 g), ½ Becher Sauerrahm (125 g), 3 EL Weizenvollkornmehl (45 g), 2 EL Vollkornbrösel (30 g), ca. 100 g Zucker ➤ 10 g Süßstoff
Gewürze wie bei Variante 1

Gesamtmenge

kJ	kcal	Eiweiß (g)	Fett (g)	KH (g)	BE
6134.16	1467.07	55.90	62.03	169.36	14.12
4541.86	1087.07	55.90	62.03	69.56	5.80

Variante 3 – mit Haferkleie: (feste, gut streichfähige Creme)

1 Pkg. Magertopfen (250 g), 1 Ei, ¼ Becher Sauerrahm (ca. 60 g), 3 EL fein gemahlene Haferkleie (ca. 45 g), ca. 80 g Zucker ➤ 8 g Süßstoff,
Gewürze wie bei Variante 1

Gesamtmenge

kJ	kcal	Eiweiß (g)	Fett (g)	KH (g)	BE
3502.46	835.62	47.34	19.11	116.35	9.70
2228.62	531.62	47.34	19.11	36.51	3.04

Variante 4 – Milchreis Resteverwertung

Pro 100 g gegartem Milchreis – vorzugsweise aus Vollkorn-Rundkornreis (pro 100 g Milchreis ca. 12 g Reis, 12 EL Milch (90 g), Wasser, Gewürze): 100 g Magertopfen, ½ Ei (30 g), 30 g Zucker ➤ knapp 3 g Süßstoff, Gewürze nach Belieben, evtl. Brösel, falls der Milchreis zu weich ist. Es soll eine feste, gut streichfähige Creme entstehen.

Gesamtmenge

kJ	kcal	Eiweiß (g)	Fett (g)	KH (g)	BE
1444.72	344.30	20.23	7.07	49.22	4.10
967.03	230.30	20.23	7.07	19.28	1.61

Variante 5 – mit Toastbrot: (feste, gut streichfähige Creme)

1 Ei, 1 Pkg. Magertopfen (250 g), ½ Becher Sauerrahm (125 g), 6 Scheiben Vollkorntoastbrot (ca. 150 g) – in kleine Würfel schneiden, ca. 100 g Zucker ➤ 10 g Süßstoff, Gewürze wie bei Variante 1

Gesamtmenge

kJ	kcal	Eiweiß (g)	Fett (g)	KH (g)	BE
4957.21	1184.12	55.08	31.13	168.17	14.07
3364.91	804.12	55.08	31.13	68.37	5.75

Variante 6 – mit Sauerrahm: (weiche Creme, dickt beim Backen nach)

1 Pkg. Magertopfen (250 g), 1 Ei, ½ Becher Sauerrahm (125 g), 20 g Maisstärke oder Vanillepuddingpulver, ca. 90 g Zucker ➤ 9 g Süßstoff, Gewürze wie bei Variante 1

Gesamtmenge

kJ	kcal	Eiweiß (g)	Fett (g)	KH (g)	BE
3804.81	910.82	41.36	25.05	127.35	10.62
2371.74	568.82	41.36	25.05	37.53	3.13

Variante 7 – mit Pudding: (weiche Creme, dickt nach und wird streichfähig, wenn man sie vor dem Backen für 1 Stunde in den Kühlschrank stellt)

Pudding aus ¼ l Milch (250 g) und 1 Pkg. Vanillepuddingpulver oder 40 g Maisstärke, 1 Pkg. Magertopfen (250 g), 1 Ei, ca. 80 g Zucker ➤ 8 g Süßstoff, Gewürze wie bei Variante 1

Für den Pudding zwei Drittel der Milch aufkochen, die restliche Milch mit dem Puddingpulver verrühren und unter Rühren in die kochende Milch einkochen, bis es kräftig blubbert – Vorsicht, brennt leicht an! Vom Herd nehmen, in eine Schüssel umfüllen und zugedeckt ca. 15 Minuten auskühlen lassen. Mit den restlichen Zutaten mit einem Pürierstab zu einer Creme pürieren.

Gesamtmenge

kJ	kcal	Eiweiß (g)	Fett (g)	KH (g)	BE
3777.66	900.52	45.94	15.07	142.44	11.88
2503.82	596.52	45.94	15.07	62.60	5.22

Variante 8 – mit Grießbrei: (feste, gut streichfähige Creme)

¼ l Milch (250 g), 70 g Grieß, 1 Ei, 1 Pkg. Magertopfen (250 g), ca. 80 g Zucker ➤ 8 g Süßstoff, Gewürze wie bei Variante 1

Für den Grießbrei die Milch aufkochen, den Grieß unter Rühren in die kochende Milch einkochen. Unter Rühren ein paar Minuten weiterkochen lassen. Vorsicht, brennt leicht an! Vom Herd nehmen und zugedeckt mindestens 15 Minuten ausquellen lassen. Mit den restlichen Zutaten aufmixen.

Gesamtmenge

kJ	kcal	Eiweiß (g)	Fett (g)	KH (g)	BE
4144.16	988.32	52.48	15.59	156.35	13.03
2870.32	684.32	52.48	15.59	76.51	6.38

Variante 9 – mit Couscous: (weiche Creme)

50 g Couscous, 120 g kochend heißes Wasser, 1 Pkg. Magertopfen (250 g), 1 Ei, ½ Becher Sauerrahm (125 g), 1 gehäufter TL Maisstärke (ca. 10 g), ca. 80 g Zucker ➤ 8 g Süßstoff, Gewürze wie bei Variante 1

Couscous in eine gut verschließbare Schüssel geben und mit dem kochend heißen Wasser übergießen. Zugedeckt 10 Minuten quellen lassen. Mit den restlichen Zutaten vermischen. Kräftig würzen. Über Nacht im Kühlschrank zugedeckt ausquellen lassen.

Gesamtmenge

kJ	kcal	Eiweiß (g)	Fett (g)	KH (g)	BE
4215.71	1009.22	47.57	25.64	144.02	12.00
2941.87	705.22	47.57	25.64	64.18	5.35

Variationen für alle Varianten:

Obst/Gemüse: Mischen Sie bis zu 500 g Obst oder Gemüse in die Masse. Große Stücke in Würfel schneiden oder in Streifen hobeln.
Gut geeignet sind folgende Obst-/Gemüsesorten:

- Apfel, Birne, Quitte, Marille, Süßkirsche, Sauerkirsche (Weichsel), Pflaume, Mirabelle, Ringlo, Zwetschke, alle Arten von Beeren, z. B. Brombeeren, Himbeeren, Erdbeeren, Sanddornbeeren, Johannisbeeren, Stachelbeeren, Heidelbeeren, Preiselbeeren, Holunderbeeren, Weintrauben, Ananas, Banane, frische Feigen, Granatapfelkerne, Mango
- Zitrusfrüchte: Filets von z. B. Mandarinen, Orangen oder Grapefruits herausschneiden
- Rhabarber – in 1 cm kleine Stücke schneiden, roh verwenden
- Kürbis, Zucchini, Karotten – in Streifen hobeln oder fein raspeln
- Rohnen – fein raspeln

Rumrosinen (für Diabetiker nicht geeignet): 1 Handvoll Rosinen über Nacht in 5 EL heißem Wasser und 1 EL Rum zugedeckt einweichen, anstatt Rosinen können Sie auch andere Trockenfrüchte verwenden, z. B. Dörräpfel, Dörrbirnen, Dörrpflaumen, Feigen oder getrocknete Aprikosen.

Kastanie: In die fertige Topfenmasse 300 g Kastanienreis oder pürierte Kastanien untermengen.

Marzipan

Marzipan besteht im Original aus geschälten, gemahlenen Mandeln, Zucker, Eiklar und Rosenwasser.

Variante 1

150 g geschälte, gemahlene Mandeln mit 50 g Marillenmarmelade ➤ Marmelade lt. Rezept auf Seite 211 und evtl. einem Schuss Rosenwasser oder Rum in einer Moulinette oder dem Thermomix zu einer homogenen Masse pürieren. Mehrmals umrühren. Zum roh Verzehren oder Backen geeignet.

Gesamtmenge

kJ	kcal	Eiweiß (g)	Fett (g)	KH (g)	BE
3957.25	944.13	30.91	80.63	25.95	2.16
3784.12	903.45	31.01	80.65	15.28	1.27

Variante 2

150 g geschälte, gemahlene Mandeln und ca. 50 g Staubzucker ➤ 5 g flüssigen Süßstoff in einer Moulinette oder dem Thermomix pürieren und so viel Eiklar hinzufügen, dass eine homogene Masse entsteht. Zum roh Verzehren oder Backen geeignet. Wenn Sie das Marzipan roh essen, dann sollten Sie aufgrund der Salmonellengefahr pasteurisiertes Eiklar verwenden.

> Tipp<

Pasteurisiertes Eiklar gibt es in Großpackungen im Gastronomiegroßhandel. Frieren Sie das nicht benötigte Eiklar in Eiswürfelbehältern ein. 1 Eiklar entspricht einer Menge von 30 g (Ei Größe M) bzw. 40 g (Ei Größe L).

Gesamtmenge

kJ	kcal	Eiweiß (g)	Fett (g)	KH (g)	BE
4571.10	1091.50	32.79	80.64	60.54	5.04
3774.95	901.50	32.79	80.64	10.64	0.88

Puddingpulver – hausgemacht

Menge entspricht einer Packung Puddingpulver und reicht für ½ l Milch als Pudding bzw. für 1 l Milch als Sauce.

Alle Varianten sind für Diabetiker geeignet.

35–40 g Maisstärke, zusätzlich eine Geschmackszutat hinzufügen, z. B. für:

- **Vanillepudding:** Mark von 1 Vanilleschote, evtl. 2 Safranfäden zum Färben
- **Schokoladenpudding:** 1–2 EL ungesüßtes Kakaopulver
- **Haselnusspudding:** 1–2 EL geröstete und gehackte oder gemahlene Haselnüsse
- **Mandelpudding:** 1–2 EL geröstete und gehackte oder gemahlene Mandeln
- **Pistazienpudding:** 1–2 EL gehackte Pistazien, evtl. 1 TL pürierter, ungewürzter Spinat zum Färben. Keine Sorge, der Spinat schmeckt nicht vor!
- **Mohnpudding:** 2 EL gemahlener Mohn
- **Kokospudding:** 1 EL Kokosflocken, zum Kochen nur die halbe Menge an Milch verwenden, einen dicken Pudding kochen und nach dem Kochen und Abkühlen auf unter 40 °C mit der noch fehlenden Menge an Flüssigkeit – in Form von Kokosmilch – verdünnen. Hinweis: Wenn Sie die Kokosmilch mitkochen, verliert sie an Geschmack.
- **Fruchtpudding, z. B. Erdbeerpudding:** Anstatt 35 g Maisstärke 40 g verwenden und nach dem Kochen und Abkühlen 3 EL Fruchtpüree, z. B. Erdbeerpüree, untermixen. 1–2 EL Rohnensaft geben eine schöne Farbe.
- **Lebkuchenpudding:** 1 EL Lebkuchengewürz
- **Zitronen- oder Orangenpudding:** Schale von 1 Bio-Zitrone oder Bio-Orange

Zwei Drittel der Milch – wenn nicht anders angegeben – mit der Geschmackszutat aufkochen. Die restliche Milch mit der Maisstärke verrühren und unter Rühren in die kochende Milch einkochen. Aufkochen lassen, bis es blubbert. Vorsicht, brennt leicht an! Zurückschalten und noch ca. 1 Minute unter Rühren weiterkochen. Wichtig! Der Pudding muss gut gekocht sein, sonst schmeckt die Stärke vor.

Vom Herd nehmen, 5 Minuten überkühlen lassen und erst dann mit 2 EL Zucker (30 g) ➤ 3 g Süßstoff süßen.
Warum erst nach dem Kochen süßen? Zucker verliert beim Kochen einen Teil der Süßkraft, wenn Sie erst nach dem Kochen süßen, sparen Sie Zucker. Je nach Rezept die restlichen Zutaten untermengen.

Puddingcreme geliert nicht oder es bildet sich an der Oberfläche eine milchige Flüssigkeit

Nicht 2-mal mit demselben Löffel kosten. Kommt Pudding mit Speichel in Verbindung, verflüssigt er sich. Schuld daran ist ein stärkespaltendes Enzym im Speichel, die so genannte Speichelamylase. Die Menge an Speichel, die sich auf einem benutzten Löffel befindet, reicht aus, um den Pudding zu verflüssigen. Wenn Sie trotzdem kosten möchten, sorgen Sie dafür, dass kein Speichel in den Pudding gelangt, z. B. indem Sie jeweils einen frischen Löffel verwenden oder den Löffel nach jedem Kosten sauber waschen oder wie die Profis nach der Zwei-Löffel-Methode vorgehen, d. h. mit einem großen Löffel herausschöpfen, auf einen kleinen Löffel gleiten lassen und vom kleinen Löffel kosten.

Gewürze und Gewürzmischungen

Fettarmes lebt von Gewürzen. Nimmt man Fett heraus, muss man viele Gewürze in den Teig mischen, sonst schmeckt das fertige Gebäck fad. Aber verwenden Sie nur natürliche Gewürze, z. B. Vanilleschotenmark anstatt Vanillinzucker oder Bio-Zitronenschale anstatt Backaroma-Zitrone. Backaromen bestehen aus purer Chemie und haben noch nie ein natürliches Lebensmittel gesehen. Auch der Preis von natürlichen Gewürzen spricht für sich. Hausgemachter Vanillezucker lt. Rezept auf Seite 229 kostet z. B. ab 3 Euro pro kg, künstlicher Vanillinzucker ab 7 Euro pro kg. Bei den Zitronen ist es ähnlich. Ein Vierernetz Bio-Zitronen reicht für 4 bis 8 Kuchen und kostet um 1 Euro, oft sogar darunter. 4 Fläschchen Chemiearoma auch in etwa so viel. Also warum die Chemie verwenden, wenn es die Natur zum gleichen oder sogar günstigeren Preis gibt? Übrigens, ein Europäer verspeist im Durchschnitt pro Jahr 19 kg chemische Zusatzstoffe. Für süßes Gebäck eignen sich die verschiedensten Gewürze und Kräuter. Zum Beispiel *Anis, Basilikum, Fenchel,* frische Holunderblüten (nur

> Tipp<

Grobe Körnergewürze vor Verwendung in einer Pfanne ohne Fett rösten, das verfeinert das Aroma.

das Weiße der Blüten), *Ingwer, Kardamom,* Kokospulver, Koriander, Lebkuchengewürz, Lavendel, Schale von Bio-Mandarinen, *Macis (Muskatblüte),* Malve, *Minze* – alle Arten, *Muskatnuss, Nelken, Pfeffer,* Piment, Pimpinelle, Ringelblumenblätter, Rosenblätter, *Rosmarin, Safran,* Spekulatiusgewürz, *Sternanis,* Süßholzwurzel, Vanilleschote, Veilchen, Zimt, Schale von Bio-Zitronen, Zitronengras, Zitronenkraut, Schale von Bio-Orangen, gemahlene Rosenblätter, Zitronenmelisse etc.

✗ **Hinweis:** Kursiv gedruckte Gewürze nur sparsam verwenden, da diese sehr intensiv schmecken.

✗ **Wichtig!** Alle Gewürze fein! mahlen oder schroten. Grobe Körner, z. B. Fenchelsamen, oder grobe Gewürze, z. B. Nelken, weichen beim Backen nicht auf! **Ausnahme:** Wenn Sie einen Gewürzsud zubereiten, von dem Sie nur den Sud in den Teig oder die Creme mischen, nicht aber die Gewürze verwenden.

Manche schwören auf eine Prise Salz in süßen Teigen. Aus gesundheitlichen Gründen aber sollte der Salzverbrauch so niedrig wie möglich sein.

Safran

Eignet sich für alles, was mit Flüssigkeit erhitzt wird. Ergibt ein sehr feines Aroma und eine schöne gelbe Farbe.

Verwendung in der Küche:
In kleinen Mengen in Flüssigkeit geben, evtl. vorher mörsern und mitkochen oder mitbacken. Für 1 kg Safran benötigt man rund 150.000 Blütennarben einer Krokusblumenart, deren Blütennarben von Hand gepflückt und getrocknet werden. Durch den Trockenvorgang verlieren sie rund 80 % des Gewichts. Safran ist das teuerste Gewürz der Welt.

✗ **Achtung!** In vielen Urlaubsländern finden Sie Safran zum Spottpreis. Dabei handelt es sich aber oft nicht um echten Safran, sondern um die Staubgefäße von Ringelblumen oder anderer gelbfarbigen Pflanzenteilen. Die Abbildung zeigt rechts echten Safran, links falschen Safran.

> Tipp<

Safran verliert durch das Mahlen an Aroma. Kaufen Sie daher Safran nur ganz und nicht in Pulverform. Bewahren Sie Safran dunkel und trocken auf.

Gewürzmischungen

Alle Rezepte eignen sich, bis auf die Mischungen mit Zucker, also Vanille-, Zitronenzucker & Co., für Diabetiker.

Werkzeug zur Herstellung von Gewürzmischungen

Pfanne zum Rösten der Körnergewürze
Elektrische Kaffeemühle, Mörser oder Gewürzmühle
Schraubverschlussgläser oder gut schließende Gewürzdosen

Ein paar „würzige" Anregungen

- Der Klassiker: Mark von 1 Vanilleschote, Saft und Schale von 1 Bio-Zitrone, 1 EL Rum
- Frische Feigen – in Würfel geschnitten, mit fein gemahlenem Rosmarin in eine Creme oder einen Teig mischen
- Fein gehackte Minze
- Früchtetee-Sud: $\frac{1}{8}$ l kochend heißes Wasser, 2 Beutel Früchtetee in das kochend heiße Wasser einhängen und zugedeckt 15 Minuten ziehen lassen. Den Sud zum Würzen verwenden. Tipp: Variieren Sie die Sorte, z. B. Orangentee, Apfelschalentee etc.
- Cointreau oder Grand Marnier (Orangenlikör), Saft und Schale von 1 Bio-Orange
- Ingwer, Kakaopulver
- Karotten, fein gerieben, fein gemahlener Kardamom
- Lebkuchengewürz
- Marillen, klein gehackt und Ingwer
- Mark von 1 Vanilleschote, Saft und Schale von 1 Bio-Zitrone
- Mark von 1 Vanilleschote, starker schwarzer Kaffee
- Rosenwasser – sparsam verwenden! Schmeckt sehr intensiv!
- Saft und Schale von 1 Bio-Orange, frisch gehackte Minze
- Saft und Schale von 1 Bio-Zitrone oder Limette, frisch gehackte Minze
- Saft und Schale von 1 Bio-Orange, ungesüßtes Kakaopulver
- Saft und Schale von 1 Bio-Orange, Kardamom
- Saft und Schale von 1 Bio-Zitrone, Mark von 1 Vanilleschote

- Tiramisu-Art: Kaffee, Rum, fertigen Kuchen mit ungesüßtem Kakaopulver bestreuen
- Ungesüßtes Kakaopulver, Chilischote
- Zimt, Nelken, Schale und Saft von 1 Bio-Zitrone
- 1 Msp. Safran, 1 Stk. Nelke, 2 Stk. Kardamomkapseln – mit Pudding, Grieß oder Reis mitkochen oder alle Zutaten mit ⅛ l Wasser zugedeckt 15 Minuten leicht köcheln lassen und den ausgekühlten Sud zum Würzen verwenden
- 2 Handvoll frischer Waldmeister, 1 Zimtstange, 1 Msp. Anis – ⅛ l Wasser Wasser zugedeckt aufkochen, Zimt und Anis hinzufügen, 5 Minuten zugedeckt leicht wallend kochen lassen, vom Herd nehmen, Waldmeister hinzufügen und zugedeckt weitere 15 Minuten ziehen lassen. Den Sud zum Würzen verwenden
- 2 Msp. Nelkenpulver, 1 TL Zimt, 2 Msp. gemahlener Sternanis, Mark von 1 Vanilleschote, Schale und evtl. Saft von 1 Bio-Orange
- 1 TL Zimtpulver, 2 Msp. Nelkenpulver, 1 EL Rum
- Mark von 1 Vanilleschote, 2 EL Eierlikör, 1 kleiner Schuss Tabasco (= Pfeffersauce)
- Fein gehackte Zitronenmelisse
- Ein Schuss Tabascosauce (scharfe Pfeffersauce – verleiht vor allem Schokoladenkuchen und dunklen Cremen eine besondere Note)

Blumen-Gewürzmischung

4 EL getrocknete Rosenblüten (ohne chemische Düngemittel und ungespritzt), 2 EL getrocknete Sonnenblumenblütenblätter, 2 EL getrocknete Ringelblumenblätter, 1 EL gemahlener Zimt, 1 gestrichener TL Nelken, 2 Msp. gemahlener Ingwer, ½ Vanilleschote in 1 cm große Stücke schneiden

Alle Zutaten in ein Schraubverschlussglas füllen. ✗ **Achtung!** Die Zutaten müssen trocken sein, sonst beginnt die Mischung zu schimmeln. Mindestens 4 Wochen gut verschlossen an einem dunklen, kühlen Ort, z. B. im Keller, aufbewahren. Die gesamte Mischung in der elektrischen Kaffeemühle fein mahlen.

Stollengewürz

1 EL Kardamom, Schale von je 1 Bio-Orange und Bio-Zitrone – abreiben und trocknen lassen,
1 Msp. Muskatblüte, 1 Vanilleschote in 1 cm große Stücke schneiden

Zubereitung wie bei Blumen-Gewürzmischung auf Seite 227 beschrieben.

Kürbisgewürz

1 Vanilleschote in 1 cm große Stücke schneiden, 1 gehäufter EL Zimt, Schale von je 1 Bio-Orange und Bio-Zitrone

Schale von je 1 Bio-Orange und Bio-Zitrone abreiben und trocknen lassen.
In ein Schraubverschlussglas füllen. 1 TL Kardamomsamen und ½ TL Anissamen in einer Pfanne ohne Fett so lange rösten, bis es duftet. Auskühlen lassen. Alle Zutaten vermischen. Weitere Zubereitung wie bei Blumen-Gewürzmischung auf Seite 227 beschrieben.

Spekulatiusgewürz

5 EL Zimt, je 1 EL Nelken, Piment, Kardamom und Ingwerpulver, 2 Msp. Muskat, Piment und Kardamom

Zutaten rösten, auskühlen lassen. Mit den restlichen Zutaten vermischen und fein mahlen.

Glühweingewürz

1 Stange Zimt, 1 EL Nelken, 5 Stk. Sternanis, 1 Vanilleschote

> **> Tipp<**
>
> Fein vermahlen eignen sich das Glühwein- und Punschgewürz hervorragend für süßes Gebäck!

Punschgewürz

4 Nelken, 2 Sternanis, 2 Zimtrinden, ½ Vanilleschote

Gewürzmischung

5 Stück getrocknete Hagebutten, 5 Stück Sternanis, 1 Zimtstange, 1 Macis, 2 Körner weißer Pfeffer, Schale von 1 Bio-Orange – trocknen lassen, 1 Handvoll getrocknete Rosenblätter, 1 TL Nelken, 1 Vanilleschote – in 1 cm lange Stücke schneiden, 2 Stangen Zitronengras – in 1 cm lange Stücke schneiden, 1 TL Kardamomsamen

Zubereitung wie bei Blumen-Gewürzmischung auf Seite 227 beschrieben.

Vanillezucker

Mindestens 1 Vanilleschote, ca. 1 kg Kristallzucker, 1 Schraubverschlussglas

Vanilleschoten aufschlitzen, in den Zucker legen, gut verschließen und so lange stehen lassen, bis die Vanilleschoten trocken und hart sind. Dauert mindestens 6 Wochen. Die Vanilleschoten mit der Schere in ½ cm große Stücke schneiden und mit dem Zucker in der Kaffeemühle, einer Moulinette oder dem Thermomix sehr fein mahlen. Haltbarkeit mindestens 1 Jahr.

➤ Für Diabetiker nicht geeignet. Alternative: Vanillesüßstoff lt. Rezept auf Seite 230.

> Tipp<

Ausgekratzte Vanilleschoten können ebenfalls verwendet werden. Also keine Vanilleschoten wegwerfen, sondern die ausgekratzten Schoten in Zucker stecken. Je mehr, desto intensiver schmeckt der Vanillezucker, da nicht nur das Mark, sondern auch die Schoten selbst ein sehr intensives Vanillearoma aufweisen.

Zitronen-, Orangen-, Mandarinen-, Limettenzucker

Schale von 2 Bio-Zitronen, Bio-Orangen, Bio-Mandarinen oder Bio-Limetten (✗ **Achtung!** Mit Spritzmitteln behandelte Früchte dürfen nicht verwendet werden, selbst durch kräftiges Waschen löst sich das Spritzmittel nicht von der Schale!), ca. 100 g Kristallzucker, 1 Schraubverschlussglas

Fruchtschale mit einem Hobel oder Zestenreißer abreiben. Das Weiße unter der Schale nicht mitreiben (schmeckt bitter)! Auf Backpapier geben und auf dem Kachelofen oder der Heizung trocknen lassen. Zucker und Schale in ein Schraubverschlussglas füllen und mindestens 3 Wochen im Küchenschrank stehen lassen. Alles zusammen in der Kaffeemühle, einer Moulinette oder dem Thermomix sehr fein mahlen. Haltbarkeit mindestens 6 Monate.
✗ **Achtung!** Gibt man die feuchten Fruchtschalen in den Zucker, kommt es zur Schimmelbildung.
➤ Für Diabetiker nicht geeignet. Alternative Süßstoff lt. Rezept unten

Vanille-, Kaffee-, Zitronen-, Orangen-, Mandarinen-, Limetten-, Lebkuchen-, Zimtsüßstoff

1 Flasche flüssiger Süßstoff. Achten Sie beim Kauf auf Flaschen, die sich leicht aufschrauben lassen.
Aromastoff in die Süßstoffflasche geben und mindestens 6 Wochen ziehen lassen. Nicht abseihen.
Verwenden Sie einen oder eine Mischung aus folgenden Aromastoffen:
1 Vanilleschote, aufschlitzen oder ausgekratzte Vanilleschoten verwenden
2 EL Kaffeebohnen, grob hacken
2 Bio-Zitronen, Bio-Orangen, Bio-Mandarinen oder Bio-Limetten, Fruchtschale abreiben oder mit einem Zestenreißer abziehen, das Weiße unter der Schale nicht mitreiben, schmeckt bitter
Lebkuchengewürz, kein Pulver! Dieses quillt auf und saugt den gesamten Süßstoff auf.
2 Zimtrinden

Lebkuchengewürz

Variante 1

5 EL Zimtpulver, 1 Eck Muskatnuss, 1 TL Nelkenpulver, 2 Msp. Ingwerpulver und 3 Stück Sternanis

Je ½ TL Fenchelsamen und Anis, je 1 TL Koriander, Kardamomsaat und Pimentkörner und 2 Pfefferkörner, Fenchel, Anis, Koriander, Kardamom, Piment und Pfeffer in einer Pfanne ohne Fett so lange rösten, bis es zu duften beginnt. Aus der Pfanne nehmen und über Nacht auskühlen lassen. Am nächsten Tag mit den verschiedenen Gewürzen in ein Schraubverschlussglas füllen. Gut verschlossen an einem dunklen Ort 6 Wochen reifen lassen. In der elektrischen Kaffeemühle fein mahlen.

Variante 2

4 EL Zimtpulver, 1 TL Piment, 1 TL gerösteter Koriander, ½ TL Nelken, ½ TL Ingwer, ½ TL Kardamom, je ½ TL gerösteter Anis und Fenchel, ¼ TL Macisblüten oder 1 Msp. Muskatnuss, ¼ TL Pfeffer, 1 Vanilleschote

Alle Zutaten bis auf den Zimt im Ganzen in ein Schraubverschlussglas füllen, Zimt in gemahlener Form verwenden. Die Mischung so lange im Küchenschrank reifen lassen, bis die Vanilleschote hart ist. Die Schote mit einer Schere in kleine Stücke schneiden und die gesamte Mischung in einer Kaffeemühle oder Gewürzmühle sehr fein mahlen. Zimt lässt sich kaum fein mahlen, daher nur gemahlenen Zimt verwenden. **Für den schnellen Gebrauch:** Alle Zutaten in gemahlener Form mit dem Mark der Vanilleschote mischen. Diese Mischung kann sofort verwendet werden.

Variante 3

1 Vanilleschote, 1 Stange Zitronengras, 4 EL Zimtpulver, 2 EL getrocknete Bio-Orangenschale, 1 EL gerösteter Koriander, 1 TL Nelkenpulver, 1 EL getrocknete Bio-Zitronenschale, je ½ TL gerösteter Anissamen, gerösteter Fenchelsamen, Ingwerpulver, Kardamom, geröstete Pimentkörner, ½ TL Muskatblüte (Macis) oder 1 Msp. Muskatnuss, 2 Pfefferkörner

Zubereitung wie bei Variante 2 beschrieben, das Zitronengras mit einer Schere in kleine Stücke schneiden und zur Mischung geben.

Variante 4

1 EL Koriander, 1 TL Kardamom, ½ TL Anis, ½ TL Piment, 1 TL Nelken, 5 EL Zimtpulver, 3 Sternanis, Mark von 1 Vanilleschote

Koriander, Kardamom, Anis und Piment in einer Pfanne ohne Fett so lange rösten, bis sie duften. Aus der Pfanne nehmen und auskühlen lassen. Mit den restlichen Zutaten vermischen und in einer elektrischen Kaffeemühle fein mahlen.

Aromaöl

Legen Sie einzelne Gewürze wie Vanilleschote, Zitronenschale oder Zimt, aber auch Gewürzmischungen wie z. B. Lebkuchengewürz, in Rapsöl ein. Dieses Öl können Sie z. B. zur Zubereitung von Kuchen oder Süßspeisen verwenden.
Zubereitung: Beliebig viele Gewürze und/oder Kräuter für mindestens 4 Wochen in Öl einlegen. Gut verschlossen an einem kühlen und dunklen Ort reifen lassen. Alle paar Tage leicht schwenken, damit die Gewürze immer vollständig mit Öl bedeckt sind. Bei Verwendung von frischen Kräutern Öl nach ca. 4 Wochen abseihen, sonst wird das Öl „schlierig".
✗ **Achtung!** Keine gemahlenen Gewürze verwenden. Diese quellen auf und bilden einen unansehnlichen Fett-Gewürz-Klumpen, der sich kaum aus der Flasche holen lässt.

Zitronen-, Orangen-, Mandarinen-, Limettenschale auf Vorrat

Bei vielen Rezepten wird mit Zitrusfruchtschalen gewürzt. Einerseits gibt das Aroma der Schale genau den richtigen Pfiff, andererseits hat man meistens dann keine Bio-Früchte zu Hause, wenn man sie benötigt. Greifen Sie daher auf getrocknete Schalen zurück.

Zubereitung: Schale von Bio-Zitrusfrüchten abreiben, und zwar nur so viel, dass das Weiße unter der Schale nicht mitgerieben wird. Das Weiße schmeckt bitter. Die abgeriebenen Schalen tiefkühlen oder auf Backpapier verteilen und auf dem Kachelofen, im Dörrapparat, im Backrohr oder auf der Heizung gut trocknen lassen. In einer elektrischen Kaffeemühle reiben. In einem gut schließenden Schraubverschlussglas dunkel, kühl und trocken lagern.

Was tun mit dem Saft der Zitrusfrüchte?

In Eiswürfelbehältern einfrieren und portionsweise zur Zubereitung von Kuchen, Fisch oder anderen Speisen verwenden.

Abkürzungen

kcal	Kilokalorie (Kalorie)
kJ	Kilojoule
EW	Eiweiß
F	Fett
KH	Kohlenhydrate
BE	Broteinheit (12 g verwertbare Kohlenhydrate)
EL	Esslöffel
TL	Teelöffel
Pkg.	Packung/Packungen
Msp.	Messerspitze
TK	Tiefkühlware

Maßeinheiten

Milliliter	Zentiliter	Deziliter	Liter	Gramm	Dekagramm	Kilogramm	Pfund
1000 ml	100 cl	10 dl	1 l	1000 g	100 dag	1 kg	2 Pfund
750 ml	75 cl	7,5 dl	¾ l = 0,75 l	750 g	75 dag	¾ kg = 0,75 kg	1½ Pfund
500 ml	50 cl	5 dl	½ l = 0,5 l	500 g	50 dag	½ kg = 0,5 kg	1 Pfund
375 ml	37,5 cl	3,7 dl	3/8 l = 0,38 l	375 g	37,5 dag	0,38 kg	
333 ml	33,3 cl	3,3 dl	1/3 l = 1 Seidl = 0,33 l	333 g	33 dag		
250 ml	25 cl	2,5 dl	¼ l = 0,25 l	250 g	25 dag	¼ kg = 0,25 kg	½ Pfund
187,5 ml	18,75 cl	1,9 dl	3/16 l = 0,19 l	187,5 g	18,75 dag	0,19 kg	
125 ml	12,5 cl	1,2 dl	1/8 l = 0,13 l	125 g	12,5 dag	1/8 kg = 0,13 kg	¼ Pfund
100 ml	10 cl	1 dl	1/10 l = 0,1 l	100 g	10 dag	0,1 kg	
62,5 ml	6,25 cl	0,6 dl	1/16 l= 0,06 l	62,5 g	6,25 dag	0,06 kg	
40 ml	4 cl entspricht einem Doppler			40 g	4 dag		
20 ml	2 cl entspricht 1 Schnapsstamperl			20 g	2 dag		
10 ml	1 cl			10 g	1 dag		

Bei den in den Rezepten verwendeten Flüssigkeiten, also z. B. Milch, Wasser oder Öl, entsprechen die in Klammern dahinter angegebenen Grammangaben den Millilitern. Auf EL bezogene Grammangaben sind in den Rezepten auch häufig gerundet.

Bechermaße/Löffelmaße

	Packungsgröße	Ein 250 g Naturjoghurtbecher, randvoll	Ein EL – so voll wie möglich
Backpulver	ca. 16 g pro Pkg.		20 g
Biskotten/Löffelbiskuits	ca. 5 g pro Stück		
Brösel/Paniermehl		120 g	11 g
Butter	10 g/20 g/250 g pro Pkg.		
Couscous			15 g
Flüssigkeiten: Milch, Wasser, Saft, Kaffee, Likör, Rum		250 g	8 g
Grieß, Maisgrieß, Polenta		210 g	15 g
Haferflocken		122 g	11 g
Haferkleie		134 g	15 g
Hefe/Germ – frische Hefe im Würfel	42 g pro Würfel		
Hefe/Germ – Trockenhefe	7 g pro Pkg.		
Honig, flüssig			16 g
Hühnerei – Eidotter	ca. 20 g pro Stück		
Hühnerei – Eiklar	ca. 30 g pro Stück		
Hühnerei – Gesamtinhalt	50–60 g		
Kakaopulver, Trinkkakao, gesüßt		130 g	13 g
Kakaopulver, ungesüßt			15 g
Knödelbrot		24 g	2 g
Kokosflocken	200 g/500 g/Pkg.	75 g	9 g
Kürbiskerne, ganz			11 g
Kürbiskerne, gehackt			11 g
Mandelblättchen			10 g
Mandelstifte			12 g
Marmelade/Konfitüre, stichfest			50 g
Mascarpone	250 g/500 g pro Becher		
Mehl, glatt, griffig, Vollkorn		140 g	20 g
Mohn, fein gemahlen	200 g/500 g pro Pkg.	75 g	ca. 10 g

Müsli		130 g	12 g
Naturjoghurt	250 g pro Becher		
Nüsse, Mandeln, Kürbiskerne, Sonnenblumenkerne – ganz	150 g/200 g/500 g/1 kg pro Pkg.		
Nüsse, Mandeln, Kürbiskerne, Sonnenblumenkerne – gemahlen	150 g/200 g/500 g/1 kg pro Pkg.	100 g	
Öl		250 g	8 g
Orange – Saft von 1 Orange	ca. 60 g Saft pro Orange		
Pinienkerne, ganz			16 g
Pistazien, ganz			13 g
Polenta		190 g	15 g
Puddingpulver	37–40 g pro Pkg.		
Rahm, Obers, Sahne	250 g pro Becher		
Reis, roh, Rundkorn, Langkorn		220 g	18 g
Ricotta	250 g pro Becher		
Rosinen		160 g	18 g
Salz	1 bis auf das Maximum gehäufter TL 10 g		20 g
Sauerrahm/Saure Sahne	250 g pro Becher		
Schokolade	ca. 100 g pro kleine Tafel		
Schokoladeglasur	125–200 g pro Pkg. + Großpackungen		
Schokoplättchen, fein			15 g
Schokoplättchen, grob			17 g
Stärkemehl			22 g
Topfen/Quark	250 g pro Becher		
Tortengelee	11 g pro Pkg.		
Vanillezucker	8 g pro Pkg.		
Weizenkörner		240 g	17 g
Zitronat, Orangeat	100 g pro Pkg.		
Zitrone – Saft von 1 Zitrone	ca. 20 g Saft pro Zitrone		
Zucker – Kristallzucker		240 g	30 g
Zucker – Staubzucker		150 g	30 g

> Tipps und Tricks <

Backoblaten oder Backpapier haften besser am Blech, wenn Sie das Blech vorher mithilfe eines Kuchenpinsels mit Wasser bestreichen. So können Sie, ohne dass die Backoblaten verrutschen, Busserl etc. auf die Oblaten dressieren. Bei Verwendung von Backpapier befeuchten Sie zuerst das Blech mit ein paar Tropfen Wasser, dann verrutscht das Papier nicht.

Gewürzkuchen einen Tag ruhen lassen. Diese Kuchen entfalten erst nach einem Tag den vollen Geschmack.

Kastenkuchen geht besonders schön auf: Kastenkuchen nach 15 Minuten Backzeit rasch der Länge nach in der Mitte ca. ½ cm tief in den Teig einschneiden.

Kekse ausstechen – Teig klebt nicht an den Ausstechern: Ausstecher vor Verwendung in griffiges Mehl tauchen.

Muffins backen: Den Teig nur zu zwei Dritteln in die Form füllen, sonst quillt der Teig über die Form.

Obstkuchen weicht nicht so stark auf: 1–2 Esslöffel Speisestärke vor dem Backen zum Obst mischen. Geeignet für Obst, das viel Flüssigkeit abgibt, z. B. Tiefkühlobst und Kompottobst.

Saftiger Vollkornkuchen: Damit fettarme Vollkornkuchen saftig schmecken, ist eine Zutat nötig, die viel Wasser binden kann. Das sind Äpfel und Quitten. Durch den hohen Ballaststoffanteil, vor allem dem löslichen Ballaststoff Pektin, erzeugt dieses Obst nicht nur eine saftige Konsistenz, sondern wirkt auch gleichzeitig positiv auf den Cholesterinspiegel und gegen Verstopfung.

Besonderer Vorteil vom Apfel: Der Apfel schmeckt im fertigen Gebäck neutral, er ist heimisch, kostengünstig und ganzjährig erhältlich. Reiben Sie den Apfel mit Schale und grob in den Teig. ✗ **Achtung!** Apfelmus oder zu Mus geriebene Äpfel machen den Teig speckig! Anstatt eines Apfels können Sie auch eine halbe Quitte in den Teig reiben.

Speckiger Kuchen – Ursachen: Backpulverkuchen nicht innerhalb von 3 Minuten in das Backrohr geschoben. Flüssige Teige höher als 3 cm in die Form eingefüllt. Backrohr nicht ausreichend vorgeheizt. Den Teig zu lange gerührt. Zu viel Flüssigkeit im Teig, beim nächsten Mal weniger verwenden. Zu feuchtes Obst auf dem Teig, beim nächsten Mal das Obst auf dem Boden der Backform verteilen und den Teig darübergießen, Obst mit 1–2 Esslöffeln Maisstärke vermischen, Kompottobst gut abtropfen lassen oder Obst verwenden, das weniger Wasser abgibt, z. B. Äpfel oder Birnen.

Spritzsack (= Spritzbeutel, Dressiersack) füllen: Die Tülle einsetzen, ca. 4 cm vom oberen breiten Rand umklappen. Den Spritzsack in einer Hand halten oder in einen Messbecher stellen, am Tüllenrand einmal umknicken. Mit der Masse füllen. Den umgeklappten Rand wieder zurückklappen. Den Spritzsack auf die Arbeitsplatte legen, dabei den Tüllenrand umgeknickt halten und mit einer Teigkarte oder einem Fleischmesser-Rücken die Masse nach vorn Richtung Tülle streichen. Das breite Ende zudrehen. Den Spritzsack in einer Hand halten und mit der anderen Hand die Masse herausdrehen. Den letzten Rest können Sie mit der Teigkarte oder dem Messerrücken nach vorn Richtung Tülle streichen.

Spritzsack waschen: Nur mit klarem Wasser, niemals in schmutzigem Spülwasser, mit Spülmittel oder im Geschirrspüler, da sonst das Stoffgewebe das Spülmittel und Schmutzwasser aufnimmt und der Geschmack auf die nachfolgenden Massen übertragen wird. Am besten, Sie füllen etwas warmes Wasser in den Beutel, halten ihn oben und unten zu und reiben die Seiten aneinander. Umdrehen, von außen abspülen und zum Trocknen aufhängen.

Spritzsack-Ersatz: Gefrierbeutel. Einfach eine Ecke am Beutel abschneiden, je nach Bedarf groß oder klein, und wie einen Spritzsack verwenden. Ideal für z. B. Schokoladeglasur, die zum Verzieren verwendet wird. Sie können den Beutel nach der Verwendung an der aufgeschnittenen Seite verknoten und zur nächsten Verwendung den Beutel so lange in warmes Wasser legen, bis sich die Schokolade wieder verflüssigt.

Teigschüssel reinigen: Entfernen Sie alle Teigreste am besten mit der runden Seite einer harten Teigkarte ohne Stiel aus der Schüssel. Dadurch ersparen Sie sich die hartnäckig klebenden Teigreste am Spültuch und Spülschwamm.

Alternativen zu Alkohol

Alkohol verleiht bestimmten Gebäcksorten das besondere Aroma. Für Kinder, Schwangere und „trockene" Alkoholiker empfehle ich einen völligen Verzicht auf Alkohol, da dieser beim Backen nur zum Teil verdampft. Alternativen zu alkoholischen Geschmacksträgern können zum Beispiel sein:

Alkoholisches Getränk	Antialkoholische Alternative
Bier	weißer Traubensaft
Brandy, z. B. Cherry Brandy	entsprechender Fruchtsaft, z. B. Kirschsaft
Calvados = Apfelbrandy	Apfelsaft oder Apfelsirup
Champagner, Sekt	weißer Traubensaft
Cognac	Pfirsich- oder Birnensaft
Cointreau, Grand Marnier	Orangensaft, -schale oder -konzentrat
Kirschwasser	Kirschsaft
Rotwein	roter Traubensaft
Rum	Fruchtsäfte, z. B. Ananassaft
Weißwein	weißer Traubensaft

Nährwertangaben

Berechnung: Nährwert-Datenbanken BLS, GU, SFK und Herstellerangaben, berechnet mit Diät 2000, Version 5.0, S&H

✗ **Achtung!** Es handelt sich bei den Nährwertdaten um berechnete Werte. Die tatsächlichen Werte können aufgrund von unterschiedlichem Anbau, Fütterung, Fettgehalt etc. davon abweichen. Besonders Diabetiker müssen das berücksichtigen. Falls Sie insulinpflichtiger Diabetiker sind, verwenden Sie bitte Ihre gewohnte BE-(KHE-)-Tabelle als Berechnungsgrundlage.

Bedenken Sie, dass bei diversen Erkrankungen, z. B. erhöhtem Cholesterinspiegel oder Rheuma, sowohl die Dosis als auch die Kombination und die Herkunft der Lebensmittel viel bedeutender sind als z. B. der Cholesteringehalt der Speise. So enthält Butter von z. B. einer Almkuh wesentlich weniger ungesunde Bestandteile als eine Butter aus Massentierhaltung.

Alle Rezepte in diesem Buch sind so zusammengestellt, dass jeweils der bestmögliche Ergänzungswert entsteht. Klassiker wurden abgespeckt und auf gesund getrimmt.

Hinweise zu den Berechnungen:
Fehlt die Angabe einer bestimmten Lebensmittelsorte im Rezept, so wurde mit folgenden Lebensmitteln berechnet.
Keine spezielle Obstsorte angegeben: Himbeeren
Marmelade: Marillenmarmelade lt. Rezept auf Seite 211, in der Normal- und für Diabetiker in der Diabetikervariante
Nüsse: Haselnüsse
Bei Angabe von mehreren Variationsmöglichkeiten: Jeweils die erste Zutat geht in die Berechnung ein.
Anstatt Puddingpulver wurde Maisstärke berechnet, wenn diese als Variation im Rezept angegeben ist.
Lebensmittel mit der Bezeichnung „evtl.", z. B. evtl. Obst zum Belegen, und Lebensmittel, die zur Verzierung verwendet werden und bei denen keine Mengenangabe möglich ist, flossen nicht in die Berechnung mit ein.
Ist keine Diabetikervariante angegeben, so entspricht die Normalvariante der Diabetikervariante.

Hinweise für Diabetiker

Backen bei Diabetes mellitus

Die Basis

Für Diabetiker gelten im Prinzip die Richtlinien einer gesunden Ernährung verbunden mit einer Einschränkung oder dem Austausch von schnell resorbierbaren Zuckern. Das sind Zucker, die den Blutzuckerspiegel sehr schnell erhöhen, z. B. Haushaltszucker oder Honig. Haushaltszucker und Honig können zwar auch für Diabetikergebäck verwendet werden, aber nur gut „verpackt", d. h. in Vollkorn eingebettet und in **sehr** geringer Dosierung, und genau das wurde bei den Rezepten in diesem Buch umgesetzt.

Die Umsetzung in diesem Buch

Da die Rezepte in diesem Buch auf den Richtlinien einer gesunden Ernährung basieren, ist für die Diabetikervariante nur noch der Austausch der zuckerreichen Lebensmittel notwendig. Verwenden Sie die im Rezept pink geschriebenen Zutaten anstatt der angegebenen zuckerreichen Zutaten. Fertig ist Ihr Diabetikergebäck. Manche Massen, wie z. B. Baiser, leben vom Zucker. Das heißt, ohne Zucker kein Baiser. Genießen Sie dieses Gebäck nur in Bettlermengen und achten Sie auf eine gute Blutzuckerkontrolle. Wenn es sich um für Diabetiker weniger geeignete Bäckereien handelt, finden Sie einen Hinweis beim Rezept.

Die besten Backtipps und Tricks für Ihre eigenen Rezepte

Neben den Hinweisen auf Seite 14ff zum gesunden Backen können Sie bei der Reduktion des Zuckers nach folgenden Grundregeln vorgehen. Diese Grundregeln basieren auf meiner jahrelangen Erfahrung.

a) Massen, bei denen Zucker die zentrale Rolle für das Gelingen spielt
z. B. Baiser, Schneehaube, Schneetorte und
b) Massen, bei denen Zucker für das Gelingen wichtig ist
z. B. Makronen, also Busserl aus Eiklar, Zucker und einer Geschmackszutat, z. B. Nussbusserl oder Kokosbusserl
Sie benötigen mindestens 20 g Zucker pro Eiklar. Eine weitere Zuckerreduktion ist leider nicht möglich, da sonst das Gebäck zusammenfällt.

c) Massen, bei denen Zucker einen mittleren Einfluss auf das Backergebnis ausübt

z. B. Sandmasse, Biskuitmasse, Rührteig

Reduzieren Sie den Zuckeranteil auf 20 % der Gesamtmenge. Vgl. Seite 17 Grundregeln Zuckerreduktion für Gesunde.

Von diesen 20 % verwenden Sie 50 % in Form von herkömmlichem Zucker und die restlichen 50 % in Form von flüssigem Süßstoff, am besten Gewürzsüßstoff. Vgl. Rezepte Seite 230. Beim Süßstoff müssen Sie noch die Menge reduzieren, da Süßstoff eine viel höhere Süßkraft aufweist als Zucker. Das Verhältnis liegt bei 10 zu 1. Das heißt, anstatt 10 g Zucker verwenden Sie 1 g Süßstoff. Achtung! Nicht jeder Süßstoff ist koch- und backstabil. Beachten Sie die Hinweise auf der Süßstoffflasche! Zu kompliziert? Ein Beispiel verdeutlicht die Regel. In den Schritten 3 bis 5 finden Sie die Darstellung der Zuckerreduktion.

Originalrezept: 4 Eier, 160 g Zucker, 160 g Butter, 160 g Mehl, Backpulver

Abgewandeltes Rezept:

Schritt 1: Fett reduzieren und austauschen nach der 20 %-Regel – anstatt 160 g Butter 130 g, davon ca. 70 g Öl und ca. 70 g z. B. Milch

Schritt 2: Mehl ersetzen nach der 10–20 %-Regel – anstatt 160 g Weißmehl ca. 140 g Weizenvollkornmehl

Schritt 3: Gesamtmenge der Zutaten ausrechnen: 70 g Öl + 70 g Milch + 140 g Weizenvollkornmehl + 200 g Ei = 480 g Gesamtmenge

Schritt 4: Von der Gesamtmenge ca. 20 % Zucker ausrechnen = ca. 100 g Zucker

Schritt 5: Ersatz eines Teils des Zuckers – ergibt ca. 50 g Zucker und die restlichen 50 g Zucker ersetzen Sie durch ca. 5 g flüssigen Süßstoff

Schritt 6: Für Saftigkeit und Geschmack sorgen: Einen Apfel in den Teig reiben und mit beliebigen Gewürzen würzen

Schritt 7: Für Luftigkeit sorgen: ½ Pkg. Weinsteinbackpulver zum Mehl mischen

Schritt 8: Zubereitung: Zuerst die feuchten Lebensmittel in eine Schüssel geben, dann die trockenen

> Tipp <

Je nach Rezept können Sie den Zuckeranteil zugunsten eines erhöhten Süßstoffanteils noch weiter reduzieren, z. B. im Verhältnis 30 % Zucker und 70 % Süßstoff. Ideal ist ein Zuckeranteil pro Kuchen von max mal 70 bis 100 g. Decken Sie den Rest mit Süßstoff ab.

und zum Schluss das mit Backpulver vermischte Mehl darüberstreuen. Mit einem Schneebesen oder einer Teigkarte rasch zu einem glatten Teig verrühren, in eine flache Form füllen, evtl. mit Obst belegen oder Marmeladehäufchen daraufsetzen und innerhalb von 3 Minuten, gerechnet ab dem Zeitpunkt des Zusammenrührens, ins Backrohr schieben. Bei ca. 175 °C Heißluft 30–40 Minuten backen.

Fazit – **abgewandeltes Rezept:** 1 Apfel, Gewürze, z. B. Schale von 1 Zitrone, Mark von 1 Vanilleschote und 1 TL Zimt, 4 Eier der Größe M oder 3 Eier der Größe L bzw. XL, 70 g Öl, 70 g Milch, 5 g Gewürzsüßstoff, 50 g Zucker, 140 g Weizenvollkornmehl, ½ Pkg. Weinsteinbackpulver, Obst oder Marmelade zum Belegen

d) Teige, bei denen Zucker eine untergeordnete Rolle spielt
z. B. Germteig, Plunderteig, Mürbteig – ausgenommen Streusel
Der Zucker lässt sich zur Gänze durch Süßstoff ersetzen. Verhältnis 10 zu 1, d. h. anstatt 10 g Zucker 1 g Gewürzsüßstoff.

e) Teige, die von Haus aus ungezuckert sind
z. B. Brandteig, Strudelteig, Blätterteig (sehr fettreich), Topfenblätterteig (sehr fettreich). Falls Sie diese Teige doch süßen wollen, verwenden Sie ausschließlich flüssigen Süßstoff.
Tipp: Rollen Sie den Teig zwischen zwei Bögen Dauerbackfolie aus, dann ist kein zusätzliches Mehl notwendig.

Die Berechnung der Kohlenhydrate, also BE bzw. KHE

Um Diabetikern die Einschätzung des Kohlenhydratgehalts und damit z. B. die Dosierung des Insulins zu erleichtern, berechnen viele Diabetiker die Kohlenhydrate mittels BE oder KHE.
BE steht für Berechnungseinheit oder Broteinheit und entspricht einer Menge von 12 g Kohlenhydraten. **KHE** steht für Kohlenhydrateinheit, diese ist die neuere, aber weniger gebräuchliche Einheit und steht für 10 g Kohlenhydrate. Die Berechnungen in diesem Buch basieren auf BE, also 12 g Kohlenhydrate pro BE.
✗ **Achtung!** Es handelt sich bei den BE-Berechnungen um mit einem Nährwertberechnungsprogramm berechnete Werte. Der BE-Gehalt wurde anhand der Kohlenhydrate ermittelt. Das heißt Division der Gesamtkohlenhydrate durch zwölf. Der

tatsächliche BE-Gehalt einer Speise liegt etwas niedriger, da die Kohlenhydrate unterschiedlich verstoffwechselt werden und Sie damit zur Verwertung mancher Kohlenhydrate weniger Insulin benötigen. Eine exakte und für alle gültige BE-Berechnung ist leider mit den heute verfügbaren Methoden nicht möglich. Die tatsächlichen Werte können auch aufgrund von z. B. unterschiedlichem Anbau und Reifegrad eines Lebensmittels von den berechneten Werten abweichen. Falls Sie insulinpflichtig sind, verwenden Sie bitte Ihre gewohnte BE-(KHE-)Tabelle als Berechnungsgrundlage und kontrollieren Sie Ihren Blutzucker.

✗ **Achtung!** Obst variiert im Zuckergehalt. Das heißt, ein Apfel der süß schmeckenden Sorte Kaiser Alexander enthält zum Beispiel wesentlich weniger Zucker als ein Apfel der sauer schmeckenden Sorte Boskoop. Um den Zuckergehalt im Obst besser abschätzen zu können, empfehle ich Ihnen die Verwendung eines Refraktometers, ein Messgerät, das ursprünglich aus dem Weinbau stammt und mit dem Sie den Zuckergehalt von Obst und Gemüse messen können.

BE bei Gebäck und Keksen berechnen

✗ **Achtung!** Kekse, die zu Bruch gehen und andere Keksreste mitwiegen.

Gebäck/Kekse mit gleicher Größe und gleichem Gewicht

Zählen Sie alle Gebäckstücke/Kekse nach dem Backen ab und dividieren Sie die Stückzahl durch die Gesamt-BE Ihres Rezeptes. So erhalten Sie die BE-Zahl pro Stück. Schreiben Sie diese auf einen Zettel und bewahren Sie ihn mit dem Gebäck bzw. der jeweiligen Kekssorte auf.

Gebäck/Kekse mit unterschiedlicher Größe und unterschiedlichem Gewicht

Wiegen Sie die fertig gebackene Gesamtmenge ab und dividieren Sie diese durch die Gesamt-BE-Zahl. Das ergibt die Menge pro BE. Bedenken Sie, dass das Gebäck mit der Zeit trocknet, also an Gewicht verliert. Das heißt, die Grammzahl pro BE verringert sich.

Diabetikerlebensmittel

Ersetzen Sie zuckerreiche Lebensmittel durch zuckerarme. Ein Kauf von Diabetikerlebensmitteln ist unnötig.

Lebensmittel	Ersatz durch
Zucker/Honig	Flüssiger Gewürz-Süßstoff, vgl. Rezept auf Seite 230, oder Gemisch aus Zucker oder Honig und flüssigem Gewürz-Süßstoff.
Trockenfrüchte	Konzentrierter Zucker, daher so wenig wie möglich verwenden, bzw. durch Frischobst, z. B. Beeren, ersetzen. **Trockenfrüchte selbst herstellen** Wiegen Sie das frische Obst, z. B. Äpfel oder Birnen, ab und notieren Sie den BE-Wert. Lassen Sie das Obst dörren. Wiegen Sie das gedörrte Obst noch einmal ab. Die Menge hat sich reduziert, die BE-Anzahl bleibt gleich. Beispiel: Sie trocknen 1 BE Gala-Apfel = 100 g. Getrocknet wiegt dieser Apfel nur noch z. B. 30 g. Das heißt, 1 BE von Ihrem hausgemachten Gala-Dörrapfel entspricht einer Menge von 30 g.
Marmelade	Marmelade, die nur mit Süßstoff gesüßt wird, z. B. Beerenmarmelade oder Preiselbeermarmelade, vgl. Rezept Diabetikermarmelade auf Seite 211.
Schokolade, z. B. für Kuchen und Cremen	Ungesüßtes Kakaopulver Ungesüßtes Kakaopulver + Süßstoff + evtl. Geliermittel, z. B. Gelatine + evtl. Topfen Ungesüßtes Kakaopulver + Sauerrahm + Süßstoff + evtl. Geliermittel Pudding mit Kakaopulver
gesüßtes Kakaopulver	Ungesüßtes Kakaopulver + Süßstoff
Marzipan	Marzipan lt. Rezept auf Seite 221. Zubereitung mit Süßstoff.

Diabetikermehle, z. B. aus Soja, sind meistens fettreicher und daher als Ersatz für Weizenmehl nicht von Vorteil.

Diabetikerzuckersorten, z. B. Sorbit oder Fruchtzucker, sind unnötig, in der Backeigenschaft anders und verursachen häufig Darmbeschwerden.
Verwenden Sie stattdessen Süßstoff, z. B. Saccharin, Cyclamat, Aspartam, Acesulfam, Thaumatin, Neohesperidin oder Sucralose. Süßstoffe erhöhen den Blutzuckerspiegel nicht.
✗ **Achtung!** Die Dosis macht das Gift. Verwenden Sie Süßstoff, genauso wie Zucker, nur in geringen Mengen.
Verzichten Sie auf Süßstoff in Getränken und im Kaffee. Sonst erreichen Sie, in Verbindung mit süßstoffgesüßten Bäckereien und anderen süßstoffgesüßten Speisen, schnell die maximal empfohlene Tageshöchstdosis. Süßkräuter, z. B. Aztekisches Süßkraut oder Stevia, süßen zwar, bei Verwendung des frischen oder getrockneten Krauts ergeben sich aber ein leicht metallischer Geschmack und ein grünbrauner Farbton. ✗ **Hinweis:** Süßstoff ist noch nicht in allen EU-Staaten als Lebensmittel zugelassen, allerdings wurde das Süßkraut Stevia 2010 von der EFSA (Europäische Behörde für Lebensmittelsicherheit) als unbedenklich eingestuft, vorausgesetzt die tägliche Höchstdosis von 4 mg pro kg Körpergewicht wird nicht überschritten.

Schnell resorbierbare Zucker
Es handelt sich um Zuckerarten, die den Blutzuckerspiegel sehr schnell erhöhen und daher von Diabetikern, wenn überhaupt, nur in sehr geringen Mengen verwendet werden sollen. Zum Beispiel maximal 70 bis 100 g Zucker für einen Kuchen à 12 bis 14 Stück.
Dazu zählen: alle Arten von Rohr- und Rübenzucker, z. B. Kristall-, Staub-, Back-, Rohrohr-, Vollrohr-, Braun-, Kandiszucker, Demerara-Zucker, also ein weißer Rohrzucker, der mit Rohrzuckermelasse gefärbt wird, alle Arten von Sirup, z. B. Zuckerrohr-, Zuckerrüben-, Ahornsirup, alle Arten von Dicksaft, z. B. Agaven-, Birnen- und Apfeldicksaft, Honig, Palmzucker, Traubenzucker und alle Zuckerverarbeitungsformen.

Rezeptverzeichnis

SPAR
Natur pur
Bio-Produkte
Da schmeckst die Natur pur.
Mirjam Weichselbraun
Bio-Fit Buttermilch
Bio-Brot
Bio-Erdbeer
Bio-Frischkäse